0～5歳児の
運動あそび指導百科

早稲田大学 教授／医学博士
前橋　明／著

ひかりのくに

はじめに

今、子どもたちのからだが危うい状態です。このままでは、生き物としての存在自体に赤信号がともるほどです。からだのいろんな部位の異常、機能低下と、問題は山積みです。
「学力低下」が問題になると、社会的に大きく取りざたされますが、運動機能や体力面ではあまり問題視されないのはどうでしょう。心の問題も「健全な肉体に健全な精神」のことばどおり、からだの問題が根本にあるのですから。
からだの基礎を作る乳幼児期に必要な運動を、「あそび」として網羅し、保育の中で子どもたちの健全な成長を促す手だてとしていただきたく、この本を編みました。21世紀を生きる子どもたちの未来のために、少しでもプラスとなるよう、この本をお役立てくださることを願って。

アテネオリンピックの年に

早稲田大学 教授／医学博士
前橋　明

本書の特長

- 0〜5歳児の発達に合わせて経験すべき運動を、「あそび」として網羅しています。保育にできるだけ多く取り入れることにより、子どもたちの運動機能の向上に役立ちます。
- ボール・なわ・輪(フープ)・平均台・マット・とび箱・鉄棒などの用具、遊具を使った運動が、「あそび」として楽しめるようになっています。
- 「ねらい」のことばを理解することにより、保育者が保護者に対して運動の大切さを説明できるようになります。
- 本書の内容を組み合わせることにより、より有意義な運動会種目をイメージできます。

※日常の保育の中で、子どもたちがより運動あそびに興味が持てるようにするために、表紙、裏表紙の裏にカードの型紙を掲載しています。

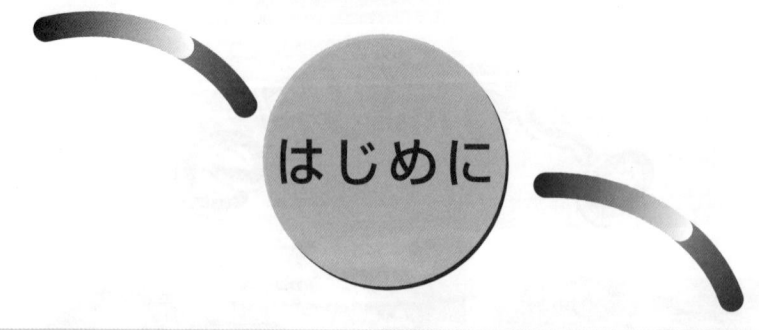

本書の見方と使い方

本書は掲載しているすべての運動あそびをイラスト化し、一目でわかるようになっています。タイトルとイラストを見るだけでも簡単にあそび方がわかりますが、動きのポイントやねらい、4～5ページの解説をしっかり読んで、より適切に効果的にあそびに取り組むことが大切です。

第2章にある「動きのポイント」の項目は、あそびをかたちづくっている個々の運動の目標を表したものです。保育者がやさしい言葉に置きかえて促すことも必要です。

6ページの「子どもたちのからだの異変とその対策」は、そのままコピーして保護者に配布していただくとよいでしょう。子どものようすに注目したり、状況を把握するための目安になります。また、家庭と園とのコミュニケーションをスムーズに行うためのツールとして活用いただけます。子どもへの理解を深め、さらに、子どもたちにとって運動がいかに大切であるかに気づく指標になれば幸いです。その他の本書の内容も、保育にどんどん役立ててください。

第1章 赤ちゃんとあそぼう 0～2歳児

この運動で育つもの

運動を通して育つ、機能や能力、達成したい目標。
本書4～5ページの解説も参考にしながら、理解を深めましょう。
保護者にも伝えましょう。

サブタイトル

このあそびの運動目標

あそび方

○は具体的な進め方。
●は解説的内容。
※はその他注意事項になっています。

0・1歳児の月齢による発達を押さえながら、望ましい運動を、あそびとして楽しく行なわせます。無理をさせないことが前提です。かかわり方は、過干渉にならず、適切な補助・援助を心がけましょう。

第2章 基本運動であそぼう 2～5歳児

動きのポイント

このあそび自体の運動の要素についてまとめてあります。

対象年齢

あそび方

あそび方の概要と進行順、および注意・配慮事項。

ねらい

あそびを通して育つものや、達成したい運動の目標。
本書4～5ページも参考にしながら理解を深めて、あそびに取り組むとよいでしょう。
保護者にも伝えましょう。

ヒント

あそびをより充実させるための工夫やヒント。

2～5歳児の間で、できるようになる年齢がまちまちです。幅をもたせているのは、そのためです。その年齢なりに楽しめるものも多くあります。クラスや園の状況に合わせて、あそびの内容を工夫してみましょう。

第3章 運動会であそぼう 運動会種目

第1・2章を生かした形でのサーキット種目やダンス、レクリエーション、競技種目などを提案しています。

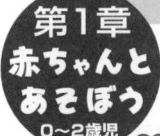

どんな運動あそびにどう取り組むか—ねらいのことばの理解とともに—

- わたしが昭和50年代から幼児の運動を収集・研究した結果、幼児の運動は、歩・走・跳の運動、模倣の運動、体力づくりの運動、ボール運動、なわを使っての運動、輪（フープ）を使っての運動、タイヤを使っての運動、平均台運動、マット運動、とび箱運動、トランポリン運動、つりなわでの運動、登り棒での運動、ぶらんこでの運動、すべり台での運動、鉄棒での運動、ジャングルジムでの運動等に大きく分けられます。乳児の運動では、月齢によってほぼ現れる発達に従った動きがあります。
- 上記の運動を、移動系の動き（歩く・走る・跳ぶ・スキップする・登る等）、操作系の動き（投げる・蹴る・打つ・取る・止める等）、平衡系の動き（回る・ひねる・転がる・バランスをとる等）の3つの身につけるべき運動技能に分けることができます。また「移動系の動き」に対して、その場でぶら下がったり、引いたりする「非移動系の動き」（その場での運動スキル）という言葉を用いる場合があります。なお、乳児の場合には、少し違ったニュアンスも含まれます。
- これらをバランスよく保育に取り入れましょう。「楽しいあそび」として紹介しています。運動を楽しいものとして、どんどん取り入れていってください。下記の解説や用語の解説の理解が進み、意味のある指導として「あそび」を展開していけるようになるでしょう。

●移動系

初歩的運動の段階（0～2歳）
初歩的・基礎的運動技能
腹を地につけて這う（Crawling）、四つ足で這う（Creeping）、這い上がる、歩く、登る、降りる
基本的運動の段階（2～7歳）
基本的運動技能
走る、止まる、リープ、スキップ、ホップ、ギャロップ、跳ぶ、跳び上がり降り、よじ登る、跳びつく、跳び越える、またぎ跳ぶ、かわす、くぐる、すべる、泳ぐ

ガンバレ! 腹這い前進…30ページ
おウマとびのり　ハイ、ドードー!…177ページ
スキップスキップ
ランラランー…87ページ

●操作系

初歩的運動の段階（0～2歳）
初歩的・基礎的運動技能
手を伸ばす、つかむ、つまむ、はなす、ほうる

基本的運動の段階（2～7歳）
基本的運動技能
投げる、蹴る、打つ、つく（まりつき）、たたく、捕まえる、受ける、運ぶ、担ぐ、下ろす、押す、引く、漕ぐ

にぎにぎしてごらん…17ページ
いろんなところで?!
フラフラ・フラフープ…149ページ
座って両手で、ポン!…116ページ

●平衡系

初歩的運動の段階（0～2歳）
初歩的・基礎的運動技能
頭・首のコントロール、
転がる（寝返り）、腕で支える、座る、かがむ、立つ、立ち上がる
基本的運動の段階（2～7歳）
基本的運動技能
回る、転がる、片足で立つ、バランス立ちをする、ぶら下がる、乗る、渡る、逆立ちをする、浮く

30秒、1人おすわり…28ページ
チュチュンがピョン!…196ページ
フラフラしちゃダメ　フラミンゴ…161ページ

用語の解説

- 第1章の「この運動で育つもの」・第2章の「ねらい」に出てくる言葉の理解にお役立てください(第3章も)。
- 自分自身の運動に対する理解を深め、その運動あそびは子どもの発達の何に貢献するのかを考えてみましょう。
- 保護者の方にも、何かの折りに、運動あそびについての説明をしていくとよいでしょう(6〜7ページも活用してください)。

○筋　力……………筋が収縮することによって生じる力のことを言います。

○瞬発力……………瞬間的に大きな力を出して運動を行なう能力。パワーということばで用いられます。

○持久力……………長時間継続して持ちこたえられる力。筋持久力と、全身的な運動を長時間継続して行なう呼吸・循環機能の持久力に分けられます。

○調整力……………異なった動きを１つにまとめて、目的に合った動きを円滑に、効率よく行なう能力。

○協応性……………からだの２つ以上の部位の動きを１つのまとまった運動に融合したり、からだの内・外からの刺激に対応して運動する能力。

○平衡性……………からだの姿勢を保つ能力。跳んだり、渡ったりする運動の中で、姿勢の安定性を意味する動的平衡性と、静止した状態での安定性を意味する静的平衡性があります。バランスということばで用いられます。

○敏捷性……………からだをすばやく動かして方向を転換したり、刺激に対して反応する能力。

○巧ち性……………からだを目的に合わせて正確に、すばやく、滑らかに動かす能力。器用さや巧みさのこと。

○スピード…………物体の進行する速さを言います。

参考図
体力について

- 体力
  - 防衛体力
    - 構造……器官組織の構造
    - 機能
      - 暑さや寒さに対する適応力（温度調節能力）
      - 病原菌に対する免疫
      - 身体的ストレスに対する抵抗力
      - 病気に対する抵抗力
  - 行動体力
    - 形態……体格・体型
    - 機能
      - 筋力
      - 瞬発力
      - 持久力
      - 協応性（調整力）
      - 平衡性（調整力）
      - 敏捷性（調整力）
      - 巧ち性（調整力）
      - スピード
      - 柔軟性
      - リズム

※体力は、大きく2つの側面をもっています。

○柔軟性……………からだのやわらかさのことで、からだをいろいろな方向に曲げたり、伸ばしたりする能力。

○リズム……………音、拍子、動き、または無理のない美しい連続的運動を含む調子のこと。

○身体認識力………身体部分（手、足、膝、指など）とその動き（筋肉運動的な働き）を理解・認識する力。自分のからだが、どのように動き、どのような姿勢になっているかを見極める力。

○空間認知能力……自分のからだと自己を取り巻く空間について知り、からだと方向・位置関係（上下・左右・高低など）を理解する能力。

○移動系運動スキル…歩く、走る、跳ぶ、這う、スキップする等、ある場所から他の場所へ動く技術。

○非移動系運動スキル…「移動系の動き」に対して「非移動系の動き」の技術。その場で、ぶら下がったり、押したり引いたりする等。
（その場での運動スキル）

○操作系運動スキル…投げる、蹴る、打つ、取る等、物に働きかけたり、操る動きの技術。

○平衡系運動スキル…バランスをとる、回る、転がる等、姿勢を保つ動きの技術。

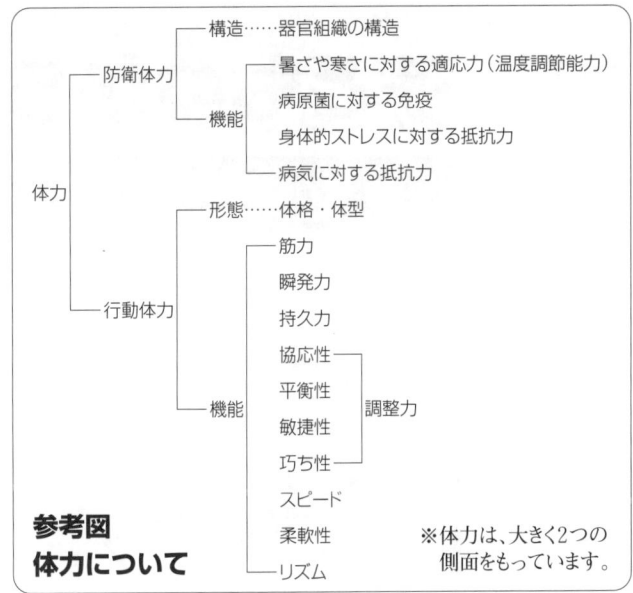

○保育者として、ここにある内容を意識して保育にのぞみましょう。
○保護者の方に運動の大切さや生活リズムの改善を伝えていくのに役立つ「おたより」になっています。
○このままB４サイズでコピーして、保護者の方に配布することができます（園長と相談の上にしましょう）。

子どものからだの異変とその対策

—運動の大切さ—

保護者の方へ　必ずお読みください

早稲田大学 教授／医学博士　前橋　明

最近お子さんに、こんなようすはありませんか？

- □無気力で、動かずにじっとしていることが多い。
- □何をしても続かず、集中力や意欲がない。
- □落ち着きがない。
- □すぐカーッとなって怒る。
- □体温が低い（36℃未満）。
- □体温が高い（37℃以上）。
- □すぐに「疲れた」と言う。
- □血圧異常と言われたことがある。
- □頭が痛いと訴える。
- □おなかが痛いと訴える。
- □下痢が続く。
- □便秘が続く。
- □不眠が続く。
- □発汗異常。

↓

これらは、子どもの自律神経失調症ともいえる症状です。

↓

- 今、生体リズムの混乱に伴う子どもたちの生命力そのものの低下が、大きな問題になっています。
- ほうっておくと、子どもたちのからだだけでなく、心や脳にも悪影響を及ぼしてしまいます。
- 子どもの心とからだは、生活状況や身体状況の悪さを通して大人に危険信号を送っているのです。

原因は？

- 運動量の減少。
- 夕食前のおやつをとる習慣の定着。→夕食が食べられない→夜食が欲しくなる。→就寝と起床が遅くなり、朝食が食べられないこと。
- 夜、保護者が子どもを連れ回し、「静けさ」、「安らぎ」、「きれいな空気」での睡眠を保証していないこと。
- 大人が「子どもたちの良いモデル」になりえていないこと。
- 冷暖房完備の生活に慣れて、戸外に出て遊ばなくなって、抵抗力の低下や自律神経機能の低下を招いていること。

対策は？

ご家庭でできることから一つずつやり始めましょう。

- 日中、子どもに運動や運動あそびを戸外でしっかりとさせて、夜は心地よく眠れるようにする（朝の徒歩通園や午後３時ごろから夕方にかけては戸外あそびがお勧めです）。
- 夕食前のおやつや夕食後の食べ物、夜食は与えない。
- 保護者の社交のために、夜遅く子どもを連れ回さない。早寝早起きの習慣を。
- 朝は朝食をバランスよく十分に食べさせ、排便に行けるゆとりの時間を子どもに保証する。
- 必要時以外は、冷暖房に頼らない努力をすること。

園での対策

毎日２時間の運動実践（18日間）により、体温調節がうまくできない子どもが半減したというデータがあります。生活リズムを整えるためにも、園では運動実践の継続が重要です。

当園では、意識して運動あそびを保育に取り入れるようにしています。お仕事、おつき合い、何かと大変とは存じますが、お子様の心身共に健やかな成長・発達のために、どうか今一度、わたし共大人ができることを、少しずつでも協力して進めていきましょう！

CONTENTS 0～5歳児の運動あそび指導百科

STAFF
本文イラスト／伊東美貴・おかじ伸・松本　剛
編集協力／太田吉子・永井一嘉
企画編集／安藤憲志・長田亜里沙

第1章 赤ちゃんとあそぼう 0〜2歳児

めざましい発達への援助と適切なかかわりを

乳児期は、運動機能が未熟で、抵抗力も弱いので、保護を第一に考える時期とされています。しかし、この時期はめざましい発達をとげる時期です。

運動の発達は、まず、反射的な動きにはじまって、次に首がすわり、横転に及びます。これができるようになると、座位に進みます。そして、這うようになります。これで立ち上がる準備ができるのです。次に、伝い歩きなどを経て歩くことができるようになります。2歳になるまでには、走りだすくらいになるでしょう。

ただし、これらの運動は放置していては起こりません。それ相応の刺激と練習が必要です。この章では、楽しい運動あそびとして、それらを捉え直し、多数掲載することにしました。また、あやし方や言葉がけの工夫も含め、適切なかかわりのなかで、個々の子どもに合った援助をしていきましょう。

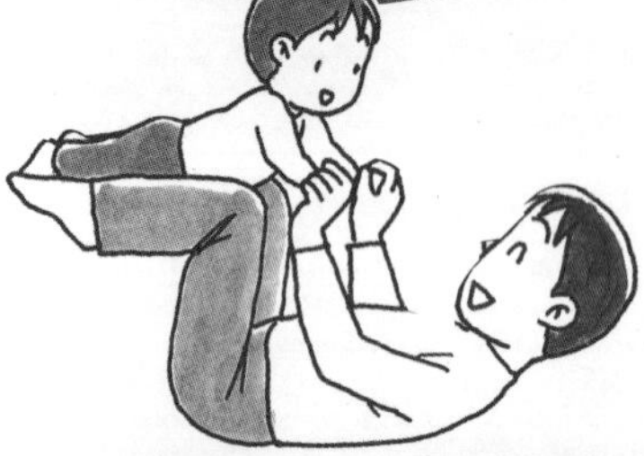

0〜3ヵ月 P.14〜18

反射的な行動しかできない新生児は、生後1カ月くらいになると、わずかに首を左右に振るようになります。生後2カ月くらいになって、寝たままで少し首を持ち上げるようになり、少しずつ首がすわりはじめます。このころから、うつ伏せの姿勢を試みてみましょう。赤ちゃんに無理のないように、あそびとして少しずつ時間を伸ばしていくとよいでしょう。うつ伏せの姿勢を経験することで、3カ月くらいで首を持ち上げ、ハイハイの姿勢の維持が可能になることもありますので、手足を動かしやすい衣服を着用させてください。

4〜7ヵ月 P.19〜31

4ヵ月くらいには、うつ伏せの姿勢をとるうち、だんだんとハイハイの姿勢でおもちゃを持って遊ぶことが可能になっていきます。うつ伏せにすることで、あまり使われていなかった肩や背中や首の筋肉の発達が促されるのです。4ヵ月で赤ちゃんの脇の下を支えて立たせると、喜んでピョンピョンと脚で床を蹴るようにもなります。

5ヵ月くらいには、赤ちゃんの両足を持って寝返りを促すような働きかけも行なってみましょう。はじめは、上半身だけですが、続けるうちにできるようになります。寝返りを覚えてハイハイの姿勢になると、動くものをしっかり見つめて動きを追うようになります。また、あお向けの状態から手を引いて起こそうとすると、腕を曲げ、自ら起きようとします。さらに、両手を持って立たせると、しばらく足をふんばります。手の器用さも増してきて、おもちゃをつかんだり、一方の手からもう一方の手に持ちかえる動作も出てくるころです。

6ヵ月ころには、ハイハイをしはじめようとします。はじめは、後に下がってしまいますが、赤ちゃんの前方に興味のあるおもちゃを、手の届きそうな所へ置いて、動機づけをし、おもちゃを取ろうとふんばった時に、力が入るように足の裏に手をそえて援助しましょう。

7ヵ月ころには、足を投げだしての1人すわりも、短い時間なら可能になってきます。

8〜11ヵ月 P.32〜47

いろんな刺激・援助を、やさしい言葉と笑顔でもって、あそびとして経験していくうち、8ヵ月ころにはハイハイで前進できるようになってきます。動けるようになると、いろんなことをしてみたくなります。また、このころには、つかまり立ちができ、支えられて歩くことができるようになってきます。

9〜10ヵ月ころには、片手を支えられて立ち、片手を持ってあげると歩けるようになり、11〜12ヵ月には、支えなしで立てるようになっていきます。立ち上がって歩行するために、脚を突っぱる運動や足踏み運動、垂直姿勢保持のための手の運動やからだ全体の筋力、これらの発達を積み重ねるわけです。

1歳〜1歳3ヵ月 P.48〜56

支えなしで立ち、1人で歩けるようになるころです。伝い歩きがはじまったら、両手を支えて前方への歩行練習をして、前方への足踏み運動の感覚が身につくように援助しましょう。少しずつ自力で前進できるようになります。いわゆる「ヨチヨチ歩き」の時期といえるでしょう。

1歳4ヵ月〜1歳7ヵ月 P.57〜70

ヨチヨチとぎこちない歩き方から、いろんな環境のもとで、しっかり歩けるようになっていくころです。歩幅の乱れも少なくなり、でこぼこ道や坂道などもゆっくり歩けるようになり、障害物をまたぐことも可能になってきます。

1歳8ヵ月〜2歳 P.71〜79

しっかり歩けるようになるにつれ、しゃがんだり、くぐったり、また、走りだす子どもも見られます。走りだした子どもは、動きまわろうとする衝動的な気持ちが強すぎるため、走っていて急に止まったり、方向を変えたりすることはまだできません。でも、2歳の中ごろには、コントロールできるようになるでしょう。

（参考）医師の乳幼児検診時における問診および確認項目

月齢	項　目	注
4〜6週児	①手足をよく動かす。 ②オムツをかえる時、股がよく開く。	①：「手足をよく動かす」新生児にみられる手足の動きをいう。決して合目的なものでない。（手足の動きの少ないのは、筋肉疾患や脳の機能障害をもった子どもにみられる） ②：股の開きがわるくて、手足の動きが少なく、一定の姿勢をとっている時は脳の機能障害の疑いがある。（単に股の開きがわるいのみの時は、先天性股関節脱臼が疑われる）
3〜4ヵ月児	①首がすわる。 ②ガラガラを少しの間握っている。	①：後頭部に手をやらなくても、抱いていられれば、一応、首がすわったとする。 ②：手を開いて、ガラガラを握らせると、振ったり、口へ持っていったりして、しばらくの間遊んでいるかどうかを確かめる。
6ヵ月児	①手を引いて、からだを起こすと、頭が遅れないでついてくる。 ②手を伸ばして物をつかむ。 ③寝返りをする。 ④ほんのわずかの間、おすわりができる。 ⑤頭にかけた布をとる。	②：偶然、手にふれたものをつかむのではなく、自分の意志で手を伸ばしてものをつかむかを確かめる。（「手を伸ばしてつかまない」のには、知能遅延と脳性まひがあり、知能遅延では全体の反応が鈍いことが多く、脳性まひでは運動発達の遅れのほかに、つかみ方、手の使い方が異常のことが多い） ④：支えないで数秒間以上座れたらよい。6ヵ月のはじめではほんの2〜3秒程度で、7ヵ月になると座っていられる。
9〜10ヵ月児	①ものにつかまって立ち上がる。 ②手の届かないものを取ろうとする。	①：つかまらせると立っていられるのではなく、自分からものにつかまって立ち上がれるかどうかをたずねる。 ②：手の届かないところにある物に手を伸ばして取ろうとする動作をみる。（物の方向にすぐに手が行かないときには、脳性まひの疑いがある）
1歳児	①伝い歩きをする。 ②1人立ちをする。 ③小さい物を指先でつまむ。 ④積み木を重ねて遊ぶ。	●各項目の1歳における通過率は、 ①95%以上　②75%以上　③90%以上　④75%以上 ③、④：干しブドウ（レーズン）、乳児用ボーロ、積み木をつかませる。 レーズン、乳児用ボーロははさみ持ち以上の持ち方なら合格。 積み木は親指と中指、ひとさし指の先の方で持てば合格とする。
1歳6ヵ月児	①よく歩く。（転ばないで部屋の中をうまく歩けたら合格） ②手を引いて階段を上がれる。 ③乳児用ボーロ、干しブドウ（レーズン）をつかむ。（指先つまみなら合格） ④3 cm^{3}立方体の積み木を積む。（2つ以上重ねられたら合格）	●各項目の1歳6ヵ月における通過率は、 ①90%以上　②82%以上　③90%以上　④75%以上
2歳児	①走る。 ②大きいボールを蹴る。 ③積み木を3つ積む。 ④両足をそろえてピョンピョン跳ぶ。	●各項目の2歳における通過率は、 ①90%　②90%　③80%　④75%

※確認項目の遅れを感じた時は、小児神経医とのご相談をおすすめします。

ほら、がんばって！

肩で支えて頭を上げる

この運動で育つもの
- 視界の広がりと楽しみの強化
- 筋力づくり

あそび方

機嫌のよい時に、うつ伏せにしてみましょう。うつ伏せは、あお向きで寝てばかりの赤ちゃんに、視野の広がりの楽しみを増やします。「○○ちゃん、こっちを見て！」といった言葉がけをしながら、赤ちゃんを応援しましょう。

○毛布を、畳の上なら1枚、床なら3枚程度敷きます。また、座ぶとんを胸の所にあてて、頭を上げやすくするのもよいでしょう。

※赤ちゃんが疲れて頭を伏せたら、上向きにします。

※授乳の前後は、吐くことがあるので避けましょう。

何の音かな？

あごを持ち上げる

この運動で育つもの
- 視界の広がりと楽しみの増加
- 筋力強化

あそび方

うつ伏せにして、目の前できれいな色の物（原色）を見せたり、ガラガラのように音の鳴るおもちゃを振ると、あごを持ち上げてその方向を見ようとします。

○寝たきりにせず、時々うつ伏せにして気分をかえてあげましょう。

○「きれいでしょ」や「何の音かな？」等と、言いながらいっしょに遊びましょう。

●腹這いの姿勢は、子どもの情動的状態に好影響を及ぼし、泣いていたのが治まり落ち着きます。

※赤ちゃんが疲れて頭を伏せたら、上向きにします。

※授乳の直後は、吐くことがあるので避けましょう。

こっちよ、こっちよ！

うつ伏せの状態から、頭を少し上げる

この運動で育つもの
- 知覚の発達
- 筋力強化

あそび方

赤ちゃんの気を引くお気に入りの物を、積極的に動かして見せたり、鳴らしたりします。

○両手を投げだしてうつ伏せの状態にすると、頭を少なくとも45度程度持ち上げ、10秒くらいそのまま持ちこたえることができます（しかし、頭は両側に揺れ動きます）。

○「こっちよ、こっちよ！」と言葉がけをしながら、お気に入りの物を赤ちゃんの目の追える範囲で動かしましょう。

※赤ちゃんが疲れて頭を伏せたら、上向きにします。

※授乳の直後は、吐くことがあるので避けましょう。

見えるね、きれいね

動くものを目で追う（180°まで）

この運動で育つもの　●情報収集の知覚機能の向上

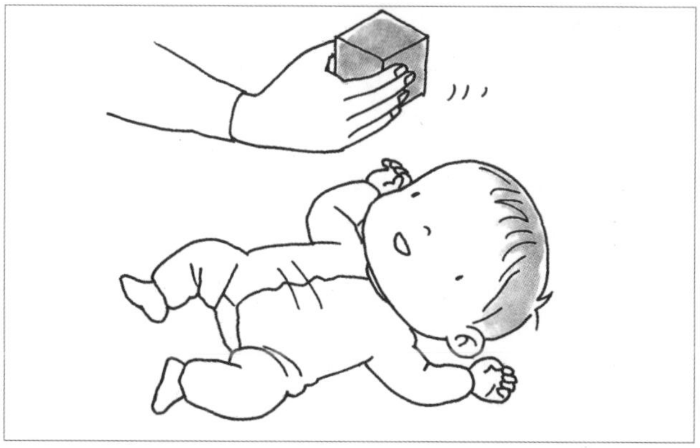

あそび方

赤ちゃんの顔から20～30㎝くらいはなして、音の鳴るおもちゃを持ってゆっくり動かしてみましょう。

○おもちゃは淡い色より原色（とくに赤）の物を選ぶとより喜びます。「赤いの、きれいねー」と、あやしながら関わってみましょう。
○目が合ってあやすと、「クーン、クーン」と言葉のような声を出して答えることもあります。
●生後2ヵ月頃になると、最初は主に光に対してのみ反応を示していた赤ちゃんの目が見えるようになり、オルゴールやガラガラなどの動きを目で追うようになります。

くすぐったいかな？

頬にふれたものをとろうとして、手を動かす

この運動で育つもの　●感覚機能の向上　●知覚運動機能の向上

あそび方

赤ちゃんに話しかけながら、柔らかく安全な物（ティッシュや赤ちゃん用の小さなぬいぐるみ等）で頬に触れてみましょう。

○色のきれいな物で触れたり、振ったりしてあやすと、物を取ろうとして手を動かします（まだ、つかむことはできないでしょう）。音のする物も同様です。
○目を見つめて笑顔であやすと喜んで反応します。
●月齢の低い時は、頬に触れると口を開けてお乳を吸うようなしぐさをします。

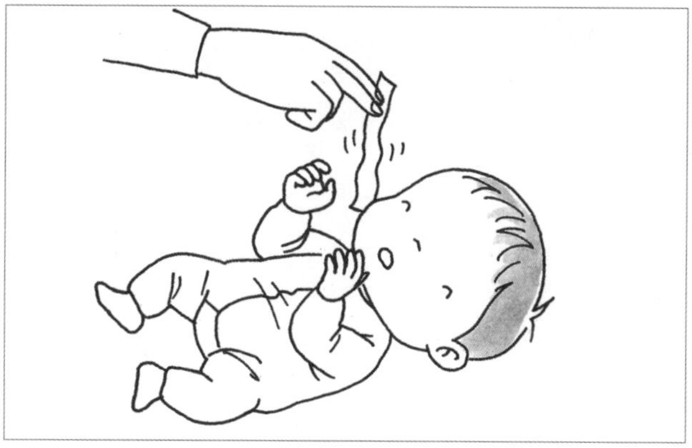

かわいいおててね

自分のにぎりこぶしを見る

この運動で育つもの　●小さな筋肉を使った微細運動スキルの向上　●筋力強化

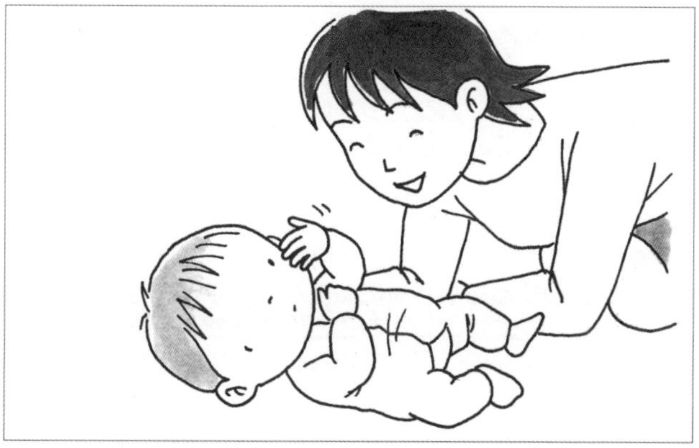

あそび方

にぎりこぶしを作ったり、手を開いたり、回したりしている赤ちゃんに、「かわいいおててね！」と話しかけてみてください。

○最初は固く閉じていた赤ちゃんの手が、だんだん軽く開くようになり、その時間も長くなります。
○言葉をかけることで、赤ちゃんは自分の手足を、一層動かしたり、見つめたりして遊ぶようになります。

ちょっとおすわり

首が座る

この運動で育つもの

- 情報収集の知覚機能の向上
- 視界の広がり
- 首・背腹の筋力強化

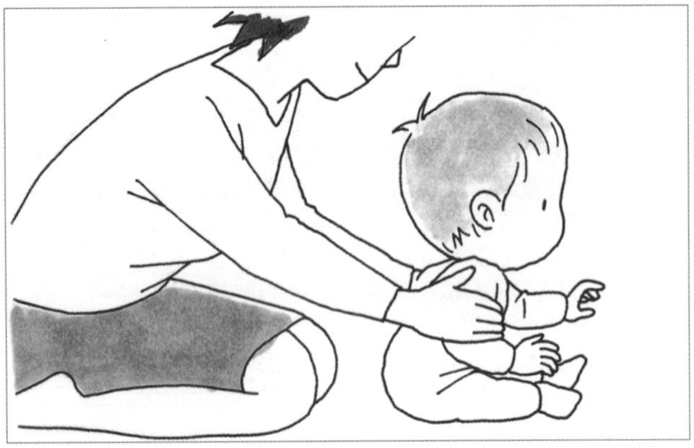

あそび方

「○○ちゃん、おすわりしてみようね」といった言葉がけをしながら、赤ちゃんのからだを支えて座らせてあげましょう。

●2〜3ヵ月くらいになって赤ちゃんを座らせると、頭がグラグラせず、まっすぐ保てるようになります。首が座るということは、知的にも順調に発達しているという目安になります。

※腰はまだ安定していないので、ひとりで座らせることは避けましょう。

だっこしようかな？

あお向きでかかえ上げると頭がついてくる

この運動で育つもの

- 情報収集の知覚機能の向上
- 首・腹部の琴曲強化

あそび方

だっこする時に、行なってみましょう。

○両手を背中にあてて、頭が床から離れないくらいに上にかかえ上げ、反らせてみましょう。頭がついてくるようなら、もう少し上げます。

○慣れたら、反らせる時間を少しずつ長くしていきましょう。その時は、支える手を少し胸に近いところに置きます。

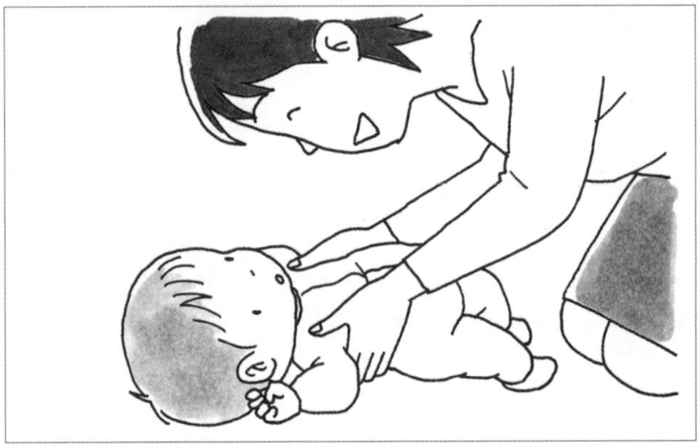

いい音するね

手を伸ばす

この運動で育つもの

- 情報収集して、意図した動きをしようとする知覚運動機能の向上
- 目と手の協応性の向上

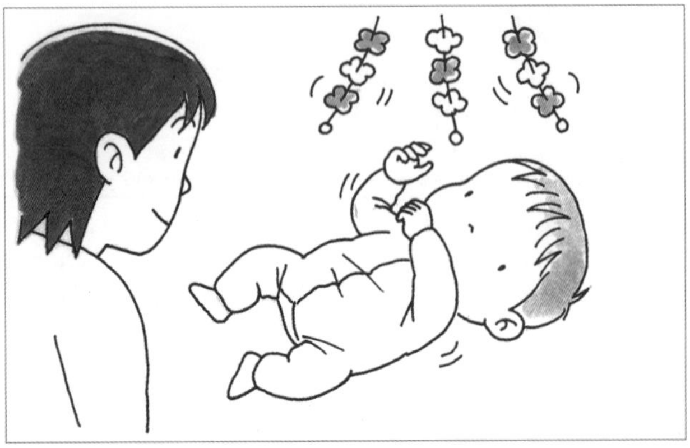

あそび方

「いい音がするねー」と言いながら、オルゴールメリーを回したり、ガラガラを顔の近くでやさしく振りながらあやしてみましょう。

○音がして動くものに目を輝かせ、手を出して触れようとします。

●3ヵ月くらいになると、目と耳が発達するので、よい音のするおもちゃに興味を示し手を伸ばします。しかし、まだ、つかむことはできず、手指を開きかけ、両手が前に組み合わさる感じになります。

お顔見てね
からだを起こした時、頭を保つ

この運動で育つもの
●首・背腹の筋力強化
●平衡性の向上

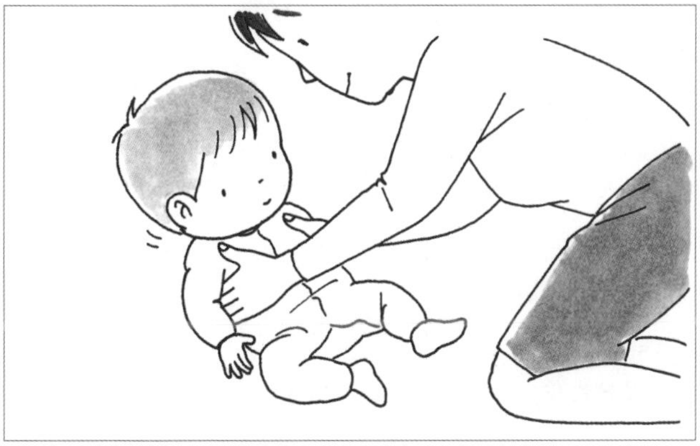

あそび方

授乳などで抱き起こす時にやってみましょう。

○「ほーらミルクよ」や「おっぱい飲もう」などの呼びかけで赤ちゃんの関心を誘います。
○両脇に手を回し、顔を向かい合わせて、「ママのお顔見てねー」と、目を見つめながらゆっくりからだを起こしましょう。
○10秒～20秒くらいは、頭をまっすぐに保つことができるでしょう。
※バランスを取っているのは相当な負担になるので、無理をさせず、長い時間行なうことはしない方がよいでしょう。

にぎにぎしてごらん
指の間に入れたものをつかむ

この運動で育つもの
●情報を収集し、握る知覚運動の向上
●腹筋力の向上

あそび方

赤ちゃんの手の指に、人さし指を入れて「にぎにぎしてごらん」と、言葉をかけてみましょう。

●この頃になると、かなり小さなものにも反応して、つかむことができるようになります。このような動作が見られたら、持ちやすいおもちゃを握るのも間近と言えるでしょう。

○○ちゃんのおててね
手や指を持って遊ぶ

この運動で育つもの
●情報収集の知覚と身体認識力
●協応性の向上

あそび方

3ヵ月くらいになると、しっかり寝た後や授乳の後の機嫌のよい時に、自分の手や指を持って遊ぶようになります。「○○ちゃんのおててねー」と、言葉がけをしてあげましょう。

※つめはこまめに切ってあげましょう。
※1人あそびをしている時は、そっと見守り、刺激過剰にならないようにしましょう。

このおもちゃ大好きね

触れたものに触る

この運動で育つもの
- 情報収集の感覚機能の向上
- 筋力強化
- 操作系運動スキル（引き寄せる・振る）の発達

あそび方

赤ちゃんの好きなおもちゃにタッチさせ、触らせてあげましょう。

○「○○ちゃんの大好きなガラガラよー」と言葉がけをしながら、赤ちゃんがタッチしやすい位置におもちゃを置きます。
○おもちゃは持ちやすく、色は原色のきれいなものを選びましょう。
●触れたものに触り、やがて引き寄せるという動きに発達していきます。
※おもちゃは、清潔にしておきましょう。

○○ちゃんのベッドよ

うつ向きでかかえ上げると頭がついてくる

この運動で育つもの
- 首・背腹の筋力強化
- 空間認知能力の発達

あそび方

「○○ちゃんのベッドよ、小さくてかわいいねー」と言いながら、うつ向きになった赤ちゃんの両脇に手を入れ、ゆっくりとかかえます。

○うつ向きにして、胸のあたりを支えます。
○首がガクンとなるようなら、頭を床につけた範囲で行いましょう。
※不安定なかかえ方や乱暴なかかえ方をすると、赤ちゃんがおびえてしまいます。やさしく、しっかりと赤ちゃんのからだを支えます。

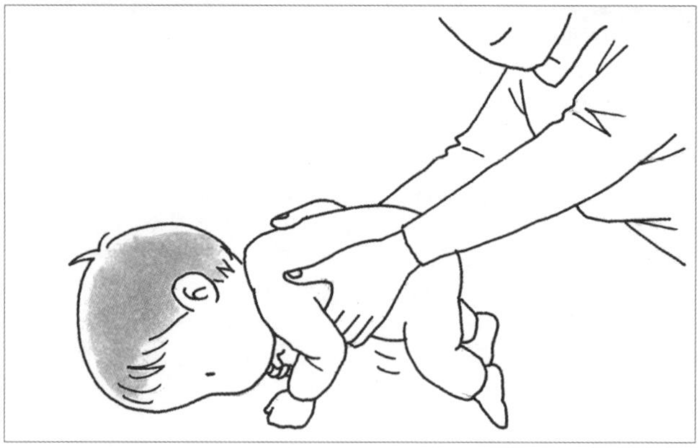

おっきしようね

ゆっくり引き起こすと、あお向きから起き上がる

この運動で育つもの
●空間認知能力の発達
●首・背腹の筋力強化

あそび方

あお向きに寝ている赤ちゃんを、引き起こしてあげる運動です。

○赤ちゃんの肘から肩を支えるようにして、ゆっくり起き上がらせます。
○赤ちゃんが、自分で起き上がろうとするのを助ける気持ちで行なってみましょう。
※手首を持って起こすことは、まだ、しないようにしましょう。

ヒネリン棒だよ

肩を押すと、からだをねじる

この運動で育つもの
●空間認知能力の発達
●首・背腹の筋力強化

あそび方

赤ちゃんの肘の上を持って、からだの前方向に回してひねる運動です。

○肩が床から少し離れたら支えます。ひねりの角度を少しずつ増しながら繰り返しましょう。
○はじめのうちは、からだをねじり戻しますが、段々とひねるようになり、寝返りへ移行します。
○肩を少し押すと背骨が回転し、腰も連動して回転するわけです。
※赤ちゃんが喜んで行なっているか、いつも表情に注目しましょう。

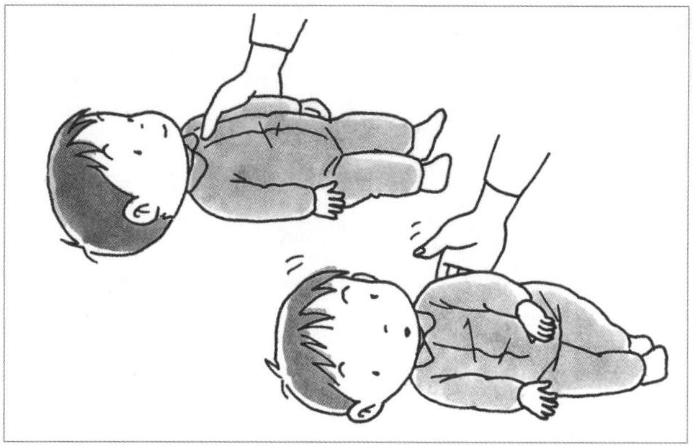

足ネジ・グルリ

他動的な下半身のねじりから、からだをねじる

この運動で育つもの
●腹筋力・背筋力の向上
●回転感覚の発達

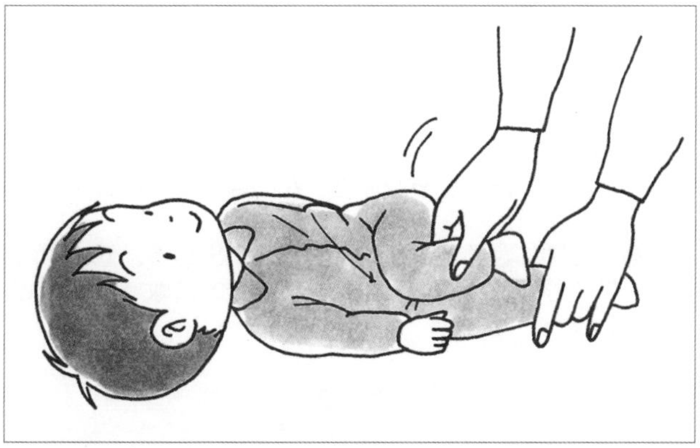

あそび方

あお向きの赤ちゃんの両足を持って、からだの下半身からのねじりを助け、からだ全体をひねる運動です。

○両足を軽く握って、左足を右足の上にのせるように持っていき、腰を少しずつ浮かせていきます。
○赤ちゃんは、からだをねじる動きから、やがて寝返りへと移行します。そのための必要な運動です。
※足を持って、からだ全体を急激にねじるのはよくありません。

うつ伏せ頭おこし30秒！

うつ伏せの状態から、30秒程頭を上げる

この運動で育つもの
- 情報収集の知覚機能の向上
- 空間認知能力の発達
- 首の筋力強化

あそび方

目の前のおもちゃや、からだのまわりにあるおもちゃを、手で取ったり、触ったりして遊ばせましょう。

○手をついたうつ伏せの状態にし、赤ちゃんの目の前に、お気に入りのおもちゃを置きます。
○赤ちゃんが興味を示しているのを確かめながら、おもちゃを振ったり鳴らしたりして維持します。
○うつ伏せの状態から、30秒くらいなら頭を上げることができるようになります。

ピンピンつっぱれ！

あそびで（自発的に）脚をつっぱる

この運動で育つもの
- 知覚運動の知覚機能の向上
- 脚筋力の強化

あそび方

赤ちゃんの気を引く物を見せ、目で追わせながら少し離れた前方へ置きます。「○○ちゃん、ピンピンして取りにきてー」と言って促しましょう。

○この時期になると、足の力が強くなります。毛布を蹴とばしたり、いつの間にかベッドの上の方へと移動していたりします。
※ベッドの柵に足をつっこんだり、ベッドから落ちないように注意しましょう。

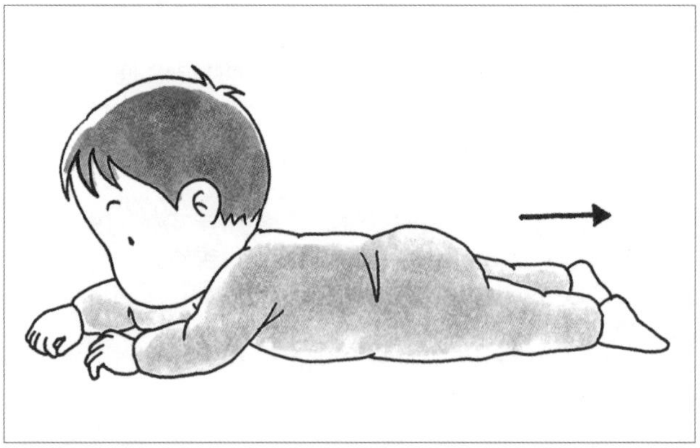

上手にガラガラするね

ガラガラを振る

この運動で育つもの
- 情報収集し、動きを作る知覚運動機能の向上
- 操作系運動スキル（振って握る）の発達
- 協応性の向上

あそび方

ガラガラを持たせると振り、音を聞いて喜ぶようになります。「上手ね」「いい音がするね」等の言葉がけを積極的にしてあげましょう。

○音のするおもちゃを赤ちゃんの周囲に用意しておきましょう。
●この頃になると、低い棚や箱、引出し等、低い場所におもちゃを置いておくと、自発的に取って遊ぶでしょう。

ユラユラだっこ

首を支えた立ち抱きから、前後・左右にゆすってもらう

この運動で育つもの
●情報収集の知覚機能の向上
●空間認知能力の発達

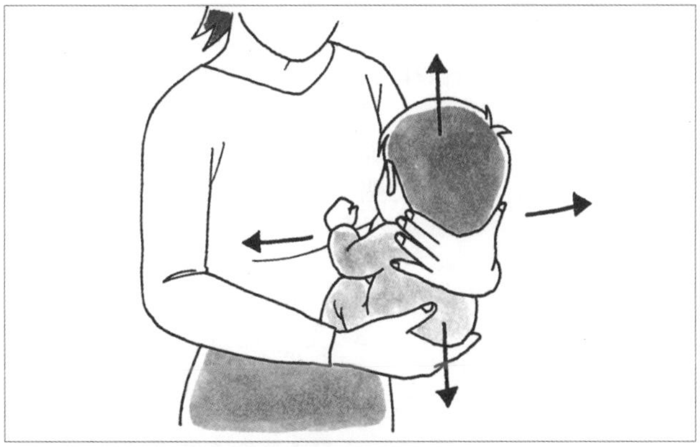

あそび方

赤ちゃんをだっこして首の後ろを支え、前後・左右にゆすって遊んであげましょう。

○片手は、お尻を支えてしっかり抱きます。はじめはゆっくりと、慣れてくると、大きくゆすってあげましょう。

※最初から大きくゆすると、怖がる子もいるので気をつけましょう。

何を取って遊ぼうかな?

おもちゃをつかんでいる

この運動で育つもの
●筋力の向上
●操作系運動スキル（振って動かす）の発達

あそび方

握りやすいおもちゃ（とくに赤い輪）を持たせると、しばらくの間つかんでいられるようになります。軽くて持ちやすい物を与えてあげましょう。

○おもちゃを手の届く所に置いたり、ぶら下げたりして用意すると、自分から取ろうとします。さらに音がすると、さかんに腕を動かすでしょう。

※大きな物は支えきれず、頭にぶつけることがあります。

※この頃から、物を口に入れることが多くなるので、おもちゃ類は常に清潔を保ち、安全性（突起がなく、表面がなめらかかどうか等）を確かめておく必要があります。

ヨイショ、横向き

横向きでかかえると、自分で頭を上げるようになる

この運動で育つもの
●背・首・腹の筋力強化

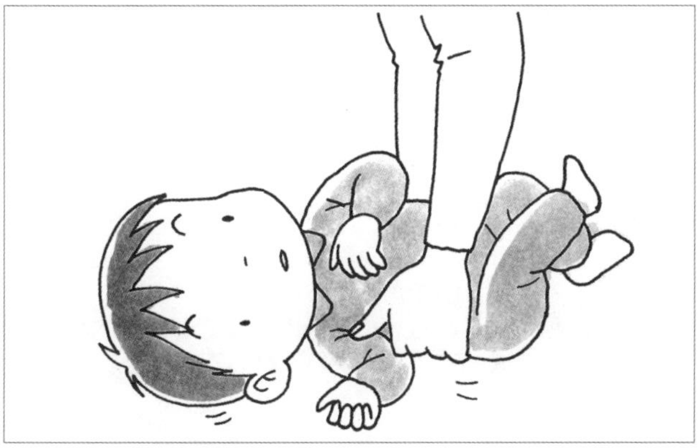

あそび方

頭をつけたままの姿勢で、赤ちゃんの胸のあたりを支え、横向きにかかえ上げるような動作を繰り返してみましょう。

○上の運動で慣れてきたら、横向きにかかえてみます。赤ちゃんは、自分で頭を上げることができるようになるでしょう。

※頭がガクンと下がる時は、床につけたままの運動を続けます。

アシカさんになろう
胸を上げる

この運動で育つもの
●支持能力
●首・背・腹・上肢の筋力強化

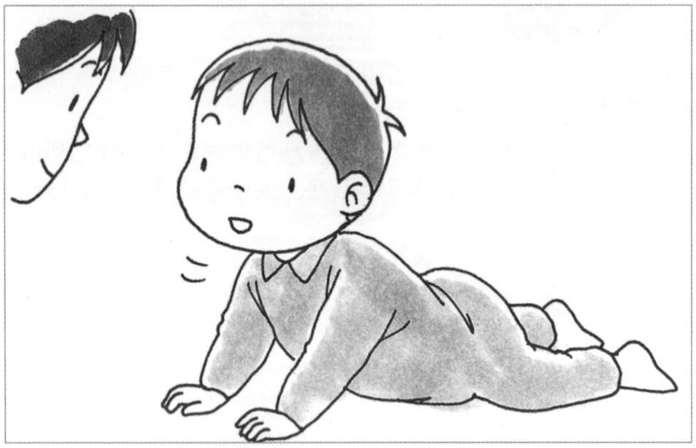

あそび方

赤ちゃんをうつ伏せにして、頭だけでなく胸から上げる運動です。

○ボールやおもちゃを少し上の方に上げて、「ボール、高い高い」と言って関心を向けさせ、胸から上げるように、手でからだを支えさせましょう。
○赤ちゃんが体重をかけやすいように、手のつく場所を示してあげるとよいでしょう。

飛行機みたいね
両肩を支えると反り返りをする

この運動で育つもの
●首や腹部の筋力強化

あそび方

うつ伏せにした赤ちゃんの肘の上（肩の部分までカバー）を支えて、ゆっくり胸を上げさせましょう。「飛行機みたいねー」と、楽しい雰囲気の言葉がけをしましょう。

※手首を持つと肘を痛めることがあるので、引っぱらないようにしましょう。
※赤ちゃんの機嫌のよい時に行ないましょう。

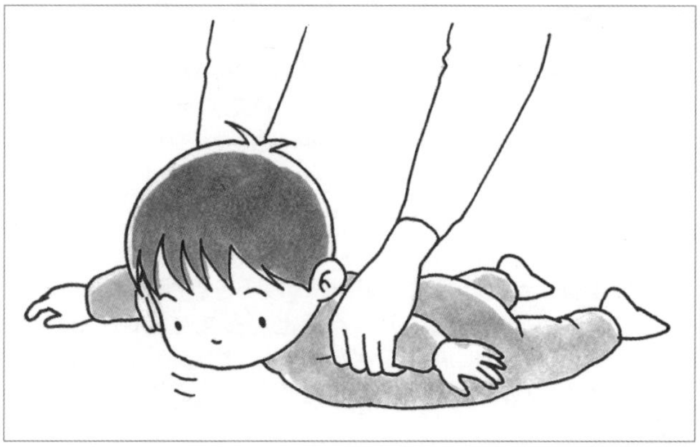

寝返りクルリ、できちゃった
両足首を支えてねじると、肩がまわり、寝返る

この運動で育つもの
●首・背・腹部の筋力強化

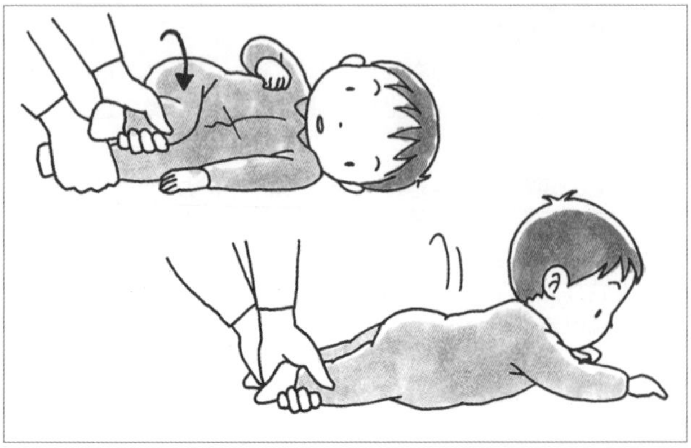

あそび方

両足首を持ち、ねじって寝返りにチャレンジさせましょう。暖かい日や、お風呂の後に行なってみましょう。

○足首を持ってゆっくりねじると、自然に肩がついて回ります。
○腕は、最初、おなかの下に入っていることが多いようですが、次第に腕を抜いて前に出すようになり、１人で寝返りができるようになります。
●この動作は、赤ちゃん自身にとっても画期的なことなので、喜んで行なうようになるでしょう。

おすわり楽しいよ

頭をまっすぐに立てて保つ

この運動で育つもの

- ●空間認知能力の発達
- ●視界の広がりによる興味の拡大
- ●腹筋力・背筋力の強化

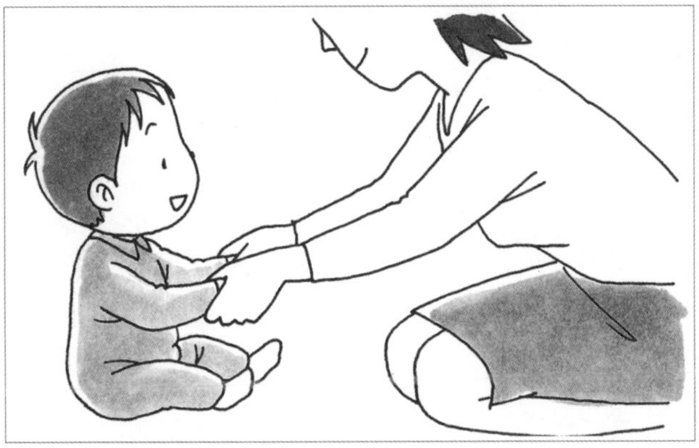

あそび方

赤ちゃんの手を持って座らせてみましょう。クッションで支えたり、もたれるような状態でもよいので、すわる楽しさをたくさん経験させてあげてください。

○座った状態で、赤ちゃんの目を見つめながらやさしく話しかけます。いやがるようなら、抱きあげましょう。

●この頃（6ヵ月）になると、頭をグラグラさせずにまっすぐ保てるようになります。

ブラブラ、ブランコごっこ

ゆすってぶらんこごっこをしてもらう

この運動で育つもの

- ●空間認知能力の発達
- ●平衡感覚の向上

あそび方

赤ちゃんを前向きに抱き、しっかり支えてぶらんこのようにゆすってみましょう。慣れてきたら、赤ちゃんの両腕を持ってゆっくり振ることも試しましょう。

○ゆすり方を大きくしたり、ゆする方向も前後や左右にゆすったりして工夫してみましょう。

○大人の体勢は、膝を少し曲げ、いくらか上体を前に曲げると行ないやすいでしょう。

※慣れてくると、声をたてて笑うようになる楽しいあそびですが、喜んで手足をバタバタさせることもあるので、落ちないようにしっかりと支えることが必要です。

だっこと ニギニギ

物を握って膝に座る

この運動で育つもの

- ●感覚運動機能の向上
- ●背腹の筋力強化
- ●平衡性の向上

あそび方

赤ちゃんを膝に座らせ、おもちゃを持たせて遊びます。だっこをされる安心感と、好きなおもちゃを与えてもらえる満足感を感じるでしょう。お母さんの膝の感触も、十分味わわせてあげましょう。

○布や木、プラスチック等、いろいろな素材のおもちゃに出会わせ、感触を楽しませます。

起き上がりこぼし

手を支え、起き上がりをする

この運動で育つもの
- 感覚機能の向上
- 腹筋力の強化

あそび方

お母さんの親指を赤ちゃんに握らせます。「起き上がりこぼし、ヨイショ！」と握った手を引いて起こしてあげる運動です。

○手を握らせ軽く引くと、赤ちゃんは肘を曲げて起き上がろうとします。それに合わせてさらに引くと、上体を起こし、おすわりの状態まで起き上がるようになります。

○頭を反らさないで、できるようにしましょう。

電車のつり革ごっこ

ぶら下がった物をつかむ

この運動で育つもの
- 操作系運動スキル（つかむ・ゆらす）の発達
- 視界の広がりによる興味の拡大

あそび方

先を玉に結んだ握りやすいひもや布地の人形等をぶら下げて、つかませる運動です。握ったら、電車ごっこのように、「ガタンゴトン、ガタンゴトン」と、ゆらして遊んでも楽しいでしょう。

●つかもうとする物が興味のあるおもちゃであったり、適当な大きさ（2〜3㎝）でつかみやすい物であれば、勢いよく何度もつかんで遊ぶでしょう。

高い高い、大好き！

高い高いをしてもらう

この運動で育つもの
- 空間認知能力の発達
- 平衡感覚の向上

あそび方

赤ちゃんをしっかり支えて、「高い高いだよー」といった言葉がけをしながら、持ち上げて遊んであげましょう。

○高さや勢いの程度も、赤ちゃんのようすを見ながら徐々に増していきましょう。

※赤ちゃんは喜んで手足をバタバタするので、しっかり支えます。

取って遊んでね
手を伸ばして物をつかむ

この運動で育つもの
●知覚運動機能の向上
●操作系運動スキル（つかむ）の発達

あそび方

赤ちゃんの手の届く位置におもちゃを置きましょう。興味を示さない場合は、顔の前でおもちゃを振ったり、音を鳴らしたりしてあやし、目で追わせてからおもちゃを移動させるとよいでしょう。

○触れるとクルクル回ったり、指ではじくと音がでたり動いたりするおもちゃを使って、腹這いの姿勢から手を出すことを促します。
○手を伸ばして取ろうとする意欲が育つように、おもちゃの種類や置き方、働きかけを工夫します。
●この頃になると、手の運動も発達して目的の物をつかめるようになります。

おウマさんになろう！
膝に体重をのせる

この運動で育つもの
●腹筋力の強化

あそび方

赤ちゃんを腹這いの姿勢にさせて両足を持ちます。足の交互曲げの要領で、まず右膝をおなかの下に入れるようにし、左も同じようにします。

○体重を膝にのせる四つ這いの姿勢から、ハイハイの動きに移行していくあそびです。「おウマさんになろうね」と言いながら、交互に足を動かして遊んであげましょう。

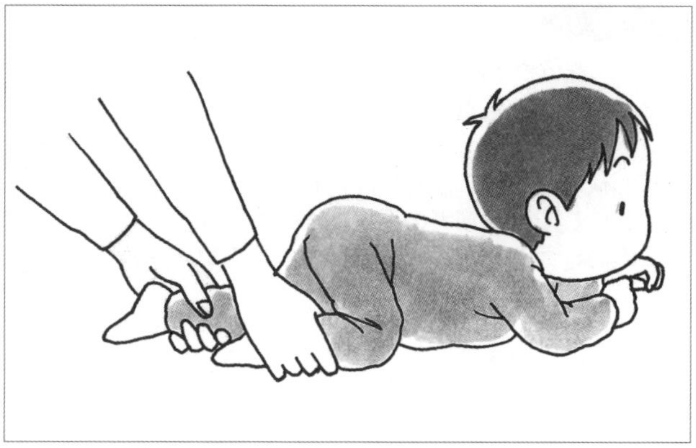

ピーンと伸びて反って
自力で反り返りをする

この運動で育つもの
●腹筋力・首の筋力強化

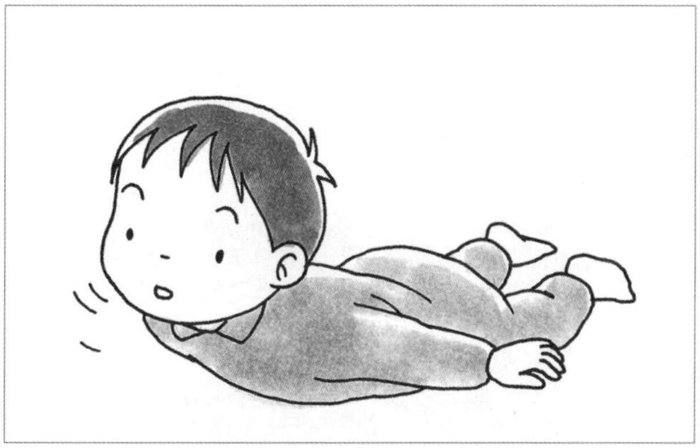

あそび方

赤ちゃんをうつ伏せに寝かせると、１人で胸を反らせて反り返ります。前方に動く物や興味のある物を置くと、長い間反った状態で遊ぶことができるでしょう。

○はじめのうちは、胸と肩を少し上げる程度ですが、次第に胸を力いっぱい反らせて、あごを高く上げるようになります。そうなると、反り返りをする時間も長くなります。

寝返り楽しいな

寝返りをする

この運動で育つもの
●視界の変化による興味の拡大
●首・背筋の筋力強化

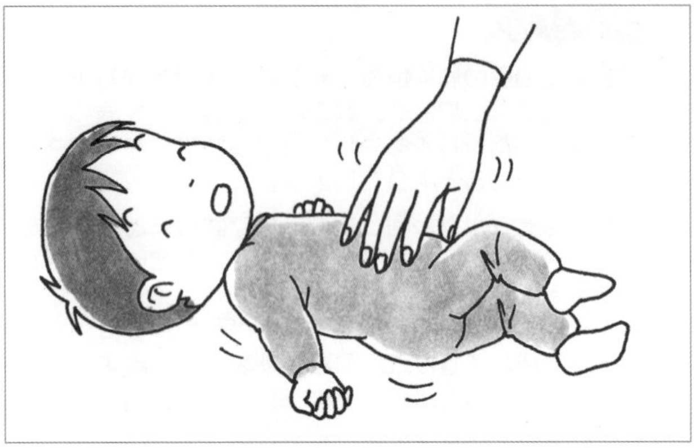

あそび方

この頃になると、１人で寝返りができるようになります。寝返りができると、あそびの幅も広がり、赤ちゃんの生活がうんと楽しくなります。

○はじめのうちは、腕がおなかの下に入った状態のままなので、抜いてあげましょう。慣れてくると自分で腕を抜くことができ、前に出すようになります。
○おなかや背中をくすぐったりして刺激してあげてもよいでしょう。
○上体を起こしたり、寝返りしやすくするには、薄着がよいでしょう。お風呂上がりに行なってみましょう。

飛行機しようね

飛行機をしてもらう

この運動で育つもの
●情報収集の知覚機能の向上
●首・腹部の筋力強化

あそび方

赤ちゃんをうつ伏せにして飛行機の姿勢にします。「飛行機、ブンブン」と言葉がけをしながら、楽しく遊びましょう。

○うつ伏せにして両腕を広げさせます。手のひらは下向きにして、保育者の手の上にのせます。
○この時、赤ちゃんの手を握らず、軽く支えながら反らせてあげます。
●この運動をしっかりすると、ハイハイへの移行ができやすくなります。

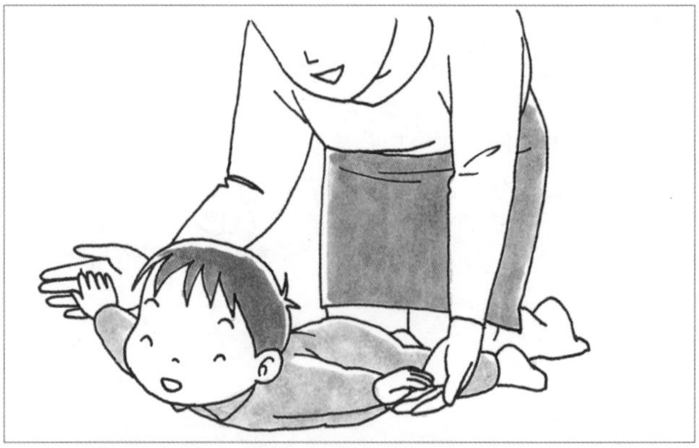

ズルズルひっぱって！

寝転んだまま引っぱって動かしてもらう

この運動で育つもの
●情報収集の知覚機能の向上
●空間認知能力の発達

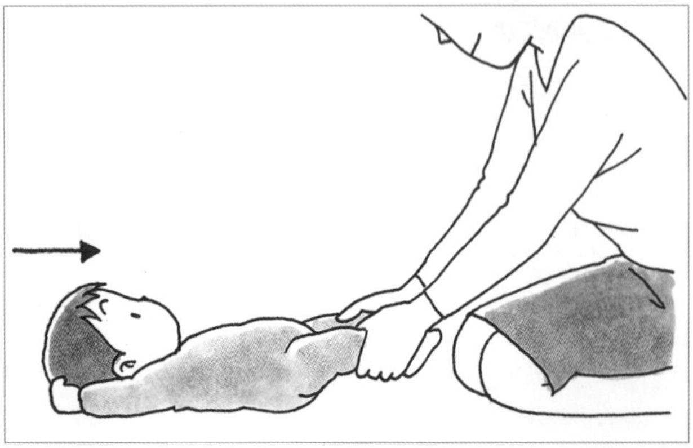

あそび方

赤ちゃんをあお向きに寝かせ、手足を伸ばしたバンザイの姿勢で引っぱって遊びます。「楽チンだねー、どこまで行こうか？」と話しかけながら、移動する感覚を味わわせてあげましょう。

○保育者は低い姿勢で、赤ちゃんの両足を握り、ゆっくり引き寄せる要領で引っぱります。最初は、座ぶとんに寝かせたまま、引っぱってもよいでしょう。
○慣れたら、両手を引っぱったり、腹這いの姿勢で引っぱったりしてみましょう。
※すりむいたり、とげがささったりしないよう、床や着る物をチェックしてから行ないましょう。

どんなおすわり好きかな？
支えられて座る

この運動で育つもの
●空間認知能力の発達
●平衡性の向上

あそび方

赤ちゃんが楽しくおすわりできる方法をいろいろと考えてあげましょう。

○手で支える。壁にクッションや座ぶとんをかませて支える。保育者のあぐらの中に座らせる等、いろいろ試してみましょう。とくに、保育者のあぐらは、心身ともに安定して、赤ちゃんは安心しておすわりができ、大好きになるでしょう。

それでも寝返り大好き！
軽い抵抗を与えても寝返る

この運動で育つもの
●背腹の筋力強化

あそび方

寝返りをする姿勢の時に、足やお尻を押さえたりして寝返りのじゃまをするあそびです。「おっと、クルリンできるかな？」と言いながら、ゲームのような楽しさで行なってあげましょう。

○寝返りをしようとする赤ちゃんの腰に軽く手をあてて抵抗を与えます。からだの筋肉が発達してくると、軽い抵抗を与えても、がんばって大好きな寝返りをするでしょう。

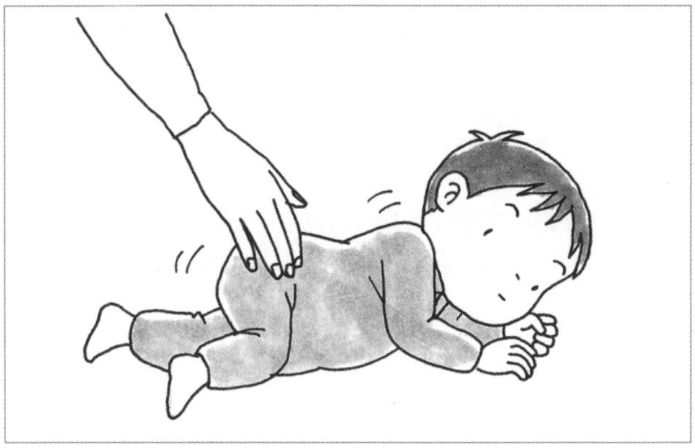

1人で座るの？
つかまって座る

この運動で育つもの
●情報収集の知覚機能の向上
●空間認知能力の発達
●首・背・腹部の筋力強化
●平衡性の向上

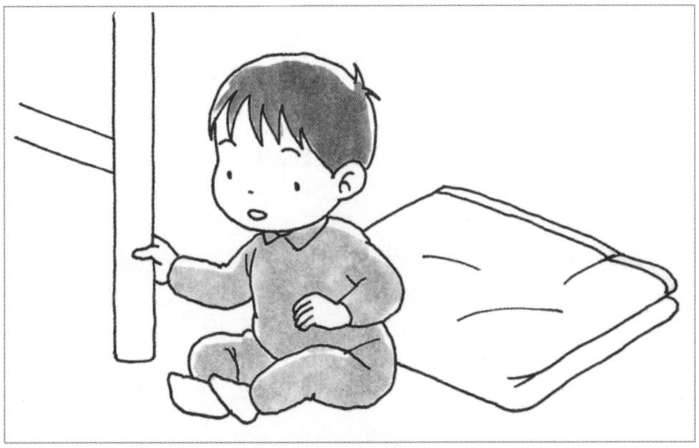

あそび方

この頃になると、安定して物につかまらせると、しばらくの間、１人で座れるようになります。

※後ろ方向に倒れてもだいじょうぶなように、背後にやわらかい敷物を敷いておきましょう。

おすわりしちゃお！

自力で座ろうとする

この運動で育つもの
●全身の筋力強化
●上肢の支持力の向上

あそび方

この頃になると、筋肉もだいぶ発達してきて自分で座ろうとします。一度座るコツを覚えると、どんどん早く座れるようになります。

※場所を選ばず座ろうとするので、周囲の危ない物を片づけたり、安全に気をつけましょう。

おすわりっていいな

1人で座る

この運動で育つもの
●平衡性・筋力の強化

あそび方

1人でおすわりができるようになると、赤ちゃんの生活は見違えるほど広がっていきます。いつでもどこでも気の向くままにおすわりをして楽しむ姿が見られるでしょう。

※おもちゃの上でも、危険な場所でも、おかまいなしに座ってしまうので、まわりの安全には注意しましょう。

※座ることはできますが、まだ背骨はしっかりしていません。無理に長い間、座らせることは避けましょう。

30秒、1人おすわり

30秒程、1人で座っていられる

この運動で育つもの
●平衡性・筋力・持久力の強化

あそび方

赤ちゃんの機嫌のよい時に座らせてみましょう。しばらくの間、1人で座れるようになっています。

○1人で座っているのが得意になり、これから1人あそびをする楽しさを味わう、第一歩の姿勢と言えます。過干渉にならず、見守ることも大切です。

※いつ、ひっくり返るかわかりません。周囲の物を片づけて、安定した場所を選びましょう。床の上では、マットややわらかい敷物を敷いて座らせましょう。

キックで進め！

キックをする

この運動で育つもの
- ●移動系運動スキル（背中をすりながら進む）の育成
- ●腹筋力・脚筋力強化

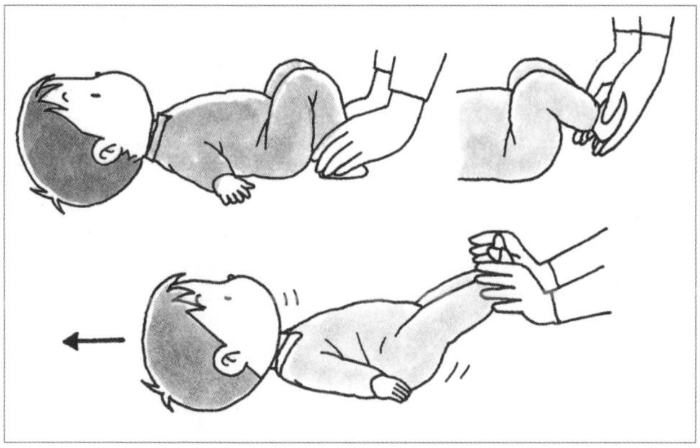

あそび方

足を持って押してもらいキックをすることで、背中をすりながら上方へずっと進み移動する運動です。

○赤ちゃんの両膝を曲げ、足首をはさむように支えて持ち、そのまま力を入れて上から押します。
○赤ちゃんは、膝を伸ばそうと反発の運動をするため、頭の上の方へずれて移動します。
○すべりのいい、床で行なうと効果が上がります。
●からだが移動する感じが覚えられるでしょう。

おててでつっぱれ！

胸と足を支え上げると、足上げ両手つきをする

この運動で育つもの
- ●情報収集の知覚機能の向上
- ●筋力・支持力の向上
- ●保護動作の獲得

あそび方

赤ちゃんをうつ伏せにして手をつかせ、からだを持ち上げると、床に手をつっぱった状態の腕の運動になります。逆立ちで視界を変えてあげましょう。

○赤ちゃんの両足首を片手で支え、もう一方の手を胸の下に回した姿勢を取ります。
○赤ちゃんの手を床につけたまま、少し持ち上げます。
※逆立ちの前段階の運動ですが、いきなり高く上げないで、背骨を反らせる程度にしましょう。

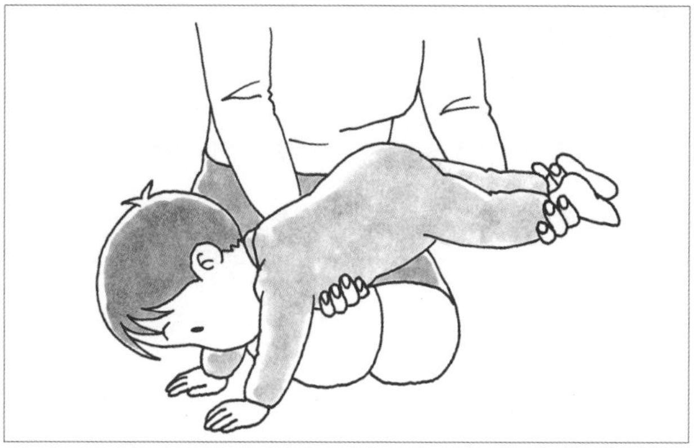

なーにが見える？

膝の上にのり、反り起きをする

この運動で育つもの
- ●情報収集の知覚機能の向上
- ●空間認知能力の発達
- ●背腹の筋力強化

あそび方

保育者の膝の上にだっこされながら、後ろへ反り返って遊ぶ運動です。

○イスに座った保育者の膝をまたぎ、向かい合ってだっこします。
○赤ちゃんの腰と後頭部を支え、上半身を少しずつ反らせましょう。シーソーのように「ギッコン、バッタン」と声をかけながら繰り返すと喜ぶでしょう。
○慣れたら、反り返った時、後ろにぬいぐるみやボール等を置き、取らせて遊んでも楽しいでしょう。

グルグル人工衛星

腹を軸にしてグルグル回る

この運動で育つもの
- ●情報収集の知覚機能の向上
- ●空間認知能力の発達
- ●その場での運動スキル（軸上を回る）の発達
- ●腹筋力の強化

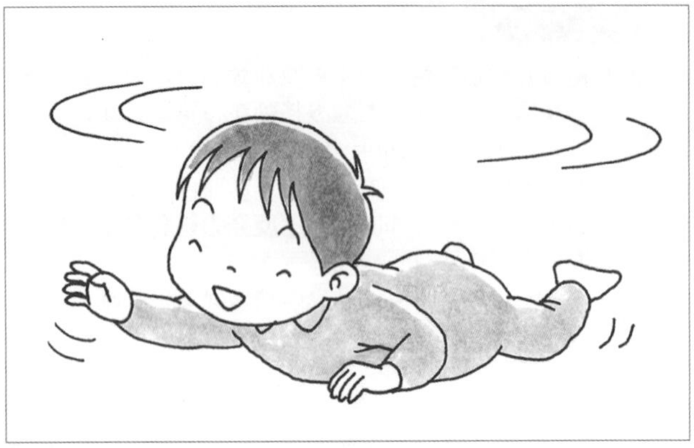

あそび方

うつ伏せの姿勢で、おなかを中心に手足を動かして右や左にグルグル回ります。

○おもちゃを見せたり、「こっちよー」と言葉をかけて、動きを誘ってあげましょう。

●グルグルまわりが早くなると後ずさりを始め、それからハイハイで前進する動きへと移行していきます。

ガンバレ！ 腹這い前進

腹這いで前へ進む

この運動で育つもの
- ●情報収集の知覚機能の向上
- ●空間認知能力の発達
- ●移動系運動スキル（腹這いで進む）の発達
- ●腹筋力・脚筋力の強化

あそび方

腹這いの姿勢で、肘を使って前へ進む運動です。

○はじめのうちは、手の力だけで前へ進むことが多いのですが、そのうち、足の力を使ってはやく進めるようになります。

※行動範囲が広くなるので、部屋を広くし、安全面にも注意しながら、楽しい探索活動を助けましょう。

たっちだっこユラユラ

立ち抱きでユラユラをしてもらう

この運動で育つもの
- ●情報収集の知覚機能の向上
- ●空間認知能力の発達
- ●平衡性の向上
- ●筋力強化

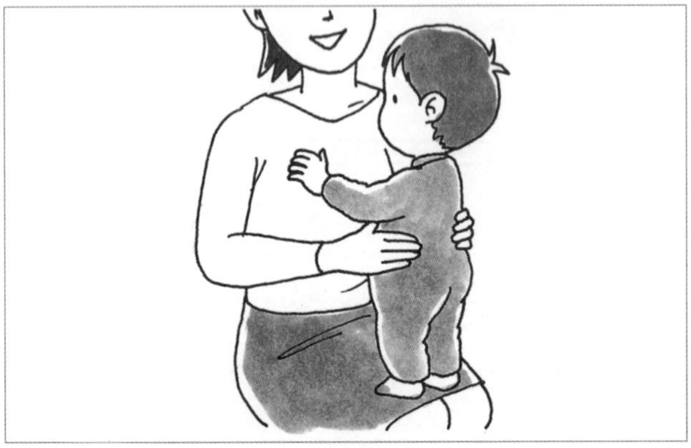

あそび方

保育者の膝の上に立って抱っこをされ、左右にユラユラとゆらしてもらって遊びます。

○左右にユラユラの運動に満足したら、保育者は、つま先をつけた範囲で、かかとを上下にして、トントンとゆらすあそびも加えましょう。

※喜んでピョンピョンと膝の上で跳び上がるように蹴ったりします。勢い余って、膝から踏みはずしそうになるので、しっかりと支えてあげましょう。

ハイハイドーゾ！

四つ這いになる

この運動で育つもの
●上下肢の筋力、背腹の筋力強化
●平衡性の向上

あそび方

腹這いの姿勢から四つ這いになります。

○赤ちゃんの足を軽く開いて膝を立てさせ、腕でからだを支えさせます。
○手首は、内側や外側に向きすぎないようにし、保育者の手でおなかやお尻を少し持ち上げて四つ這いの姿勢にしてあげましょう。
●この働きかけは、腹這いの赤ちゃんが四つ這いになる、よいきっかけになり、ハイハイへ移行するのももうすぐです。

ひっぱりおっき、ヨイショ！

足支え起き上がりをする

この運動で育つもの
●情報収集の知覚機能の向上
●上肢の筋力・腹筋力の強化

あそび方

赤ちゃんの足を軽く固定して、手を引っぱるだけで起き上がらせる運動です。

○あお向けに寝た赤ちゃんの両手を、保育者の片手で握り、もう一方の手で足首を軽く押さえます。
○「ひっぱりおっき、ヨイショ！」と言いながら、握った赤ちゃんの手を少し引くようにすると、赤ちゃんは自力で起き上がろうとします。その意志を助ける感じで、さらに引き上げて起こしてあげましょう。

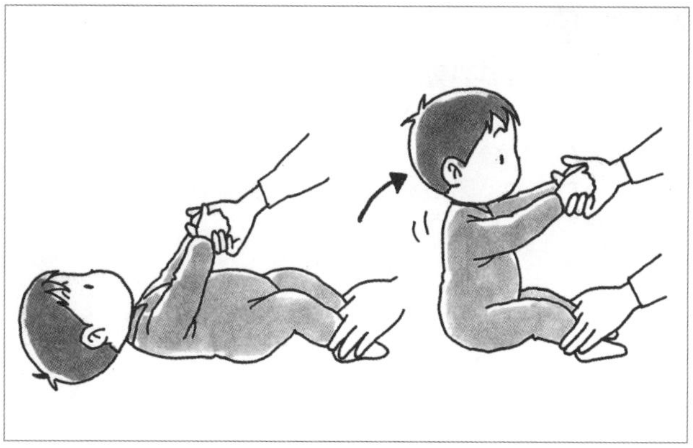

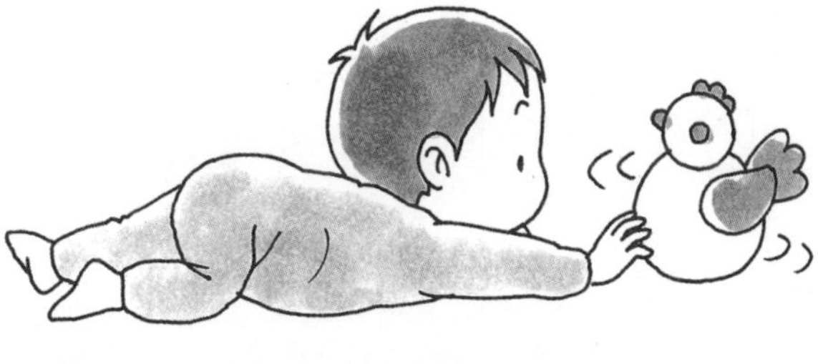

横おっきしよう
横起きをする

この運動で育つもの ●筋力・平衡性の向上

あそび方

赤ちゃんを横から起き上がらせる運動です。

○赤ちゃんに保育者の親指を握らせます。保育者は、赤ちゃんの手首から腕全体を支えるようにして持ちます。

○ゆっくり、首がついてくるのを確かめならが起き上がらせましょう。

モウモウハイハイしてね
四つ這いから腹を持ち上げる

この運動で育つもの ●平衡性の向上 ●上下肢・背腹の筋力強化

あそび方

四つ這いのできる姿勢にすると、腹を持ち上げるようになります。ハイハイへの第一歩です。

※赤ちゃんがいつでもハイハイできるように、周囲にとがった物や、床の木にささくれがないよう、安全に気をつけましょう。

グルグルまわしだね
手を持ってもらい、両腕の円運動を行なう

この運動で育つもの ●平衡性の向上 ●関節の可動域の拡大

あそび方

保育者の指を赤ちゃんに握らせ、体側に沿ってゆっくり円を描くように動かす運動です。

○「グルグル扇風機！」や「グルグル風車！」等と言いながら回してもらうと、とても喜びます。もう一方の手も、してあげましょう。

ハイッ！て持ちかえてね

物を一方の手から他方へ移す

この運動で育つもの
●協応性の向上
●操作系運動スキル（持ちかえる）の発達

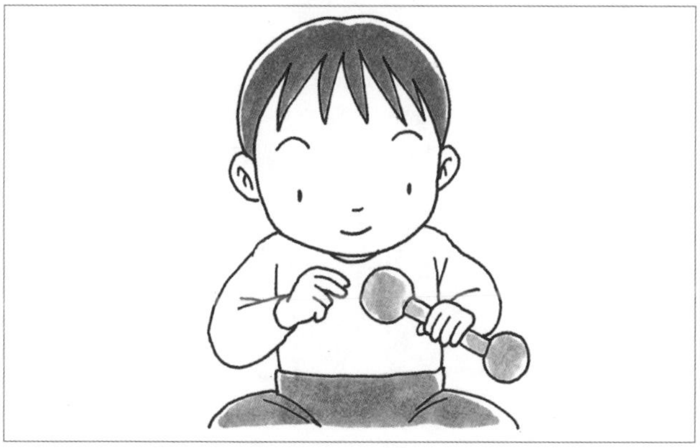

あそび方

赤ちゃんが一方の手で持っていたおもちゃを、「ハイ、こっちのお手々でね」と言いながら促すと、もう一方の手に持ちかえることができます。

○持ちかえたら、「上手にできたね」とほめてあげましょう。ほめてもらうと、赤ちゃんは満足します。
●この頃になると、指先が発達してくるので、一方からもう一方へ、持ちかえることもできるようになります。
※自由度が増す分、おもちゃをよく口に持っていくので、清潔にしておきましょう。

こっちもそっちもいいね

１つの物を持ち、もう１つの物を取る

この運動で育つもの
●情報収集の知覚機能の向上
●空間認知能力の発達
●操作系運動スキル（両手に物を持つ）の発達

あそび方

赤ちゃんが何か１つ物を持って遊んでいる時、もう１つ、興味を引くおもちゃを置くと、両手に持つようになります。

○おもちゃ同士を打ち合わせたり、ながめたり、口に持っていったりしながらよく遊びます。
●指先の動きが発達し、１つのものを持ちながら、もう１つのものを取れるようになります。

キックでグーン！

キック移動をする

この運動で育つもの
●移動系運動スキル（キック移動する）の発達
●脚筋力・背筋力の強化

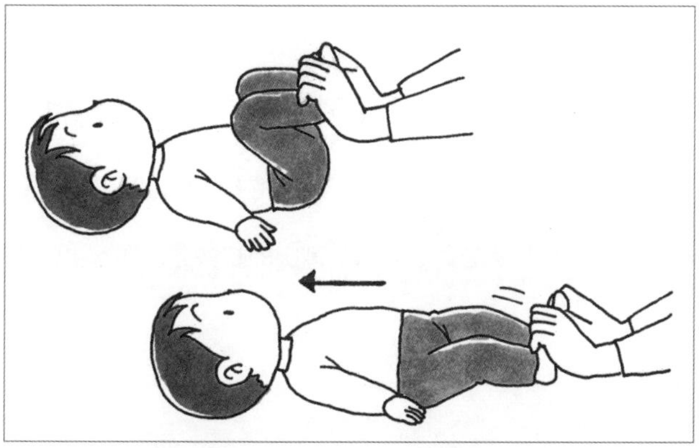

あそび方

赤ちゃんが足の裏で保育者の手を押し上げるような運動で移動するあそびです。

○赤ちゃんは、保育者の手に足の裏をつけます。赤ちゃんが足を伸ばすのを支えると、反動となって頭の上の方へ進みます。
○すべりやすいフローリングの床で行なうと効果的です。また、畳の上で行う場合は、織りの目にそって移動させると進みやすいでしょう。

おっきできちゃった！

寝た位置から起きて座る

この運動で育つもの
●身体認識力の向上
●全身筋力の強化・平衡性の向上

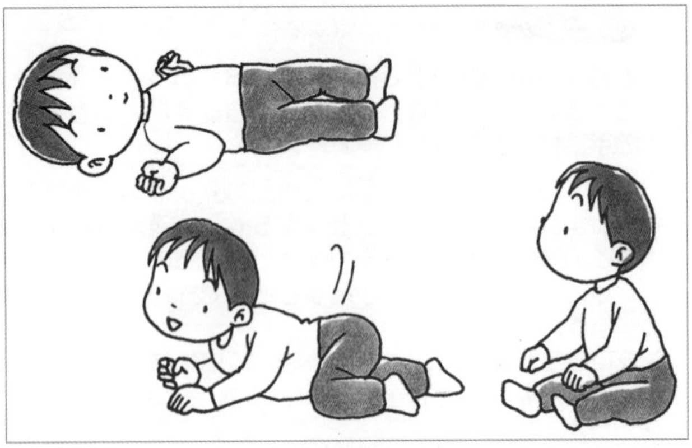

あそび方

寝た体勢から1人で寝返りができ、起きて座るようになります。

○寝返りからおすわりの一連の動作がスムーズにできるようになり、自分でも得意になって何度でもします。その度に、「おっきできた、おっきできたね！」と、何度も認めてあげましょう。

どこからでもおすわり

自分で起き上がって座る

この運動で育つもの
●空間認知能力の発達
●全身筋力の強化・平衡性の向上

あそび方

どのような姿勢からでも、1人で起き上がって、きちんと座れるようになります。

○「おすわりしてみようか」と言葉をかけ、できなければあやしながら援助しましょう。機嫌のよい時は何度でもチャレンジしましょう。

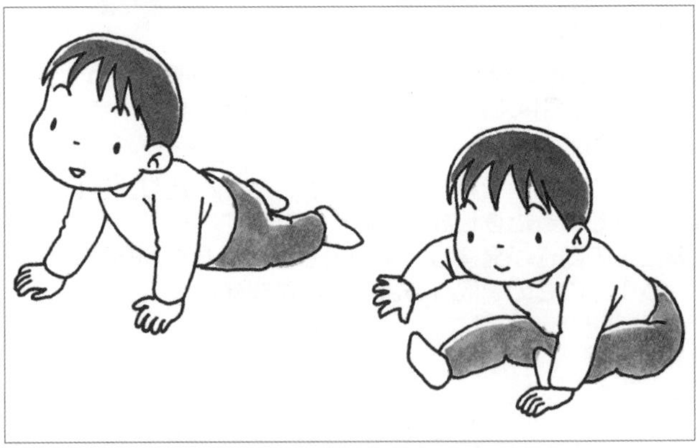

高這い前進GO！

高這いで前進する

この運動で育つもの
●情報収集の知覚機能の向上
●全身筋力の強化
●移動系運動スキル（高這いで進む）の発達

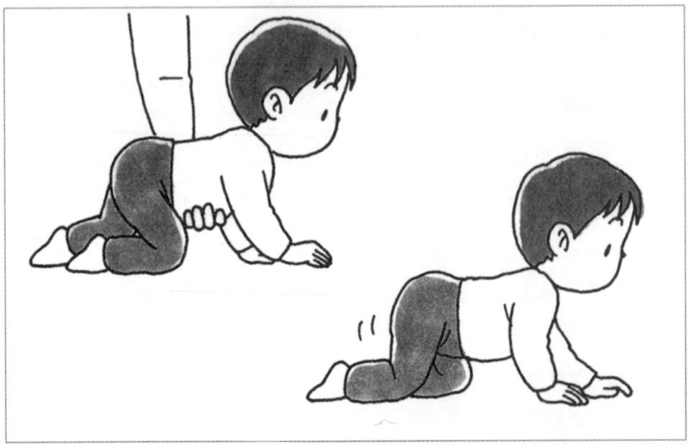

あそび方

おなかを床につけたハイハイが上手になったら、高這いにチャレンジさせましょう。「こっちよ、こっちよ！」と、前進するよう促してあげましょう。

○おなかの下に手を入れて腰を持ち上げ、高這いの姿勢になるよう補助します。

○斜面登り等を通して、高這いの姿勢を促すとよいでしょう。

持てるよ座れるよ

物を握ってイスに座る

この運動で育つもの
- 感覚運動機能の向上
- 平衡性の向上
- 首・背腹の筋力強化

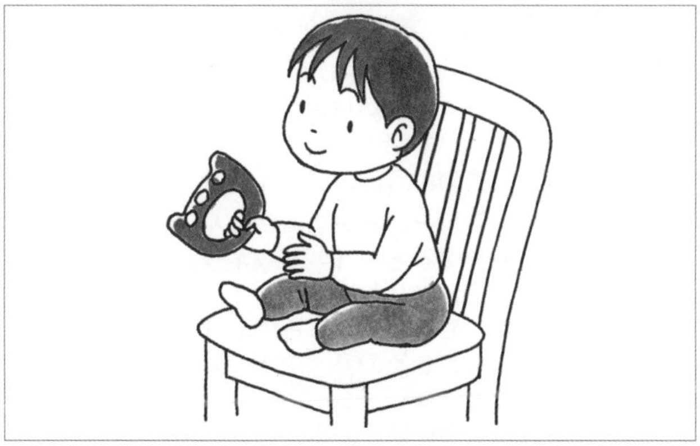

あそび方

この頃になると、床や畳の上だけでなく、イスなどの狭い場所でも、安定性を保ちながら、物を握っておすわりができるようになります。

※倒れないように、落ちないように注意しましょう。

ホラ、つかまりたっち

つかまり立ちをする

この運動で育つもの
- 平衡性の向上
- 全身筋力の強化

あそび方

あお向けの姿勢から起き上がって立つ運動です。

○あお向けになっている赤ちゃんに、両手で保育者の両手の指を握らせます。
○保育者は、両手をゆっくり引っぱるようにして起き上がらせ、立たせます。
○座って立つ時、足を上手にふんばって立ち上がるのがコツです。あそびの中で、足の親指をしっかり使うように働きかけましょう。

片手持って、たっち

支えられて立つ

この運動で育つもの
- 平衡性の向上
- 首・背腹・脚の筋力強化

あそび方

両手を持ってもらったたっちから、次第に片手を放して、片手を支えられたたっちができるようになります。

○最初は保育者と向かい合って、両手をつないだつかまり立ちをします。
○「お膝を伸ばして」と言いながら何度も繰り返していると、片手を援助した支えだけで、立っていられるようになります。

高這いハイハイこっちよ！

目的地まで高這いで移動する

この運動で育つもの
●空間認知能力の発達
●移動系運動スキル（高這いで進む）の発達

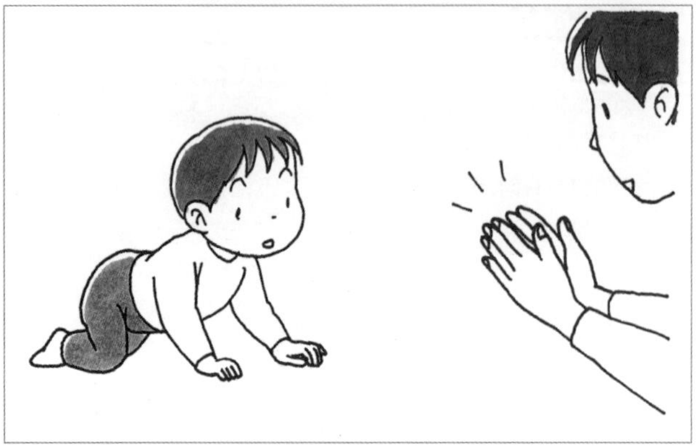

あそび方

保育者が「こっちよ、こっち！」と手をたたいて赤ちゃんに誘いかけ、近づいたら少しずつ後ずさりしたり、こちらから近づいていき、また、わざと少し逃げたりして、鬼ごっこのように遊びます。

○手の届きそうなところまで赤ちゃんに近づかせ、さっと逃げたりすると、「キャッキャ」と声を上げて喜びます。保育者がかけるフェイントの楽しさがわかるのです。でも、あまり逃げてばかりいると、おもしろくなくあきるので、たまにはつかまったり、抱き上げてあげましょう。

※行動範囲の安全を確かめましょう。

トンネルどーぞ！

トンネルくぐりをする

この運動で育つもの
●空間認知能力の発達
●移動系運動スキル（這ってくぐる）の発達

あそび方

保育者がが四つ這い姿勢になってトンネルをつくり、その下を、赤ちゃんがハイハイしてくぐり抜けるあそびです。

○トンネルは高くなったり低くなったり、長くしたり狭くしたり、工夫していろんなトンネルになります。

○赤ちゃんがくぐる時は、「バー！」と声をかけて歓迎してあげましょう。時には、ギュッとつかまえてスキンシップを図ってあげると大喜びします。

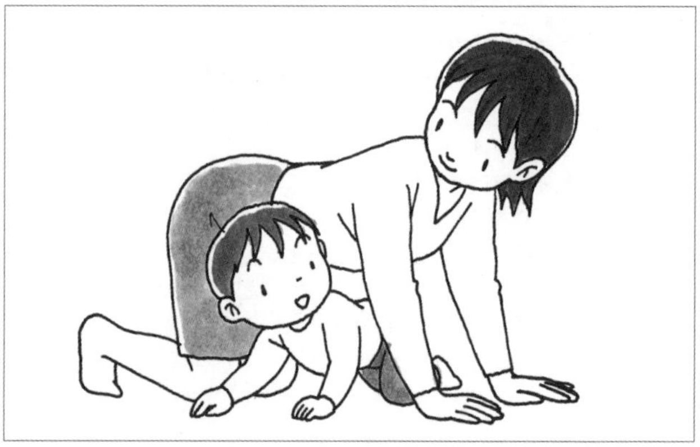

トンネル大好き！

ハイハイでトンネルをくぐる

この運動で育つもの
●空間認知能力の発達
●移動系運動スキル（這ってくぐり抜ける）の発達

あそび方

天井と底を抜いてトンネル状にした段ボール等の中を、赤ちゃんにくぐらせてみましょう。

●この時期の赤ちゃんは、探求心が旺盛で、部屋の隅や物の下へ好んで入っていきます。やがてこの意欲が、後の積極的な性格へと発達していきます。

※段ボールは、切り口の断面や破れた所の突起がないか等をよく点検して、布のガムテープで覆って修繕しておきましょう。

つかまらせてね

物につかまって立っている

この運動で育つもの
- ●首・背腹・脚の筋力の強化
- ●平衡性や持久力の向上

あそび方

机や家具などにつかまって、しばらくの間、じっと立っていることができます。そのうち、横へ歩くようになります。

※机の上には、赤ちゃんがさわるであろうと思われる物は、すべて片づけておきましょう。

よいしょ、つかまりたっち

物につかまり、立ち上がる

この運動で育つもの
- ●平衡性の向上
- ●腹筋力・脚力の強化

あそび方

赤ちゃんの手が無理なく届き、安定した机や台などが側にあると、持って支えて立とうとします。

○この頃になると、立つことに興味を示します。はじめのうちは、立ち上がっても座ることはできませんが、そのうち１人で座れるようになります。

※軽い物や不安定な物につかまると、転ぶおそれがあるので注意します。また、他の物をつかんで落とすこともあるので、片づけておきましょう。

ポンポンはじくね

ボールをたたく

この運動で育つもの
- ●情報収集の知覚機能の向上
- ●操作系運動スキル（たたく）の発達

あそび方

赤ちゃんは、ボールを持つだけでなく、ポンポンとたたいて弾ませたりして楽しみます。

○保育者がボールを持って「ポンポン」と言いながら遊ぶと、赤ちゃんは同じようにボールをたたくでしょう。弾みやすい手頃なボールを用意しましょう。

ボールさんつかまえた

ボールを拾う

この運動で育つもの
●空間認知能力の発達
●上下肢の筋力強化

あそび方

コロコロ転がるボールをつかまえ、拾うようになります。

○はじめのうちは、うまくつかめませんが、何回も追いかけているうちにボールにタッチし、上手に拾うことができます。
※行動範囲の安全を確かめましょう。

あらあら、コロコロ

ボールを転がす

この運動で育つもの
●知覚運動機能の向上
●空間認知能力の発達

あそび方

少し触ると転がるボールに、興味を示すようになってきます。

○はじめは、ビーチボールのような軽いボールを、赤ちゃんの前方から転がし、当たるようにして興味を引きます。ボールが当たって、はじくだけでもよいのです。
○ゆるやかな斜面を使い、軽く触れるだけで転がるようにすると、意欲が出てきます。徐々に平面に変えていく工夫もしましょう。
※つかんで転がすには、小さめの柔らかくて軽いボールが扱いやすいでしょう。

待て待て、ボールさん

転がっているボールを取りにいく

この運動で育つもの
●情報を収集して行動を起こす知覚運動機能の向上
●筋力の強化
●移動系運動スキル（這う）の発達

あそび方

転がっているボールを見つけると、取りにいくようになります。

●この時期は、探求心が旺盛で、近くにあるものは何でも触りに行きます。動く物なら、なおさらです。ハイハイしながら、さまざまな物に触れるのは、知能の発達を促します。
※興味を引くものに一直線に向かって行きますので、周囲の安全に注意しましょう。

ボールさん、ポーン！
ボールを投げる

この運動で育つもの
- 協応性の向上
- 操作系運動スキル（投げる）の発達

あそび方

ボールを転がすだけでなく、手元に引き寄せて投げるようになります。

※持ちやすく投げやすいように、ボールは柔らかく軽いものを選びましょう。

エレベーター、ヒューン
つり上げをしてもらう

この運動で育つもの
- 空間認知能力の発達
- 筋力・腹筋力の向上

あそび方

保育者は赤ちゃんと向かい合って立ちます。赤ちゃんに親指を握らせ、保育者は赤ちゃんの手首を持ってつり上げをします。

○「エレベーター、ヒューン！」と言葉がけをすることで、赤ちゃんの気持ちがスタンバイの状態になります。肩が脱力せず、いっしょについてくる手応えを感じてから、持ち上げましょう。
○慣れてくると、膝を屈伸させたり、足で蹴ったりして、積極的に自分で上がろうとするでしょう。

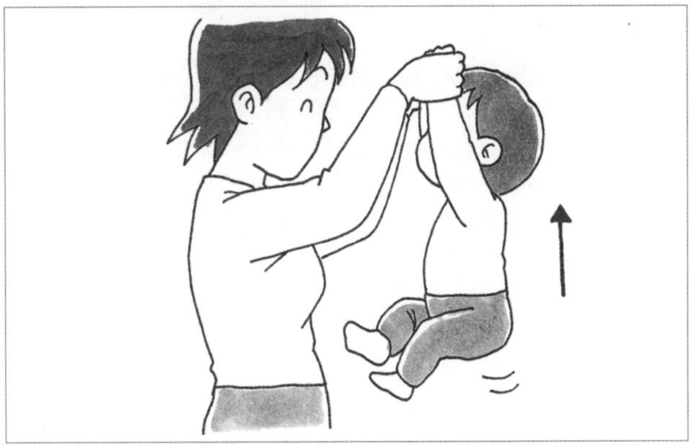

イルカちゃんゴロリ
軽い抵抗を与えても、自力で起き上がる

この運動で育つもの
- 身体認識力の向上
- 全身筋力の強化

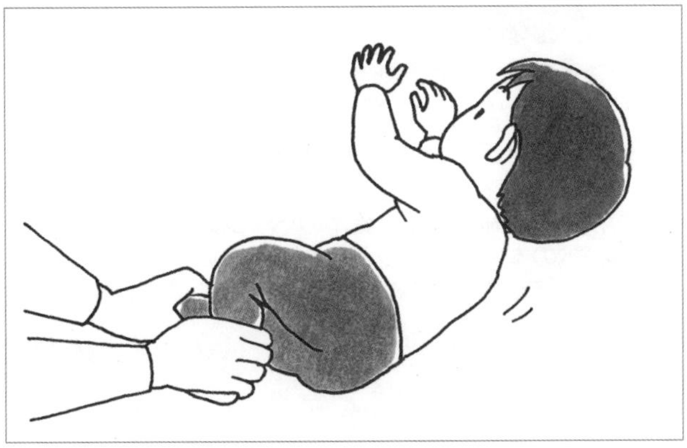

あそび方

赤ちゃんが寝返りを打つ時、足や腰を軽く押さえて、少しはばんでみましょう。

○赤ちゃんが、力を入れてがんばって寝返るのに応じて、適当に力を抜きながら行ないましょう。
●この頃になると、寝返りをするための運動能力も高まっています。保育者が足を押さえても、自力で起き上がろうとするでしょう。

持ちかえ上手ね

座って両手で持った物を持ちかえる

この運動で育つもの
- ●身体認識力の向上
- ●協応性の向上
- ●操作系運動スキル（持ちかえる）の発達

あそび方

１人で座って、両手に持った物を持ちかえて遊びます。

○両手に物を持っている赤ちゃんに、「ハイ、これもどーぞ」と言って、違うおもちゃを差し出すと、１つを置いてそれを持ったり、3つあるものを考えながらいろいろ持ちかえて遊びます。

●この頃になると、手の動きが発達してきます。例えば、片手に太鼓を持ち、もう一方で棒を持って遊ぶことができます。また、両手に持った積み木などをコンコンと打ち合わせて遊びます。

※自由に手が動く分、すぐに口に持っていくことが考えられます。おもちゃの点検を十分にしましょう。

運転、ブッブー！

ハンドルまわしをする

この運動で育つもの
- ●身体認識能力・模倣能力の向上
- ●協応性の向上

あそび方

イスに座った保育者の膝に乗せ、運転手さんになったつもりでハンドルまわしのあそびをさせましょう。

○保育者がハンドルを回すまねをします。赤ちゃんには、握りやすい輪っか（輪投げの輪等）を持たせて、回すようにさせてもよいでしょう。

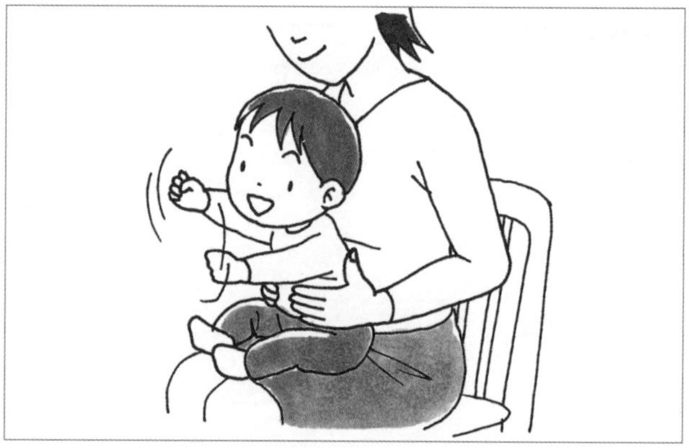

ビリビリおもしろいね

小さな物を親指と人さし指でつまむ、破る

この運動で育つもの
- ●緻細運動の発達
- ●協応性の向上

あそび方

手ごろな柔らかさの紙を与え、つまんだり、破いたりして指先を使うあそびをさせましょう。

○マジックテープやシール類は、あらかじめはがしておきます。

○指先の運動として、絵本のページめくりや、柔らかい紙の本の角をパラパラめくって見せると喜びます。

※口に持っていくので、気をつけて見守りましょう。

ボートこぎ、よいしょ！

ボート漕ぎをする

この運動で育つもの
●身体認識能力の向上
●リズム感の向上

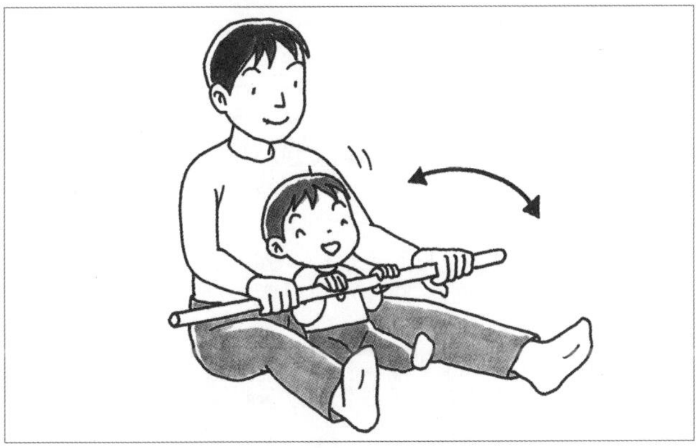

あそび方

赤ちゃんを両足の間にはさむよう座らせて、ボート漕ぎのあそびをします。

○保育者は開脚の姿勢で座り、内側に赤ちゃんを同じ向きで座らせます。
○いっしょに棒（ラップの芯でもよい）を持って、ボートを漕ぐように、からだを前後に倒したり反らしたりして遊びます。
○慣れたら、向き合った姿勢で行なってみましょう。
○棒がない時は、赤ちゃんの両手を握って行ない、少しずつ赤ちゃんの力で行なわせるように働きかけます。

トントンパンパン！

まねをして机をたたく

この運動で育つもの
●全身筋力の強化
●平衡性の向上

あそび方

保育者が机や家具をたたくと、喜んでまねをします。

○赤ちゃんは、まねが好きです。また、音がすると、もっと楽しい気分になります。
○“トントン”といったリズムも、いろいろ調子を変えて示してあげると、大喜びをするでしょう。
●この活動で、瞬間的に赤ちゃんは、机から手を放すことになります。こういった積み重ねが、１人立ちへと発展していくのです。

飛行機してね

高のりをする

この運動で育つもの
●平衡性・筋力の向上
●空間認知能力の発達

あそび方

あお向きに寝た保育者の膝に赤ちゃんをのせて、『高い高い』をしてあげましょう。

○保育者は、あお向けの姿勢になります。足の膝から先が床と平行になるように曲げ、その上に赤ちゃんをうつ伏せに寝かせます。
○両手を持って飛行機のようなポーズで、保育者が膝から下を、上下・左右に動かし、赤ちゃんにバランスをとるようにさせて遊びます。
○慣れたら、膝をまたいで座らせ、馬のりで遊びます。
※疲れてきたら、赤ちゃんの腕がクタッと力が抜ける時があるので気をつけましょう。

肩車ヤッホー！

肩車をしてもらってバランスを保つ

この運動で育つもの
●空間認知能力の発達
●平衡性の向上

あそび方

肩車をし、赤ちゃんの両手を持ってからだをゆすったり、いっしょに回ったりして遊びます。

○はじめのうちは、いつ動くかわからないので、腕を持って支えましょう。慣れた時、足を持って支えると、自分でバランスを保つようになります。
○もっとしっかりしてきたら、強くゆすったり、足を持って回ったり、跳んだり、走ったりして遊びましょう。
※室内では、たえず赤ちゃんの頭の位置を確認して、頭を打たないように気をつけましょう。

おっきとおすわり

からだ起こしをする

この運動で育つもの
●首・背腹の筋力強化

あそび方

赤ちゃんの両手と両足を持って、起き上がらせたり、座らせたりする運動です。

○足を前に投げ出す長座姿勢で、赤ちゃんを座らせます。保育者は、片手で赤ちゃんの両手を握り、もう一方の手で両足を押さえます。
○赤ちゃんのかかとを中心にして、腰や膝が曲がらないように注意して引き上げ、立つまで引きます。
○立ち上がったら、そのままゆっくりと戻して座らせます。慣れたら、数回、続けてみましょう。

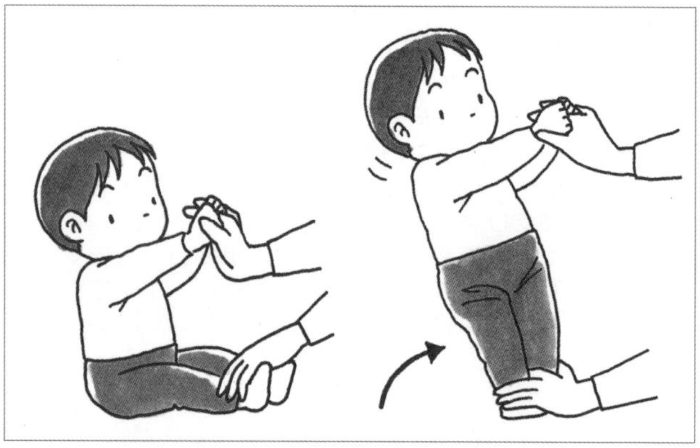

膝立ち歩きGO！

膝立ちの姿勢で、物を押して歩く

この運動で育つもの
●平衡性の向上
●移動運動スキル（押して歩く）の発達

あそび方

膝立ちの姿勢で、カタカタにつかまらせていると、押して歩くようになります。

○はじめのうちはゆっくりですが、慣れてくると、はやく歩くようになります。
●体重を移動させることにより、片足立ち、1人立ちに発展していきます。
※自分で向きを変えることができないので、柱や壁につきあたるまで押して行きます。気をつけてあげましょう。

ぶら下がり逆立ち

頭をつけた逆立ち姿勢になる

この運動で育つもの
●逆さ感覚の向上
●空間認知能力の発達

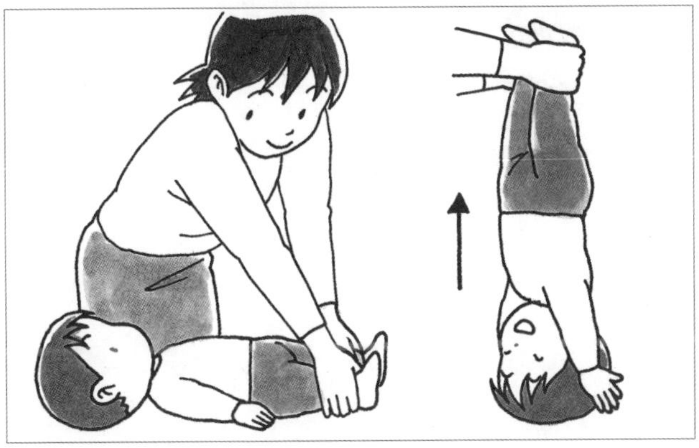

あそび方

赤ちゃんの両足をしっかり握って、ゆっくりと垂直に持ち上げ（頭がそっとつく程度まで）、しばらくして降ろします。

○慣れたら、持ち上げてユラユラ左右にゆすってあげてもよいでしょう。
※降ろす時もゆっくりと行ない、首をガクンとしないように注意します。
※赤ちゃんの表情をたえず見守り、疲れてきたようならやめましょう。

1人で立ったよ！

1人で立つ

この運動で育つもの
●全身筋力の発達
●平衡性の向上

あそび方

座った姿勢から、1人で立ち上がるようになります。

○はじめのうちは、しばらく立っていると、ペタンと尻もちをついて座ります。そのうち、足が前に進んで歩く動きへと移行していきます。
●からだの移動を楽しませる遊具（自動車、押し車等）を準備すると、1人立ちを促します。

頭クネクネ

頭と首の運動を自由自在に行なう

この運動で育つもの
●首の筋力強化
●身体認識力の向上

あそび方

“いないいないバー！”をすると、「どっちから顔が出てくるかな？」と探して、頭を左右に動かします。また、楽しい音楽が聞こえると、頭を振って調子をとります。

ほら、いい音でしょ

立って玩具（音のでる物）を持ち、振って鳴らす

この運動で育つもの
●協応性の向上
●操作系運動スキル（振る）の発達

あそび方

運動能力の高まりとともに、あそびがますます発展していきます。

○１人で立ち、その上、おもちゃを持って、そのおもちゃの音を出して楽しむことができます。

引き寄せ、たっち

引っぱり立ちをしてもらう

この運動で育つもの
●全身筋力の向上

あそび方

うつ伏せの姿勢で腕を持ってもらい、引き寄せられて立ち上がります。

○保育者は、赤ちゃんの頭の方に膝を曲げてしゃがみ、両手を握ります。
○赤ちゃんの腕が曲がらないように気をつけながら、腕→頭→肩→腹の順に床から離れるように引き上げ、立ち上がるまで上に引き寄せます。

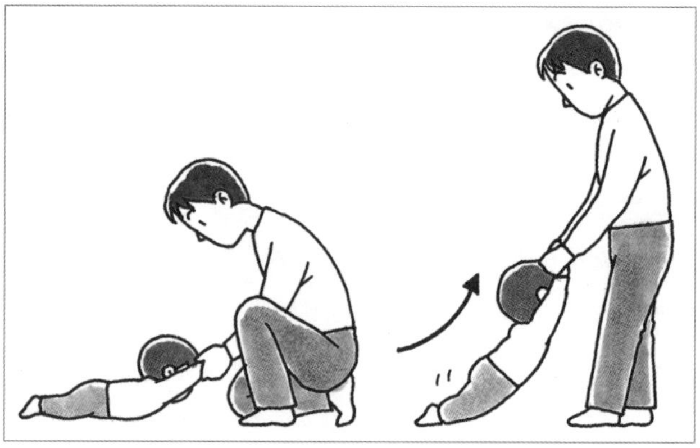

たっちしてカチカチ

立ったまま、両手に持ったおもちゃを打ち合わせる

この運動で育つもの
●協応性の向上
●操作系運動スキル（打ち合わせる）の発達

あそび方

１人立ちができ、さらに両手を自由に使うことができるようになります。

●積み木やブロック等、打ち合わせると音の出る、固い材質のおもちゃを好んで持つことが多いでしょう。
※持った物で、他の物もたたくようになりますので、誤って人をたたかないよう気を配ります。

たっちで持ちかえOK

立ったまま、手に持った物を持ちかえる

この運動で育つもの
●協応性・平衡性の向上
●操作系運動スキル(持ちかえる)の発達

あそび方

この時期から、あそびはどんどん発展していき、立ったままの状態で、手に持ったおもちゃ等を持ちかえることができるようになります。

○「ガラガラちょうだい」や「鈴をリンリン鳴らして」などの言葉がけをすると、持ちやすい方の手に持ちかえたりして、要求に応えてくれることもあるでしょう。

投げるの大好き!

なんでもポンと投げる

この運動で育つもの
●協応性の向上
●操作系運動スキル（投げる）の発達

あそび方

危なくない物を赤ちゃんに手渡したり、周囲に置いておきます。

○保育者は、「○○ちょうだい」と言って、投げるジェスチャーをします。
○慣れてきたら、少しずつ離れて投げさせたり、投げる物の大きさも変えてみましょう。だんだん上手になります。
○ボールを投げる時、「ポーン」と言って箱の中に投げさせると、お片づけも楽しいあそびになります。

ハイハイで山登り

ハイハイ登りをする

この運動で育つもの
●筋力強化
●移動系運動スキル（ハイハイで登る）の発達

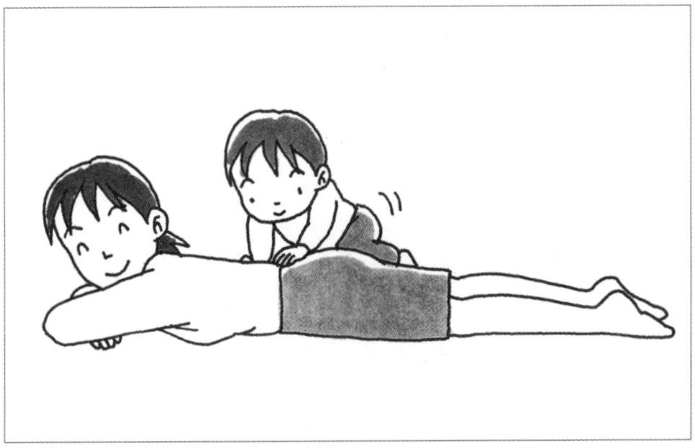

あそび方

保育者がうつ伏せの姿勢で山になります。その上を登ったり、降りたりして遊びます。

○保育者が寝たり座ったりしている時に、赤ちゃんがハイハイして寄ってきたら始めましょう。
○慣れたら、からだを高くしたり低くしたりして、変化をつけても楽しいでしょう。
○とび箱を一段用意してマットをかけ、その上を登らせることも試してみましょう。
●赤ちゃんは、高い所に登るのが大好きです。ハイハイも上手になり、興味のあるものにどんどん突進していきます。

ハイハイ、逆のぼり

這って、すべり台を逆に登る

この運動で育つもの

- 全身筋力の強化
- 移動系運動スキル（登る）の発達

あそび方

1歳の誕生日プレゼントに、すべり台を選ぶ家庭が結構あります。その時期くらいから、ふさわしい遊具だと思われているからでしょう。見守っていれば、すべり台を這って逆に登ります。

○傾斜のゆるやかな、赤ちゃんのためのすべり台がよいでしょう。

強いぞ、キック！

足上げキックをする

この運動で育つもの

- 脚筋力・腹筋力の強化

あそび方

赤ちゃんの足の裏を支えて押し、手を離すと、膝を伸ばしてつっぱってきます。

○離した手を蹴るように誘いかけます。また、その手も次第に高くしていき、目標にして高く蹴らせてみましょう。

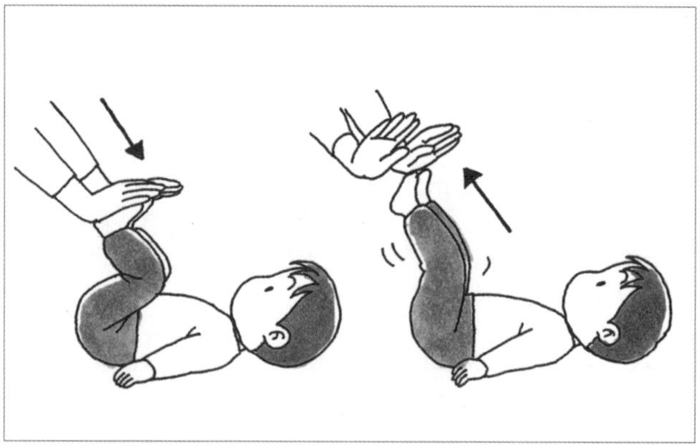

からだの太鼓ドンドン

まねをしながら、からだの太鼓たたきをする

この運動で育つもの

- 模倣能力の向上
- 協応性の向上
- 身体認識力の向上

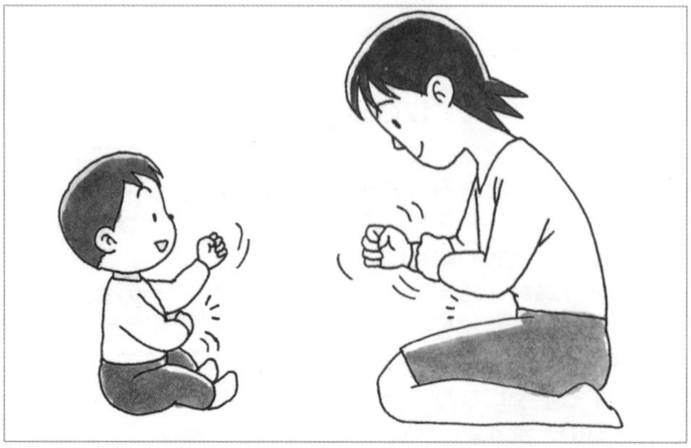

あそび方

赤ちゃんと向かい合って座り、からだのいろいろなところを太鼓に見立てて、保育者のたたくまねをしながらたたかせてみましょう。

○「ドンドン」「ポンポコ」等、かけ声をかけてたたくと、喜んでたたくでしょう。

○次に、「手をたたきましょう」「膝をたたきましょう」と言いながら、保育者がその通りにからだの各部位をたたき、赤ちゃんにまねをさせます。からだの部位を覚えるよい機会です。節をつけると、もっと楽しくなるでしょう。

※おなかを力いっぱいたたかないよう、見守ります。

ちょっと、つまんで

親指と人さし指で小さな物(例えば1辺2㎝の積み木)をつまむ

この運動で育つもの
●緻細運動の発達
●操作系運動スキル（つまむ）の発達

あそび方

この頃になると、「振る動き」から「つまむ動き」のあそびを好んでするようになります。

○指先でつまむ、入れる、はがす、くっつけるの動きを取り入れたあそび（お手玉入れや箸入れ、マジックテープはがし等）を十分にさせてあげましょう。

●手の動きは、「振る」から「つまむ」に分化し、この動きが、後の18ヵ月くらいで、小さな物なら次々と2～3個つかめ、手のひらで握り込めるようになります。

うれしいアクション

手足をバタバタさせて喜ぶ

この運動で育つもの
●リズム感覚の向上
●巧ち性の向上

あそび方

保育者のうたう歌や楽器、BGM等、音楽が聞こえてくると、からだをゆすったり、転がって手足をバタバタさせて遊びます。『おもちゃのチャチャチャ』や『アイアイ』等は、赤ちゃんのお気に入りです。

飛行機渡し

飛行機渡しをしてもらう

この運動で育つもの ●空中バランスの向上

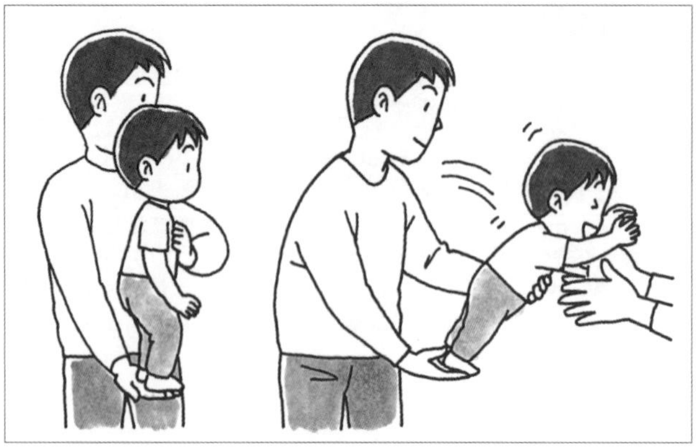

あそび方

手の上に立たせた子どもに、飛行機のポーズをとらせてリレーするあそびです。スーっと倒れていく時のスリルを子どもは喜びます。

○保育者の片手の上に子どもをのせ、もう一方の手で胸のあたりを支え、バランス立ちをさせます。
○「飛行機ブーン！」と言いながら子どもを、もう1人の保育者にゆっくり渡します。渡された保育者は、脇の下をしっかりつかんで受け取ります。
○2人の保育者のチームワークの必要なあそびです。

ボール見つけた！

小さい球を巧みにつかむ

この運動で育つもの ●微細運動能力の発達 ●操作系運動スキル（つかむ）の発達

あそび方

つかむのが難しそうな小さなボールでも、巧みにつかむことができるようになってきます。手の中でクルクルと、もて遊んだり、顔の上にかざしたり、触ること自体が楽しいのです。

※手の届く所にあるものなら、何でもつかむようになります。また、すぐ口にもっていくのも、この時期の特徴です。手に持って危険な物や、のどを通るほどの小さなものは、置かないようにします。ボールを触っている時も、見守る配慮が必要です。

おててつないで

支えてもらって歩く

この運動で育つもの ●リズム感・平衡性の向上 ●移動運動スキル（歩く）の発達

あそび方

1人だとおぼつかない足取りでも、手をもってあげると、バランスがとれるので喜んで歩きます。

○保育者は、子どもの歩調に合わせて歩きましょう。
●自分で自由に歩けるようになっても、段差や困難な場所になると、やはり手をつながなければならない時期です。

動くよブッブー！

乗り物玩具を動かす

この運動で育つもの
- 協応性の向上
- 操作系運動スキル（動かす）の発達

あそび方

自動車や電車等の動くおもちゃは大好きです。特に男の子は興味を示し、「ブーブー、ブーブー」と言いながら、長い時間おもちゃを動かして遊びます。

○おもちゃ箱を車庫にしたり、小さな段ボールを筒状にし、トンネルに見立てて遊ばせましょう。

●1歳半ごろになると、男の子と女の子の興味の示すものが違ってきます。また、兄弟姉妹がいる場合は、兄や姉の影響を大きく受けますが、赤い自動車等は性別を問わず、どの子どもも好きなようです。

ホラ、1人であんよ

1人歩きを始める

この運動で育つもの
- 平衡性の向上、全身筋力の強化
- 空間認知能力の発達
- 移動系運動スキル（1人歩きをする）の発達

あそび方

この頃になると、1人歩きを始めます。しかし、距離は短く、時間も長くはありません。すぐにペタンと座り込んで遊びだします。

○保育者は子どもの手を引いて、お散歩あそびをしたり、おもちゃを取りに行く時もいっしょに歩く等、距離を少しずつ延ばしていきましょう。

○手押し車や自動車を使って、押したり、引いたり、持ち上げたりの、全身あそびを取り入れる機会もつくりましょう。

●歩行の完成に向けては、登る、這うの活動を十分にさせておくことが大切です。

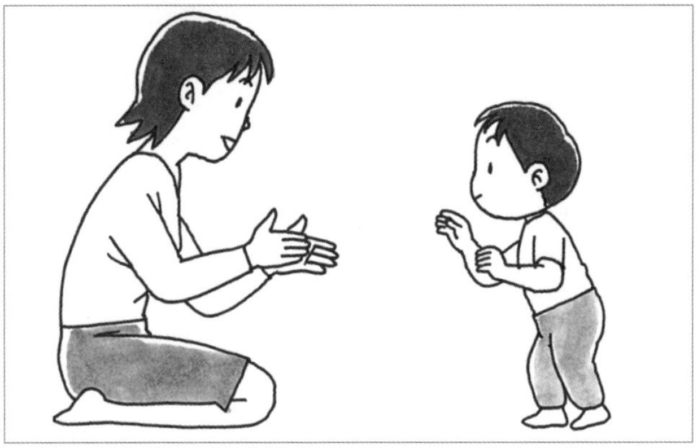

アッチコッチ楽しいな

物運びをする

この運動で育つもの
- 全身筋力の強化
- 平衡性の向上
- 身体認識力の向上

あそび方

かごや箱、おもちゃ、ぬいぐるみ等を両手でかかえて歩く、物運びをするようになります。持てそうもない大きな物にもチャレンジするほど、意欲満々の時期です。手伝おうとすると、嫌がるようにもなります。

○はじめは自由にさせて、慣れたら、お片づけのゲームにしたり、持ってきてもらうお手伝いごっこをして、楽しくしつけにつないでいくのもよいでしょう。

※しゃがんでから、立って持ってくることが大切です。

お膝でたっちピョン

足をつっぱって膝の上に立つ

この運動で育つもの ●平衡性の向上

あそび方

保育者の膝の上に足をつっぱって立ち、足を曲げたり伸ばしたりします。

○はじめは、保育者が、「まっすぐピン」と言って、子どもの足がつっぱった状態になるよう促します。今度は、反動で足を曲げるようになり、曲げたり伸ばしたりをしたくなります。時には、膝の上でピョンピョン跳ぼうとします。
○保育者は、子どもの手をしっかり持ち、からだを自由にさせてあげましょう。

ユラユラバランス

膝の上でゆられながらバランスを保つ

この運動で育つもの
●筋力の強化・平衡性の向上
●平衡系の運動スキル（バランスを保って立つ）の発達

あそび方

保育者の膝にのって遊びます。

○保育者は足を伸ばして座り、両膝の上に子どもを立たせます。
○手をしっかり持って支えながら、膝を使って軽くゆすってあげましょう。前後・左右や、グルリと回したり変化をつけてゆらすと喜びます。
●転ぶこともなくバランスを保ち、そのゆれを子どもは楽しむでしょう。

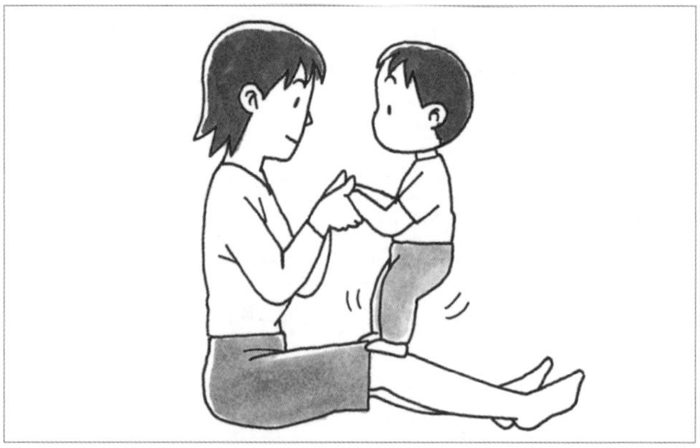

小さい小さい、大きい！

しゃがみ立ち上がりをする

この運動で育つもの
●平衡性の向上
●筋力強化

あそび方

子どもの両手を持って向かい合います。膝を曲げたしゃがみ姿勢から、立ち上がりをさせます。

○保育者は、「小さい小さい、大きい！」と言って、言葉の弾みをつけてあげましょう。
※保育者の手は、上に向けている方が補助がしやすいでしょう。

アリさん！ゾウさん！
しゃがんだり、立ったりする

この運動で育つもの
●リズム感覚の向上
●脚筋力の強化

あそび方

子どもと手をつなぎ、向かい合って立ちます。「1、2、アリさん！」と言ってしゃがみます。今度は、「1、2、ゾウさん！」と言って立ちます。

○慣れたら、手をつながずに同じように行なってみましょう。また、しゃがんだ時に床をたたいたり、立った時にバンザイをするように大きくなったり、跳び上がったりしましょう。
○アリとゾウを絵本で見ると、大きい小さいのイメージがつかめるでしょう。
○かけ声に動作を合わせるあそびを通して、リズム運動ができるようになります。

ワンツーワンツー
2拍子で歩く

この運動で育つもの
●リズム感覚の向上
●移動系運動スキル（歩く）の発達

あそび方

両手をつないで向かい合って立ちます。「ワンツー、ダンスしようね」と言いながら、2拍子のリズムで歩くあそびです。

○前後、左右、斜め、Sの字、8の字など、いろいろな方向へ、ステップを踏むように歩きましょう。
○慣れたら、「ワンツー、ワンツー」の言葉のリズムから、歌や楽器に合わせて歩いても楽しいでしょう。

何が入ってるの？
箱のふたを取る

この運動で育つもの
●協応性の向上
●操作系運動スキル（ふたを開ける）の発達

あそび方

箱のふたを開けて楽しむあそびです。

○はじめは、ふたの取りやすい箱を用意したり、ふたを少しずらす等して、取りやすい工夫をします。
○慣れてきたら、いろいろな形や大きさの箱を与えてみましょう。

出して、入れて

物を入れたり、出したりの繰り返しを行なう

この運動で育つもの
- 協応性の向上
- 操作系運動スキル（出したり、入れたりする）の発達

あそび方

物をつまんだりつかんだりして、物を入れる、出す、はがすなどのあそびを十分にさせましょう。

○この頃になると、指先で小さい物（積木、クルミ、石ころ、おはじき、豆等）をつまんで、缶やビンの中に入れてよく遊びます。

あんよ上手でしょ

手押し歩きをする

この運動で育つもの
- 平衡性の向上
- 移動系運動スキル（押し歩きをする）の発達

あそび方

手押し車や車の付いた台を、押したり、引っぱったりして遊びます。慣れたら、台の上におもちゃ等をのせて運ばせ、あそびを楽しくします。

○「カタカタ、見せてー」や「クマさん持ってきてー」などと言って、歩く意欲を誘う言葉がけをしてあげましょう。

●ハイハイをしっかり行ない、自分の足で蹴ることを覚えたり、全身の筋力を高めて1人で立って歩けるようになったら行ないましょう。

※通る場所に障害物のないよう気をつけましょう。

おみやげ、よいしょ

袋を持ち上げたり、引っぱったりする

この運動で育つもの
- 筋力の強化
- 操作系運動スキル（持ち上げる・引っぱる）の発達

あそび方

大きな買い物袋やカバン等を持ち上げたり、引っぱったりして遊びます。

○保育者は、「はい、買い物してきてね」や「おみやげですよ、持って帰ってね」などと言って、買い物袋やカバンを渡します。

●この時期には、ただ持ち上げたり、引っぱったりする運動から、物を入れて持ち歩く動作へと発展していく、大きな変化が見られます。

●子どもは紙袋が好きです。特に、かわいい絵のついた袋に喜んで手を出すでしょう。

※壊れやすい物や重い物は持たせないようにします。

高く積もうね

積み木を積む

この運動で育つもの
●協応性の向上
●操作系運動スキル（積む）の発達

あそび方

「積み木、高い高いしてー」と言って、積み木を与えて積ませましょう。

○積み木を持ってたたいたり、積んである積み木をくずすあそびを十分に経験すると、今度は自分で、2つ、3つと積み木を重ねるようになります。
○バランスよく積むコツを覚えると、もっと高く積もうと意欲的になります。高く積めたら、「上手ね」と褒めてあげましょう。
●積み木あそびやちぎり紙など、手先を使うあそびを大いに促しましょう。

バランス高い高い！

空中バランスをしてもらう

この運動で育つもの
●空間認知能力の発達
●空中バランスの向上

あそび方

保育者は、あお向きの姿勢になります。足の裏に子どもをのせてバランスをとって遊びます。

○保育者は両足を上げて膝を曲げ、足の裏に子どもをのせますが、子どもの足の付け根あたりを支えると安定しバランスがとりやすいでしょう。
○膝を曲げたり伸ばしたりして上下の動きを楽しむあそびです。
※子どもは、喜んでも恐がってもよく動くので、落とさないよう気をつけましょう。

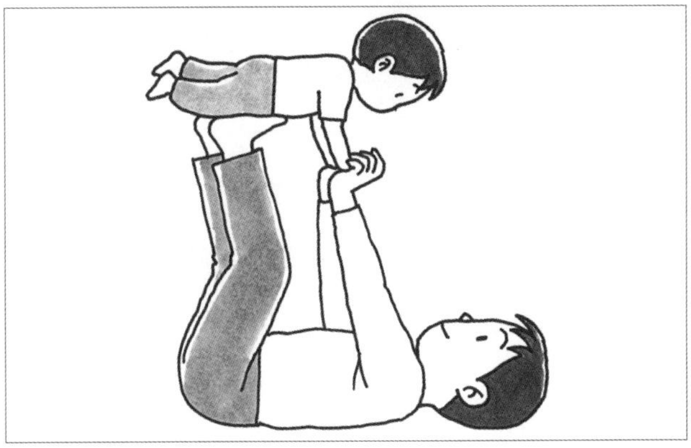

倒れないでね

手を支えてもらい、バランスくずしをしてもらう

この運動で育つもの
●平衡性・筋力の向上
●平衡系運動スキル（バランスを保つ）の発達

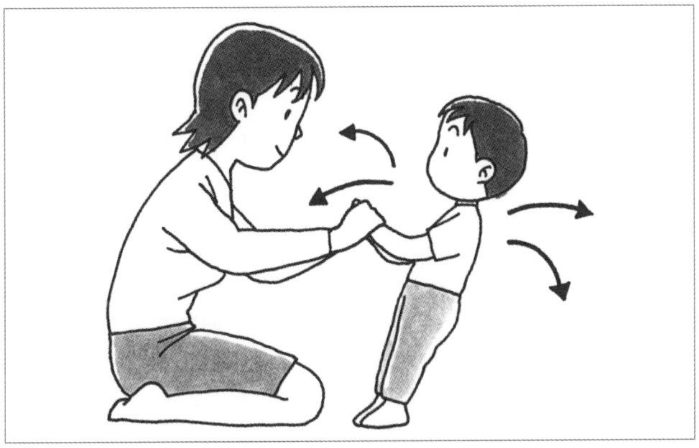

あそび方

保育者は、立った姿勢の子どもと向かい合って座ります。子どもの両手を包むようにして支え、前後・左右にバランスくずしをしましょう。

○はじめる時は、「倒れるぞ、倒れるぞー」等と言って子どもの気持をスタンバイさせます。
○両手支えに慣れたら、片手で支えて同じようにしましょう。
●子どもが転ばないように、片手はいつでも補助できる体勢をとっておきます。

ひとりで歩くよ

1人で自由に歩く

この運動で育つもの
●平衡性・筋力・協応性の向上
●移動系運動スキル（歩く）の発達

あそび方

この頃になると、ヨチヨチながら1人で自由に歩くことができます。

○立ち止まったり、向きを変えたり、角を曲がったり、思いのままに歩くことのできる、楽しさに満ちています。
○平らな環境ばかりではなく、草の上や砂利道、坂道やでこぼこ道など、戸外にいっしょに連れていき、いろいろな場所での歩行を経験させましょう。
○冒険心はますます旺盛になりますが、頭も重く、まだ不安定さが抜けません。気持ちにからだがついていかずに転ぶこともよくあるので、見守ってあげることが大切です。

粘土あそび楽しいな

粘土をたたいたり、こねたりする

この運動で育つもの
●協応性・筋力の向上
●操作系運動スキル（たたく・こねる）の発達

あそび方

粘土や砂、泥あそびは子どもの大好きなあそびです。ちぎったり丸めたり、たたいたりくっつけたりして、粘土あそびの楽しさを知らせましょう。

○どんな形にも簡単に変形できる粘土は、柔らかくて、子どもの手にも扱いやすく、手の働きを育てるすばらしい素材です。また、感触も魅力です。
○保育者が粘土をちぎったり丸めたりすると、興味を示します。月齢が低いほど、ちぎりあそびを楽しみます。慣れたら、ちぎる、丸める、ヘビのように細長い形を作る等ができるようになります。
※目や口に入れないよう注意しましょう。

登るよ、降りるよ

よじ登り、後ろ降りをする

この運動で育つもの
●全身筋力・巧ち性の向上
●空間認知能力の発達

あそび方

少し高い所でもよじ登り、お尻を向けて足から降りるようになる頃です。高さ40～50㎝程度の台を用意して、よじ登り、後ろ向き降りをさせましょう。

○高い場所があればなんでも登りたがる時期ですが、活発でない子には「登ってウサギさんを取ってきて」と、意欲を促す言葉がけをしましょう。
※登った後は、どこでも座りたがるので、安定のよい台を選び、さらに落ちないように見守ります。また、家具の角などにぶつけないよう注意が必要です。

山越えへっちゃら

障害物登りをする

この運動で育つもの
- 全身筋力・巧ち性の向上
- 空間認知能力の発達

あそび方

いろいろな障害物を作ってお山に見たて、越えていかせるあそびです。

○はじめは、たたんだふとんやマットの上を登って越えさせます。次は、保育者が四つ這いになった上を登らせ、次第に高くしていきます。
○障害物としてイスや台を使ってもよいのですが、その時は、安全を十分確かめ見守ってあげましょう。
●ハイハイをしながら登るのは、からだの全身運動になります。

右足さん、左足さん

パンツをはかせる時、両足を広げる

この運動で育つもの
- 筋力・平衡性の向上
- 平衡系運動スキル（片足で立つ）の発達

あそび方

パンツをはく時、両足を広げ、はきやすくすることができるようになります。

○パンツをはかせる時、「右足さんを上げてね」や「左手さんで肩を持ってね」などと言いましょう。こういった生活の動作を通じて、右・左が分別できたり、からだの部位の名前を認識していったりします。

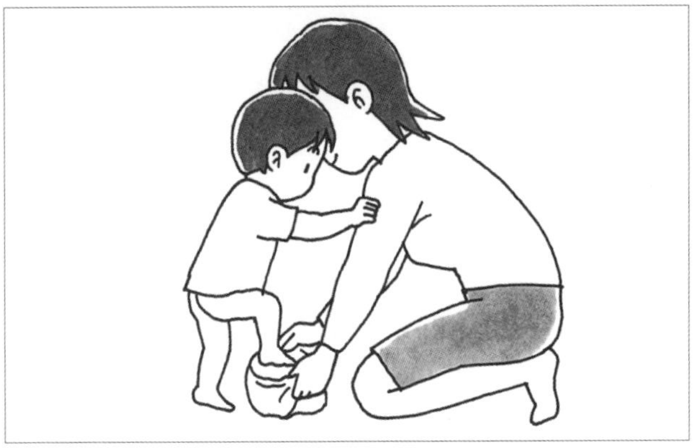

腹這いすべり逆登り

すべり台を登る

この運動で育つもの
- 全身筋力の向上
- 空間認知能力の発達
- 移動系運動スキル（登る）の発達

あそび方

はじめは腹這いの状態ですべらせてみます。何度もするうち、登っていくようになるでしょう。

○上まで登ると座り込んで、まわりをながめて遊びますが、向きを変えて、1人で腹這いすべりで降りることはできず、補助が必要です。
※摩擦面の多い方が登りやすいので、手足がたくさん出ている服がよいでしょう。
※8～11ヵ月の時より傾斜がある室外のもの等で行なってみましょう。

階段のお山登り

階段を登る

この運動で育つもの
●全身筋力の強化
●協応性・巧ち性の向上
●移動運動スキル（登る）の発達

あそび方

この時期、子どもにとって階段は、とても興味のある場所です。保育者が見守りながら、階段の山登りを大いに行なわせましょう。

○はじめは、5、6段登ると疲れてしまいますが、そのうち、上まで登るようになります。
○意欲を見せたら、「てっぺんまでおいでー！」や「大好きなゾウさんが待ってるよー」等と、言葉がけをして誘ってあげましょう。
※登ることはできても、まだ降りることは難しいようです。手足をとって、降り方を教えてあげましょう。

階段降りようね

階段を後ずさりで降りる

この運動で育つもの
●空間認知能力の発達
●移動運動スキル（後ずさり降り）の発達

あそび方

階段が上手に登れるようになると、後ずさりで降りるようになります。

○「ひとつ、ひとつ、よいしょ、よいしょ」や「もう、3つ」などのかけ声を、その子のペースに合わせてかけてあげましょう。後ろ向きで不安な子どもの励みになります。

※足をすべらせても、支えられるくらいの位置で見守ったり、補助したりしましょう。

板の道、歩くよGO！

板の上を１人で歩く

この運動で育つもの
●動的平衡性の向上
●移動運動スキル（歩く）の発達

あそび方

床に置いた板の上を、踏みはずさずに渡って歩いていく運動です。何でもないただの板でも、子どもにとっては、新しい経験として新鮮に感じます。

○保育者が、「板の道、ペタペタ歩こうね」や「落ちないで来てね」と言った言葉がけをするだけで、歩く動機づけや意欲がわくでしょう。

バンザイエレベーター

手首を持って、からだを高く持ち上げてもらう

この運動で育つもの
●筋力強化
●空間認知能力の発達

あそび方

保育者に手首を持ってもらって、バンザイの姿勢で持ち上げてもらいます。

○保育者は、「さあ、上がるよ、エレベーター」と言って、持ち上げるタイミングを教えてあげましょう。

○高く上げたり、少し降ろしたり、ゆすったりして変化をつけます。手荒いあそびをむしろ子どもは喜ぶものです。しかし、急に引っぱったり、強い力をかけて手荒くなりすぎないようにしましょう。

●腕と背筋を強くするために、高く持ち上げましょう。

※くれぐれも落とさないように、気をつけます。

宙ブラリンコ

宙ぶらりんになる

この運動で育つもの
●空間認知能力の発達
●筋力強化

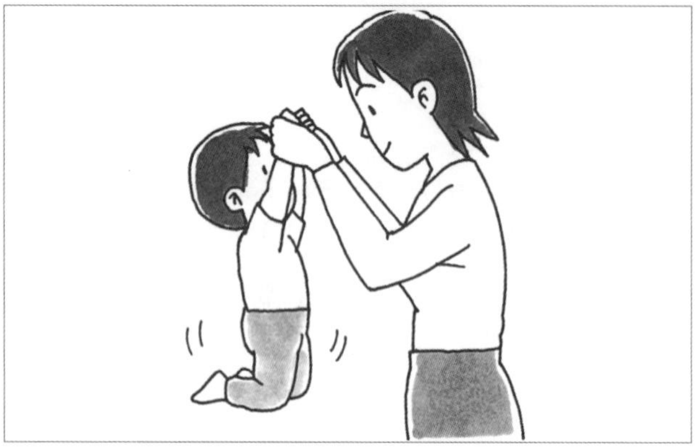

あそび方

保育者が子どもの両手首をしっかり持って引き上げ、ぶら下げた姿勢で、上下・左右にゆすって遊ばせます。

○はじめは、保育者が子どもの手を包むように持って引き上げますが、慣れたら、お互いに手をがっちり握り合って行ないます。
○「足、ピーンとまっすぐ！」や「お膝、ギュンと曲げて！」等と言って、膝の曲げ伸ばしの変化をプラスして遊んでも楽しいでしょう。
○保育者が2人いる場合は、間に子どもをはさんで、片方ずつの手で持ち上げると大喜びします。

越えて行こう！

台に登ったり、降りたりする

この運動で育つもの
●全身筋力の強化
●平衡性の向上

あそび方

高い所へしきりと登りたがる時期です。手頃な大きさの台を用意して、子どもの積極的な運動意欲を満たしてあげましょう。

○二つ折りのざぶとん（めくれないようにくくる）くらいの高さからはじめます。次第に、ホームこたつや机、イスなどに登ったり降りたりして、越えて遊ぶようになります。
●まだ足の力が十分ではなく、バランスがとりにくいようです。登り降りは手をついて行ないますが、やがて、立ったまま登り降りする動きへと移行します。

ヒュンヒュン、グルグル

振り回しをする

この運動で育つもの
●協応性の向上
●操作系運動スキル（振り回す）の発達

あそび方

短いひもや棒を持って、自由に振ったり回したりして遊びます。慣れたら、歩いたり走ったりの動きを加え遊ばせてみましょう。

※人に当たらないよう、まわりに他の子どもがいないかを確かめて行なわせましょう。

ヨイショ！ 逆立ち

手で支えた逆立ち姿勢になる

この運動で育つもの
●筋力・支持力の強化
●逆さ感覚の向上
●空間認知能力の発達

あそび方

保育者が子どもの両足首を持って引き上げ、逆立ちをして遊ばせます。

○子どもを四つ這いの姿勢にさせます。手をつかせたまま、保育者が足首を持ってゆっくり引き上げましょう。たとえ子どもが手をついていなくても、頭や顔を打つことのないよう足をしっかり持ちます。
●いったん手をつくことを覚えると、手でからだを支えるようになります。
※逆立ち姿勢に、子どもは驚きと喜びを表わしますが、怖がるまで続けてはいけません。

逆立ち発射！

逆立ち引っぱりをしてもらう

この運動で育つもの
●逆さ感覚
●筋力強化
●空間認知能力の発達

あそび方

保育者が、子どもの足首を持って支え上げる逆立ちの運動に、持ち上げる動きの加わったあそびです。

○四つ這いになった子どもの足首を持って引き上げ、両手をついた逆立ちポーズをさせます。
○「逆立ち発射！」と言いながら、脚、腰、胸、頭がゆっくりと上がる感覚で持ち上げ、子どもの両手を床から離します。
○降ろす時は、手、頭の順に、ゆっくり床につけてから、前回りをさせて降ろします。この時、子どもの手のひらを床につけさせ、頭をしっかり内側に入れてから回すことが大切です。

グルリ！ デングリ

デングリ返しをさせてもらう

この運動で育つもの
●逆さ感覚・回転感覚の向上
●空間認知能力の発達

あそび方

四つ這いの姿勢から支えながら逆立ちをさせ、手でつっぱらせて、デングリ返しをさせます。

○デングリ返しになるとき、全身を反らせた状態からスムーズに回れるよう、保育者が片手で頭を内側に入れてあげましょう。

メリーゴーランド

手を持って回してもらう

この運動で育つもの
●回転感覚の向上
●空間認知能力の向上

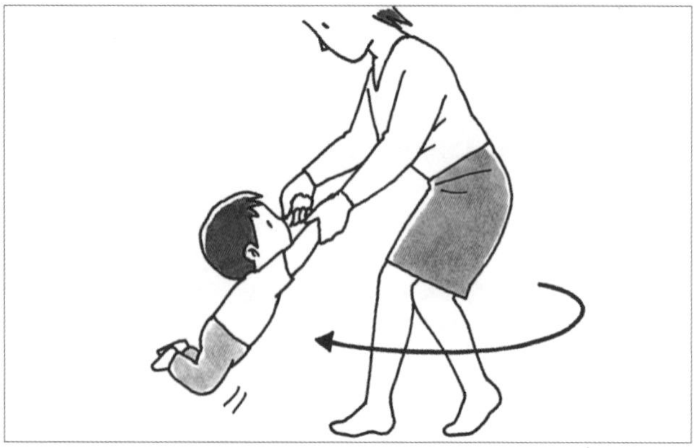

あそび方

子どもの両手首をしっかり持って、回して遊ばせましょう。

○はじめは、下の方で回して遊びますが、慣れて喜んだら、角度を少し上げて回してみましょう。
※保育者が支点になるので、自分が目をまわさないようにします。また、子どものようすもよく見ながら回しましょう。あまり続けて回すと、目をまわすので休憩しながら行ないましょう。
※回した後ふらつくようなら、上向きに寝転ばせるとよいでしょう。
※まわりに人や物がない広い場所で行ないましょう。

振り子ユーラユラ

振り子をしてもらう

この運動で育つもの
●逆さ感覚の向上
●空間認知能力の発達

あそび方

保育者は、子どもの両足首をしっかり握って持ち、ゆっくり逆さにして宙づりの姿勢にします。

○「ユーラユラするよ」と言葉がけをしながら、ゆっくり左右にゆらしてあげましょう。
※子どもは喜びますが、長く続けないようにしましょう。また、ゆれの程度も、子どもの状況をよく見て行ないましょう。

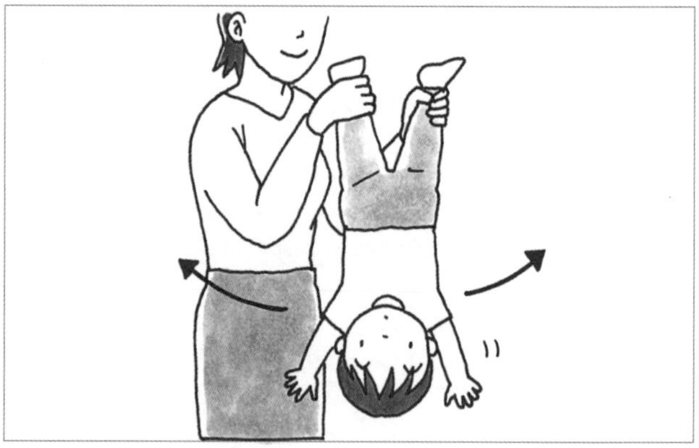

サーッと、すべろう！

すべり台をすべり降りる

この運動で育つもの
●動的平衡性の向上
●移動運動スキル（すべり降りる）の発達

あそび方

子どもにすべり台の経験をさせてあげましょう。高い所からすべり降りるスピード感は、とても新鮮なものです。子どもはすぐに夢中になります。

○最初は、傾斜の少ない室内用の小さなすべり台で遊ばせます。慣れてきたら、園庭のすべり台にチャレンジさせてあげましょう。
○すべり出す前に、両手ですべり台のてすりを持つことを教えます。反り返りを防ぎ、バランスがとれるでしょう。
※はじめのうちは、保育者が必ず横で気をつけながら見守っていなければなりません。

1人で逆登り逆すべり

すべり台に登り、すべる

この運動で育つもの
- ●巧ち性・動的平衡性の向上
- ●移動運動スキル（登る・すべる）の発達

あそび方

すべり台を四つ這いで逆方向から登らせ、そのまま腹這いですべらせます。

○はじめは、登ってすべろうという目的意識はありません。ただ、登ろうとして一生懸命登っていく途中、力が尽きてすべり落ちる状況が多いようです。

○いったんすべり降りる楽しさを味わうと、今度は意識的に腹這いになってすべり降りるようになります。おもしろいので、何度でも繰り返して行なうでしょう。

棒・鉄棒、引っぱれ！

棒引っぱりをする

この運動で育つもの
- ●全身筋力の強化
- ●空間認知能力の発達

あそび方

あお向け状態の子どもに、棒（ほうきの柄くらいの太さ）を握らせて、保育者が少しずつ引き上げながら立ち上がらせる運動です。

○保育者は、棒を握る子どもの両手を包むように軽く握ります。

○子どもが自力で起き上がれるよう、棒を少し引っぱって促します。子どもが積極的に引っぱりだしたら、ゆっくり持ち上げ、立たせます。意欲があるようなら、そのまま引き上げてぶら下がりを楽しませましょう。

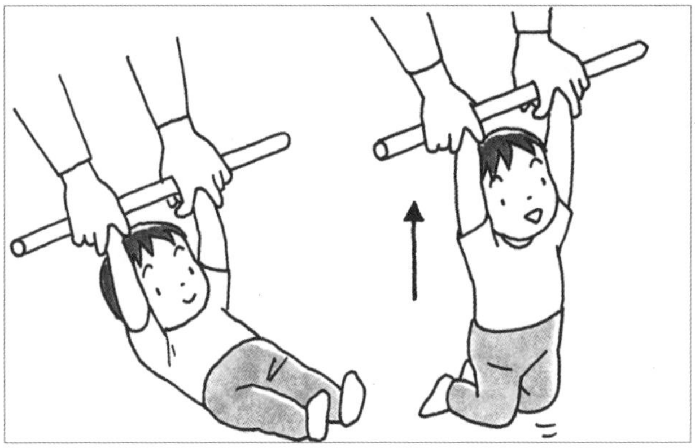

スーパー・メリーゴーランド

ハイレベルのメリーゴーランドをしてもらう

この運動で育つもの
- ●筋力強化
- ●空間認知能力の発達

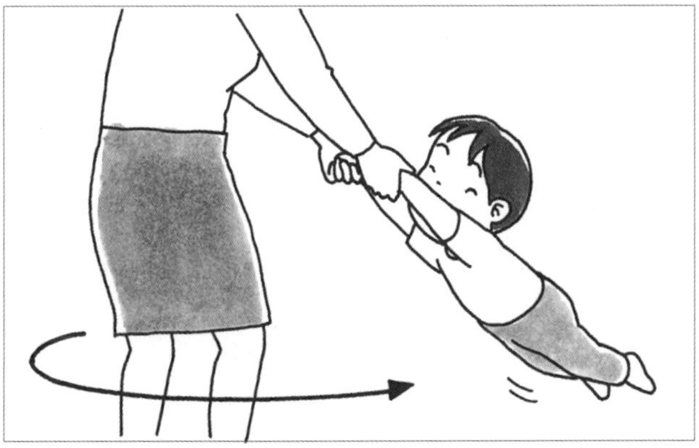

あそび方

メリーゴーランドあそびを発展させたあそびです。

○はじめは小さな円を描いて回しますが、段々大きな円にしていきます。角度も、水平に近づくようになります。

○両手だけでなく、右手・右足持ち、左手・左足持ち、にチャレンジします。また、上下波を加える等、基本の回転にいろんな変化をつけて楽しみましょう。

○降ろす時は、回すのを止めて、保育者が膝を曲げ、子どもの足が床についてから降ろしましょう。

●最初は緊張して膝を曲げていても、慣れると、からだの力が抜け、自然に足が伸びるようになります。

当たらずよけてGO!

障害物を避けて歩く

この運動で育つもの
- ●空間認知能力の発達
- ●移動運動スキル（歩く）の発達

あそび方

この頃になると、石ころや本等の障害物を避けて、上手に歩くようになります。

●目的をもって歩く時は、避けて歩いて行きますが、あそびに夢中になっていると、つまずいて転ぶことがよくあります。

階段トントン降りよう！

補助をすると、階段を立って降りる

この運動で育つもの
- ●空間認知能力の発達
- ●移動系運動スキル（立って降りる）の発達

あそび方

子どもの手を持ち、並んだ状態で階段を降りていきます。

○子どもの両手を持って、同じ方向を向き、歩調を合わせてゆっくり階段を降ります。

※登る時より、降りる時の方が怖がるので、「イチ、ニ、イチ、ニ」とかけ声をかけることで、不安が解消されるでしょう。

おてて持ってピョンピョン

手につかまってピョンピョン跳ぶ

この運動で育つもの
- ●瞬発力・リズム感の向上
- ●空間認知能力の発達

あそび方

向かい合った子どもの手を持って、ピョンピョンとジャンプさせて遊びましょう。

○「おてて持ってピョンピョンしようね」と言って、子どもを誘います。子どもは、持ち上げてもらえるので、喜んで来るでしょう。

○子どもの動きに合わせて、弾ませる強弱を加減します。また、できるだけ高く跳べるよう、「ジャンプ！ピョーン！」という、かけ声といっしょに、子どもを引き上げてみましょう。

つかまってピョンピョン

補助付きピョンピョン跳びをする

この運動で育つもの　●瞬発力・支持力の向上

あそび方

手を持ってもらわなくても、イスやテーブル等に手をつき、ピョンピョンはねるように跳びます。

○イスやテーブル等に置いた手に体重をかけているので、腰を曲げ、前かがみの姿勢で跳びます。しかし、そのうち、手は補助的につくだけで、足の力で跳ぶようになります。

ロボット歩き

ロボット歩きをする

この運動で育つもの　●リズム感覚・平衡性・協応性の向上

あそび方

向かい合って、手をつないだ保育者の、足の甲にのって、いっしょに歩きます。

○保育者は子どもが落ちないように支え、「イチ、ニ、イチ、ニ」や「あんよは上手」等の言葉がけをしながら、調子をとって歩きましょう。慣れてくると、リズムに合わせて上手に歩けるようになります。

○上達したら、歩幅を広げたり、足を高く上げたり、動く方向も、左右や後ろに歩く等の変化をつけます。

○2人同じ方向を向いて、ロボット歩きをしても楽しいでしょう。

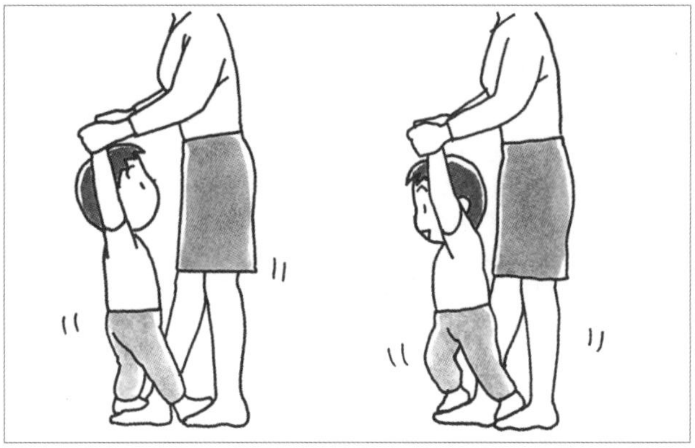

ブッブー、ゴーゴー！

車に乗り、足で地面を蹴って前へ進む

この運動で育つもの
●平衡性の向上
●脚筋力・腹筋力の発達
●移動運動スキル（蹴り進む）の発達

あそび方

おもちゃの自動車に乗って、足で地面を蹴って動かして遊びます。

○はじめのうちは、両足を同時に蹴って行きます。そのうち、片方ずつ交互に蹴る動きへと移行していき、スピードも出てきます。

○しばらくは前進のみですが、慣れてくると、足で自由に方向を変えて進めるようになります。また、車から降りて、押して遊んだりもします。

○保育者がひもで引っぱってあげても喜びます。

サッサカ歩き

早足で歩く

この運動で育つもの
- ●平衡性・全身筋力の向上
- ●移動系運動スキル（早足で歩く）の発達

あそび方

足の筋力もついて、早足で歩けるようになります。

○おもちゃを取る時や、逃げる時等、目的のある時に早足になります。

○「このボールだれが使うの？」と言って、誘ってみましょう。積極的に早足になる子どもが出てくるでしょう。

●バランス的には、まだ十分とは言えません。

坂道トットコ！

傾斜のある坂道を歩く

この運動で育つもの
- ●脚筋力の強化
- ●移動系運動スキル（歩く）の発達

あそび方

坂道に興味を持ちます。一歩一歩踏みしめながら登っていくことができます。

○距離の長い坂道の場合は、「どんどん行こう」や「トットコ登ろう」等のかけ声をかけ、最後まで登りきるよう励ましてあげましょう。

※歩く速さをコントロールできませんので、傾斜の大きい所では、すべったり転んだりする可能性があり、注意が必要です。

おいで、コロコロボール

転がってくるボールを受け止める

この運動で育つもの
- ●情報収集をして動く知覚機能の発達
- ●協応性の向上
- ●操作系運動スキル（受け止める）の発達
- ●空間認知能力の発達

あそび方

自分の立っている所に転がってくるボールを受け止めることができるようになります。受け止められると満足して喜びます。

○子どもの視野に入る所から、「ボール、コロコロ行くよー」と声をかけて、ボールを転がしてあげましょう。

●ゆっくりのボールは受け止められますが、速いボールはまだ無理です。また、方向を正しく判断することも難しいので、それて転がってくるボールは、受け止めることが困難です。

てすりでヨイショ、山登り

てすりを持って階段を登る

この運動で育つもの

- ●移動系運動スキル（登る）の発達
- ●空間認知能力の発達
- ●全身の筋力強化・平衡性の向上

あそび方

階段のてすりを持って、一段ごとに両足を揃える登り方で、登っていくようになります。

※手すりが高すぎると不安定な姿勢になるので、安全に気を配り、保育者は必ず後ろからついて、必要があれば補助します。

※すべりやすい階段は、すべり止めをつけるとよいでしょう。

ボールさんハイあっち

ボールを投げ始める

この運動で育つもの

- ●協応性・筋力の向上
- ●操作系運動スキル（投げる）の発達

あそび方

ボールをできるだけ遠くへ投げる運動をさせましょう。

○保育者はボールを手渡して、「ポーンしてごらん」や「あっちへポイしてね」等と言って、大いにボール投げを促します。

○ビーチボールやゴムボール等、重量感の違うものも、いろいろ投げさせてみましょう。

●両手でボールを投げるようになると、はじめは投げても足元に落ちますが、要領をつかんでくると、少しずつ遠くへ投げることができるようになります。

いっしょに登ろう！

補助をすると、階段を立って登る

この運動で育つもの

- ●平衡性・筋力の向上
- ●移動系運動スキル（登る）の発達
- ●空間認知能力の発達

あそび方

保育者が両手を持って補助をしてあげると、一歩ごとに両足をそろえて、正面を向いて階段を登るようになります。

○「ヨイショ、ヨイショ」や「ひとつ、ふたつ」等、調子をとったり、数を数えてあげると、楽しんで登っていきます。

※まだ不安定なので、しっかり支えながら登らせましょう。

手も足もルンルン

手足の屈伸運動を盛んに行なう

この運動で育つもの
●全身筋力の強化
●平衡性の向上

あそび方

うれしい時や機嫌のよい時に、手足の屈伸運動を盛んに行うようになります。

○楽しい曲がかかっていたり、保育者が手拍子で歌ってあげたりすると、喜んで、踊るようにからだを動かすようにもなります。

焼きイモゴーロゴロ

焼きイモになってゴロゴロ転がる

この運動で育つもの
●平衡感覚の向上
●背腹の筋力強化
●空間認知能力の発達

あそび方

あお向きで手足を伸ばして寝ます。焼きイモになったつもりで、ゴロゴロ、横に転がっていきましょう。

○はじめは、保育者が両足を持って、軽くねじるようにして転がします。慣れたら、子ども自身で転がっていくようにさせましょう。

○ゆがまず、まっすぐ横に転がるよう、言葉がけをします。また、ふとんやマットの上で行なうと、はみ出す感覚もつかめてよいでしょう。

○連続して転がったり、左右交互に転がったりして遊んでみましょう。

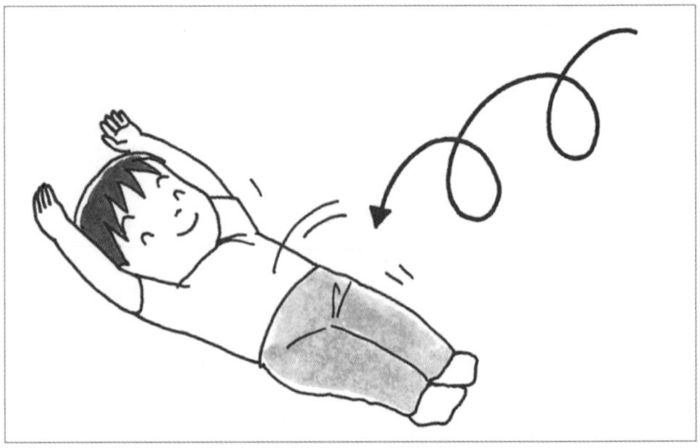

すべり台で遊ぼう

すべり台を登って、すべり降りる

この運動で育つもの
●平衡性・筋力・スピード感覚の向上
●移動系運動スキル（登る・降りる）の発達

あそび方

すべり台は、魅力のある遊具です。階段から登って、お尻ですべる。逆に登って腹這いですべる。逆に登ってお尻ですべる。親子でだっこですべる等、いろいろなパターンのあそび方が楽しめるでしょう。

○はじめは、保育者といっしょにすべったり、すべり台の途中から補助をしてすべらせます。慣れたら、1人ですべりましょう。

※逆行の時は、上から誰も来ないことを確かめ、保育者は横にいて、必要に応じて補助をしましょう。

※慣れてくると、スピード感が楽しくなり、大胆になります。危険のないように十分注意し、活動させましょう。

またぎ降りしよう！

台上より、またぎ降りをする

この運動で育つもの

- 平衡性・筋力の向上
- 空間認知能力の発達
- 移動運動スキル（またぎ降りる）の発達

あそび方

ブロックや小さな台であれば、子どもは、手をつかずに、またぎ降りができるようになります。大きさの異なるいろいろな台を用意して、またいで降りる運動を行なわせましょう。

○台の上では、いったん両足をそろえてから降ります。
○台の上から見て、高いと思ったり、困難と感じたら、手をついて横向きになって降ります。
※降りた時にふらついたり、転んだりすることがあるので、見守る必要があります。

またいだり、くぐったり

障害物をまたいだり、くぐったりする

この運動で育つもの

- 脚筋力・巧ち性の向上
- 空間認知能力・身体認識力の発達

あそび方

小さな物をまたいだり、張ってあるひもの下をしゃがんでくぐったりして、障害物をよけて歩くことができるようになります。

○子どもの通る道に、またぐための積み木や台、くぐるためののれん等、種類や形の違うさまざまな障害物を置いて遊ばせましょう。
●よけて通ることのできる一方、興味のあるものには突進していきます。

かがんで！ 足上げて！

前に曲げたり、後ろに手をついて両足を上げる

この運動で育つもの

- 柔軟性・腹筋力の向上
- 身体認識力の発達

あそび方

足上げができるようになったことは、子どもにとって大きな成長です。からだを前に曲げて、自分の足の親指をなめたり、足を上げた姿勢で両足を打ち合わせて楽しむこともできます。

●子どもがこのような動きをしている時は、見てほしい欲求があるので、保育者はしっかり見て、大いに褒めてあげましょう。

てすりで降りよう

階段をてすりを持って降りる

この運動で育つもの
- ●平衡性・筋力の向上
- ●空間認知能力・身体認識力の発達
- ●移動系運動スキル（降りる）の発達

あそび方

階段を、てすりを持って降りることができるようになります。

●ぎこちない足取りですが、ゆっくり、てすりを持ちながら、前向きに降りていきます。

ボールをキック！

ボールを蹴る

この運動で育つもの
- ●情報を収集して運動を起こす知覚運動機能の向上
- ●巧ち性・協応性の向上
- ●操作系運動スキル（蹴る）の発達
- ●空間認知能力・身体認識力の発達

あそび方

静止しているボールや、自分の前に転がってきたボールを蹴ることができるようになります。

○保育者は子どもに向けて、軽くて蹴りやすいボールをゆっくり転がしてあげましょう。

○慣れたら、転がっているボールを、追いかけて蹴るようになります。

何が見えるかな？

股を通して後ろを見る

この運動で育つもの
- ●柔軟性・平衡性の向上
- ●空間認知能力の発達

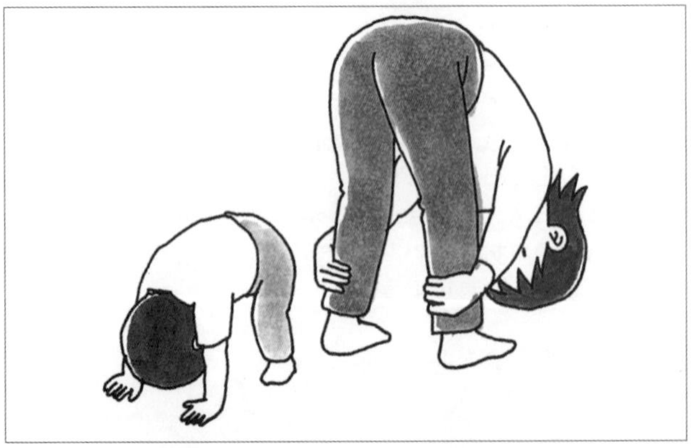

あそび方

開脚の姿勢でからだを前に曲げて、股の間から後ろを見る運動で遊びます。

○保育者といっしょに遊びましょう。背中合わせに立ってからだを前に曲げ、股の間から顔を合わせ、「こんにちは」をします。顔が合ったら、「バー」と声をかけると喜びます。

○足を開いて手をつかせ、からだのバランスをとるようにさせます。膝は、なるべく曲げないようにしましょう。

●股の間から後ろを見ると、景色が逆さまに見え、新しい発見をして喜ぶでしょう。

ボールポーン、はいどーぞ
キャッチごっこをする

この運動で育つもの
●情報を収集して運動を起こす知覚運動機能の向上
●協応性の向上
●空間認知能力の発達

あそび方

保育者といっしょにボールの渡しっこをして遊びます。

○保育者が開脚の姿勢で座ります。その内側で子どもと向かい合って、ボールの渡し合いをします。
○はじめは両手で、下からすくうように投げさせます。
○上手になったら、ポーンと放り投げて渡します。もっと慣れたら、お互いの距離を広げて行なってみましょう。
○ボールは、軽くて大きめのものを使いましょう。

グーかな？ パーかな？
グー・パーを模倣する

この運動で育つもの
●小筋肉運動の発達
●身体認識力・模倣能力の発達

あそび方

保育者の行なうグー・パーの動作をまねてグーやパーができるようになります。

○保育者が、「できるかな？　グー」や「今度は、パー」と、言った言葉を動作とともに行ない、子どもはそれに合わせて、手を握ったり、開いたりします。
○保育者は、はじめのうちは動作を見せますが、そのうち、言葉だけにしましょう。何度も遊ぶうちに、グー・パーを覚えます。
●パーは、最初は指が伸びきりませんが、そのうち指先まで伸びるようになります。
●チョキは、2歳を過ぎないとできません。

タッタカ走れ
走る

この運動で育つもの
●平衡性の向上
●筋力の強化・空間認知能力の発達

あそび方

戸外の広い場所に連れて出ると、思わず、かけだしたくなる時期でしょう。

○保育者が、「ヨーイ、ドン」と言って、かけっこをさせてみましょう。
●走りはじめの頃は、肘を曲げ、手のひらを下に向けたペンギンのようなスタイルで走ります。

だっこだ、ワーイ！

短い距離の目的地を目指して走る

この運動で育つもの
- 筋力・平衡性の向上
- 空間認知能力の発達
- 移動系運動スキル（走る）の発達

あそび方

少しくらいの距離なら、自分の行きたいという欲求があれば、一目散に走っていけるようになります。

○保育者は、少し離れた位置に立って「ここまでおいでー」と、言葉がけをして誘います。
○子どもが走ってきたら、手を広げて笑顔で抱きとめ、褒めてあげましょう。
○手を広げる時は、座るか、中腰になって、子どもの目線に合わせるよう心がけましょう。
※この頃は、まだ、少しの段差や物にもつまずいて転ぶので、安全な場所で走らせましょう。

ボール待ってー！

転がったボールを走って追いかける

この運動で育つもの
- 情報を収集して動作を発現する知覚運動機能の向上
- 筋力・平衡力の向上
- 空間認知能力の発達
- 移動系運動スキル（走って追う）の発達

あそび方

転がっていくボールを追いかけ、手で止めるようになります。

○保育者は、子どもの隣りでボールをゆっくり転がして、拾いに行かせましょう。
○慣れたら、2人でボールの追いかけごっこをして遊びましょう。
●この頃になると、目と手の協応性ができてきます。

デングリ返りしてよ

引き上げてデングリ返りをしてもらう

この運動で育つもの
- 筋力・柔軟性の向上
- 逆さ感覚の発達

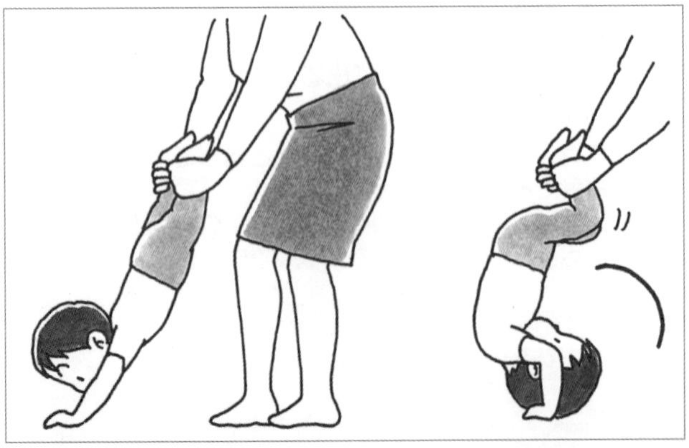

あそび方

保育者が子どもの足首を持って、デングリ返りをさせる運動です。

○うつ伏せに寝た姿勢で、手を床につかせます。保育者は、子どもの足首をしっかり持って、引き上げるようにして、逆立ち姿勢からデングリ返りをさせます。
○降ろす時は、背中を丸めるように、「ボールになってね」と言いながら、ゆっくりと降ろしましょう。

フカフカピョンピョン

クッション跳びをする

この運動で育つもの ●瞬発力・平衡性の向上

あそび方

ふとんやクッション、ソファー等、バネのように弾力のあるやわらかい物の上で跳ぶ楽しさを覚えたら、大いにはねて遊ばせましょう。

○その場で跳んだ後、さらに両手を支えて、遠くへ跳ばせても喜びます。

●上体を曲げないようにまっすぐ跳ぶことや、両手をうまく使うことで、からだのバランスが保てること等を知らせましょう。

※少々踏みはずしても安全な場所で、思いきり遊ばせましょう。

片足たっち、できるよ

補助をすると、片足で立つ

この運動で育つもの ●脚筋力・平衡性の育成 ●平衡系運動スキル（片足で立つ）の発達

あそび方

保育者が手を持って支え、片足立ちの運動をして遊びましょう。

○「片足たっち、どっちでたっち？」と言って、右足か左足かを選ばせて、片足で立たせます。もう片方の足も交替でたっちします。

●足の筋力が発達し、補助をすると片足で立つようになります。はじめは不安定ですが、慣れてくると、バランスよく立てるようになります。

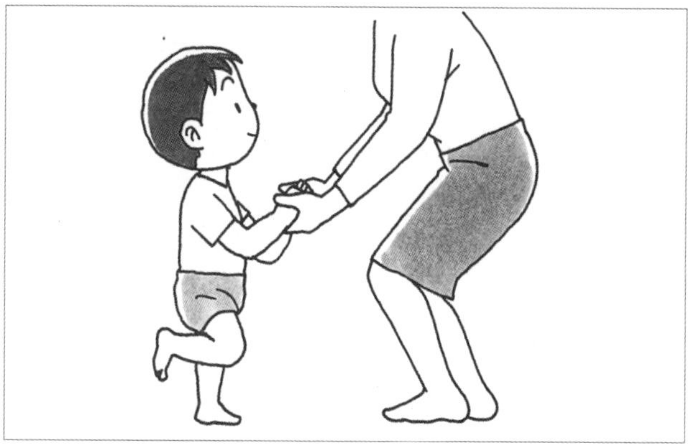

からだのお山歩こう！

保育者のからだの上を歩く

この運動で育つもの ●筋力・平衡力の向上 ●平衡系運動スキル（バランスをとりながら歩く）の発達

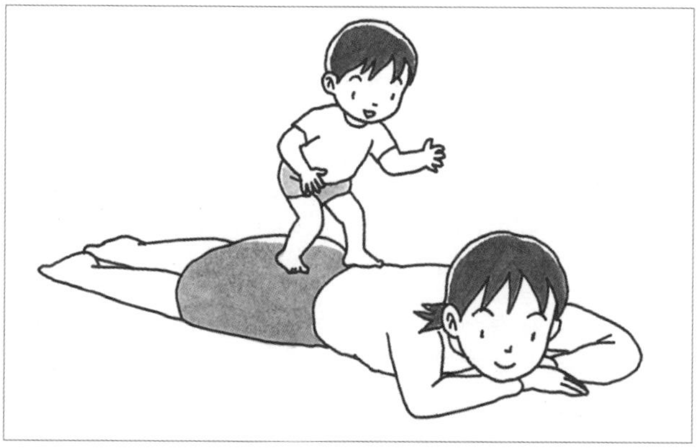

あそび方

うつ伏せに寝た保育者の背中の上を、落ちないようにゆっくりと歩きます。

○慣れてきたら、「あ、怪獣がやって来た！」と言いながら、小さくグラグラゆらすと、大喜びします。

※保育者が重ね着をしていたり、ツルツルした素材の服を着ていると、すべりやすくなるので注意しましょう。

かかとチョコチョコ歩き

かかとでチョコチョコ歩く

この運動で育つもの
●平衡性の向上
●移動系運動スキル（かかとで歩く）の発達

あそび方

子どもの手をとって、「かかとチョコチョコで歩こうね」と誘ってあげましょう。「イチ、二、イチ、二」とかけ声をかけると、リズムよく、歩けるようになります。

後ろ歩きGO！

後ろ向きに歩く

この運動で育つもの
●巧ち性の向上
●空間認知能力の発達
●移動系運動スキル（後ろ方向に歩く）の発達

あそび方

後ろ向きに歩くことができるようになります。

○保育者が、「後ろ歩きGO！　しようね」と言って誘い、後ろ歩きの運動をさせましょう。
●自分から進んで後ろ向きに歩くことはありませんが、促すと、短い距離を後ろ向きに歩きます。

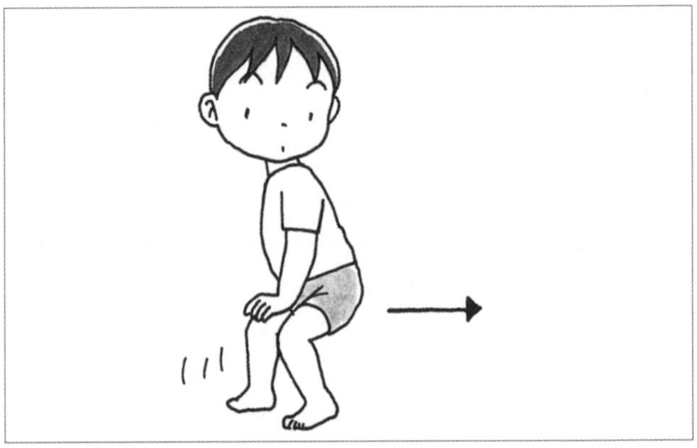

いっしょに歩こ！

手をつないで歩く

この運動で育つもの
●筋力強化
●移動系運動スキル（歩く）の発達

あそび方

楽しい気分の時に、友だちと手をつないで歩くようになります。

○「さー、○○ちゃんとおててつないで、いっしょに来てねー」と言って、手をつないで歩かせましょう。
○『靴が鳴る』や「トトロ」の『さんぽ』等の歌をうたってあげると、喜んで歩いてくるでしょう。
●友だちとまだ歩調を合わすことができないので、しばらく手をつないで歩いても、すぐに手を放してしまうでしょう。

鉄棒ブランブラン

ぶら下がりをする

この運動で育つもの
- 筋力の向上
- 非移動系運動スキル・その場での運動スキル（ぶら下がる）の発達

あそび方

鉄棒に、短い間なら、ぶら下がることができるようになります。

○順手の両手で、しっかり握らせます。「上手ね」や「がんばって！」の言葉がけをして励ましましょう。また、「3つ数えるよ、がんばれるかな？」など、目標を伝えると、意欲が出てきます。

※いつ手を放しても補助できるような位置で見守りましょう。

おててを振って

手を振って歩く

この運動で育つもの
- 移動系運動スキル（歩く）の発達
- 協応性・平衡性の向上

あそび方

保育者が促すと、歩く動きに手を振る動きが加わり、バランスのよい歩行へ移行する準備ができます。

○自由に歩けるようになると、徐々に両手の運動を加えていくような言葉がけをしましょう。

○保育者が、「さー、おててを振って歩こう！」と言って自ら歩く姿を見せると、その後について、いっしょに歩くようにもなります。

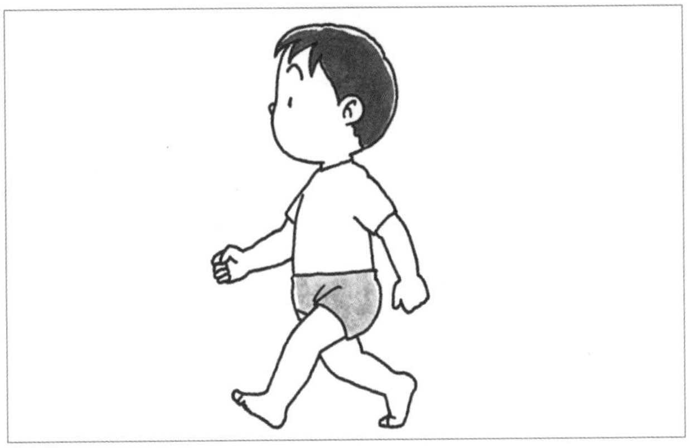

アヒルさん歩き

アヒル歩きをする

この運動で育つもの
- 協応性の向上
- 模倣能力の発達
- 移動系運動スキル（歩く）の発達

あそび方

アヒルのイメージを思い描きながら、模倣歩きができるようになります。

○上体を前に曲げて、両手をお尻にのせ、手首の上下運動をしながら、「アヒルさん」になってヨチヨチと歩きます。

○保育者もいっしょになって行ない、模倣あそびの楽しさを味わわせましょう。

ゾウさん歩き

ゾウ歩きをする

この運動で育つもの
●身体認識能力の向上
●移動系運動スキル（歩く）の発達

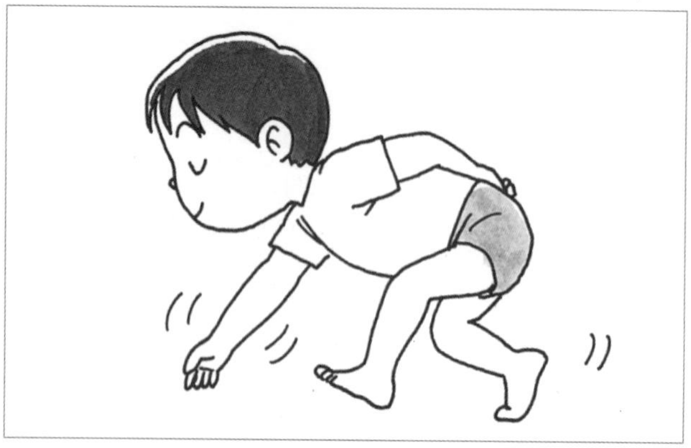

あそび方

ゾウのイメージを思い描きながら、模倣歩きができるようになります。

○上体を少し曲げ、片手を後ろにまわして、腰の上にのせます。もう一方の腕は「鼻」のつもりで、前後・左右に振りながら、ノッシノッシと歩きます。
○『ゾウさん』の歌をうたいながら歩くと楽しいでしょう。

横歩きGO！

横歩きをする

この運動で育つもの
●空間認知能力の発達
●移動系運動スキル（横歩きをする）の発達

あそび方

横の方向へ歩くことができるようになります。

○保育者が、「横歩きGO！ しようね」と言って、誘ってあげましょう。
○はじめは、保育者が向かい合って手を取りながらいっしょに横歩きをします。慣れたら、手をはなして１人で行なわせましょう。
●からだのバランス感覚が少しずつわかってくるでしょう。

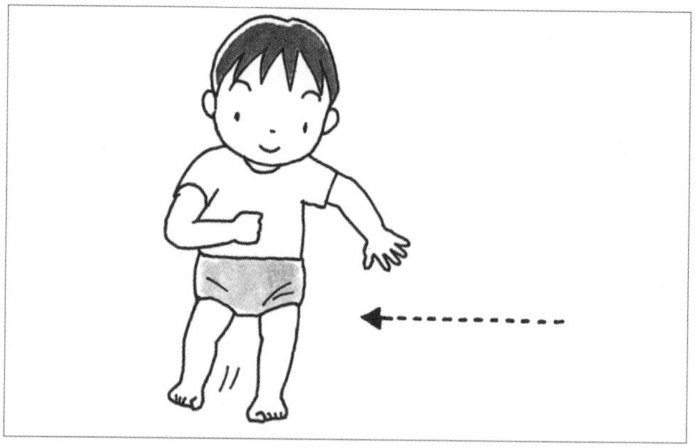

ボール入ったよ！

ボールを投げ入れる

この運動で育つもの
●空間認知能力の発達
●協応性の向上
●操作系運動スキル（投げ入れる）の発達

あそび方

目的の場所やねらった所へ、ボールを投げることができるようになります。

○段ボールや適当な大きさのおもちゃ箱を用意します。少し離れた場所から、ボールを投げて入れさせましょう。
○うまく投げ入れるコツをつかむまで、子どもは何度でも繰り返して行います。
○上手に入れるようになったら、距離を離したり、高さを変えてみます。
○箱に動物の絵をかいたり、色を塗っておくと、意欲が刺激されて楽しいあそびになるでしょう。

ポンと、とびおり

跳び降りをする

この運動で育つもの
●瞬発力・筋力の向上
●移動系運動スキル（跳び降りる）の発達

あそび方

高さ10〜20cmくらいの台や、階段の一段目から、跳び降りができるようになります。

○はじめは、保育者が手を持って跳ばせましょう。
○自分で跳ぼうとする意欲があっても、まだ少し怖いようなら、「ここにいるからだいじょうぶだよ」と、すぐに補助できる位置について、子どもを安心させてあげましょう。
○跳び降りる時、膝を曲げ、バネを使って着地することを知らせます。
※台は、すべらないよう工夫します。また、着地の時に危険のないよう、周囲の安全にも気をつけましょう。

だっことびピョンピョン

補助付き足跳びをする

この運動で育つもの
●瞬発力の向上
●リズム感覚・空間認知能力の発達

あそび方

保育者に持ち上げてもらって、足跳びをします。

○保育者が開脚の姿勢で座ります。
○子どもの両脇を支えて、「イチ、ニ、サーン」とリズムをつけて持ち上げます。
○子どもが足を伸ばすタイミングに合わせて、持ち上げ、跳ぶまねをさせます。
○その場でピョンピョン跳んだり、保育者の足を跳び越えて遊んだりしましょう。

掃除機になって

腕立て歩きをする

この運動で育つもの
●移動系運動スキル（腕立て歩き）の発達
●上肢・腹部の筋力強化

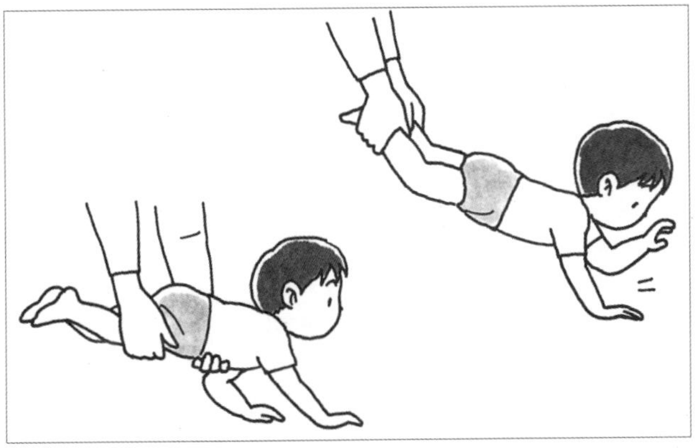

あそび方

腕立ての姿勢で、少しの距離なら歩くことができるようになります。

○子どもをうつ伏せから、腕立ての姿勢にさせます。
○腕がつっぱっていることを確認したら、子どもの腰を持ち上げて支えます。
○足が少し上がった姿勢でがまんをさせたり、手で歩かせたりしましょう。
○慣れたら、保育者が支える位置を、腰から膝、足首へと変えていきましょう。
※無理に最初から歩かせないで、ゆっくりと子どもの動きに合わせることが大切です。

ジャンプジャンプ

両足跳びをする

この運動で育つもの
●非移動系運動スキル（その場で跳ぶ）の発達
●瞬発力・リズム感の向上

あそび方

誰にも支えてもらわず、両足でその場跳びをすることができるようになります。

○はじめは、その場で「ピョンピョン、ピョンピョン跳べるかな？」とリズムをつけたかけ声で、膝の曲げ伸ばしをし、跳ぶまねをして遊びます。そのうち、上手になって、床から足がはなれるようになります。
○次は、机に両手をついて跳びます。
○その場跳びができるようになったら、前進したり、大きく跳んだり小さく跳んだりと変化をつけます。
●まだ両足をそろえて跳べませんが、2歳に近づくにつれて両足そろえ跳びができるようになります。

どこでも鉄棒したいな

自力でぶら下がりをする

この運動で育つもの
●空間認知能力の発達
●筋力・筋持久力の向上

あそび方

ぶら下がる所があれば、どこでも鉄棒あそびがしたくなり、要求するようになります。

○保育者の手や腕につかまらせ、自力でぶら下がりをさせましょう。細い棒を用意してもよいでしょう。
○はじめのうちは、足が少し上がる程度の高さにしておきます。慣れてきたら、しだいに高くしていきます。

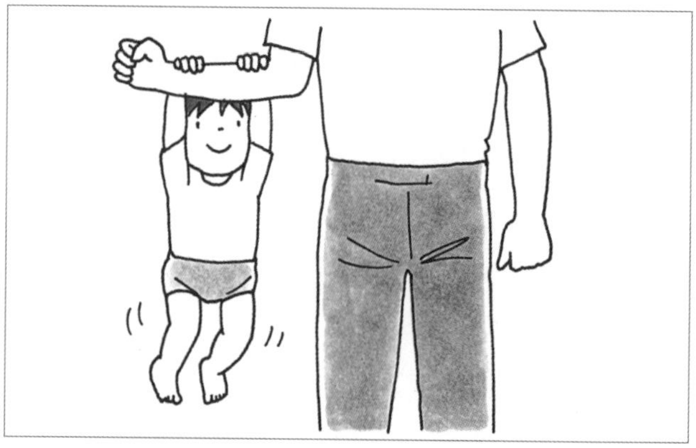

ぶらさがりグルリまわし

ぶら下がって回してもらう

この運動で育つもの
●空間認知能力の発達
●筋力・筋持久力の向上

あそび方

保育者の腕につかまってぶら下がり、回してもらう運動です。

○保育者の腕をつかませる時、「絶対に手をはなさないでね」という注意を守ることを約束させましょう。
○子どもが腕をしっかりつかんだことを確かめたら、保育者は、自分を支点にゆっくりと回します。
※落ちるようなことがあっても、危険のないよう、広い場所で行ない、マットを敷いておくのもよいでしょう。

カニさん横歩き

カニ移動をする

この運動で育つもの
- 協応性の向上
- 移動系運動スキル（横歩きをする）の発達

あそび方

横歩きの運動に、カニをまねた指の動きや膝を曲げながらの動きが加わったあそびです。

○肩幅くらいの開脚で立ち、両肘を曲げます。
○指でハサミをつくり、カニさんになって、「イチ、ニ、イチ、ニ」と言いながら横歩きをしましょう。チョキはまねるだけでもよいでしょう。
○慣れたら、膝を曲げてしゃがんだ姿勢で横に歩きながら、指も動かす運動を加えましょう。
●この頃は、模倣あそびを盛んに行なう時期です。リズミカルに楽しくすると喜んで遊ぶでしょう。

両足とびピョンピョン

両足跳びをする

この運動で育つもの
- 空間認知能力の発達
- 身体認識力の向上
- リズム感・瞬発力の向上

あそび方

補助をしてもらっての足とびに慣れたら、自分で両足跳びをさせてみましょう。１人でできたら、しっかり褒めてあげましょう。

○保育者が開脚で座った足の上を、両足でピョンと跳び越えて遊ばせます。跳ぶたびに、「ピョン、ピョン」と、かけ声をかけて励ましましょう。
●2歳のこの頃は、歩く、走る、跳ぶといった運動面での基本的な機能が大きく伸びる時期です。

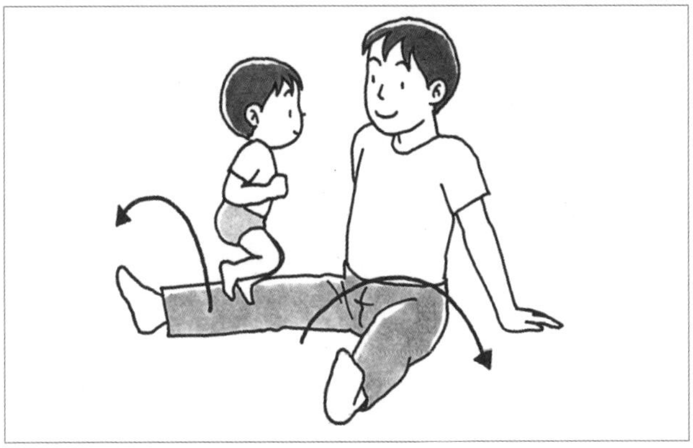

とびつきタッチ！

跳びつきをする

この運動で育つもの
- 空間認知能力に発達
- 瞬発力の向上

あそび方

目標にめがけ、跳びついてタッチしようとします。

○保育者が立って、手を前に出します。「先生のおててにタッチして」と言って促しましょう。
○跳びつくために、しゃがんではずみをつけることを教えましょう。
○最初は、十分跳びつける高さにして、ジャンプする楽しさを覚えさせ、しだいに位置を高くしていきます。
○目標も、子どもの好きな物を持ってそれにタッチすることもよいでしょう。
○「イチ、ニ、ジャンプ」というかけ声は、跳びつく意欲を高めるのに効果的です。

ウサギとびジャンプ
ウサギ跳びをする

この運動で育つもの
●空間認知能力の発達
●瞬発力・リズム感の向上

あそび方

ウサギのスタイルや動きをまねて、ピョンピョンと、跳んで遊びます。

○バンザイをし、手首を倒すようにしてウサギの耳をつくります。
○その手首を、『おいでおいで』のように上下に振りながら、ピョンピョンと跳びます。保育者もいっしょに「ピョンピョン」と言うと、喜んで続けて遊ぶでしょう。

風船ポーン、しよう！
風船つきをする

この運動で育つもの
●知覚運動の向上
●空間認知能力の発達
●目と手の協応性の発達

あそび方

手元に近づいた風船を、ポーンとついて遊ぶことができるようになります。

○保育者と向かい合って、紙風船やゴム風船つきをして遊びましょう。
●この頃になると、風船をつくことはできますが、方向をコントロールするのはまだ無理なので、子どものつきやすい位置まで、風船を持っていってあげましょう。
※風船に気を取られ、周囲に注意がいきませんので、安全な広い場所で遊ばせます。

ヨイショ！ 起き上がり
自力で起き上がりをする

この運動で育つもの
●腹筋力の向上

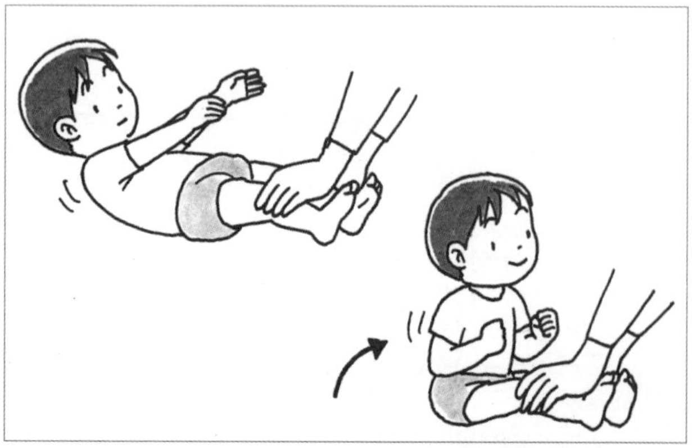

あそび方

足を押さえると、自力で起き上がろうとします。

○あお向きに寝た子どもの膝を押さえ、「ヨイショして、こんにちはしようね」と言って、起き上がりを促しましょう。
○保育者が、起き上がりの見本を見せて、「ヨイショ、こんにちは」をすると、喜んで自分もしようとします。
○あと一息のところで、起き上がれない時は、軽く引っぱってあげると、起き上がるコツを覚えるでしょう。

グー・パーでとぼう！

グー・パー跳びをする

この運動で育つもの
●知覚運動機能の向上
●リズム感覚・平衡性・全身筋力の向上

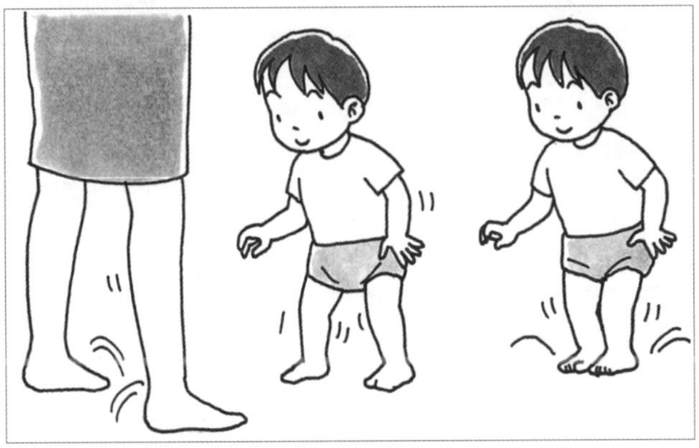

あそび方

足でグーやパーができ、その姿勢で跳ぶことができるようになります。

○足を閉じて「グー」、開いて「パー」の動きを覚え、跳ぶ動きを加えたあそびです。
○子どもと向かい合って立ち、グー・パー跳びをしましょう。まず、保育者が、グー・パーの見本を見せて跳びましょう。
○「グー！、パー！」と、リズミカルにかけ声をかけて、楽しく跳んで遊びましょう。

第2章 基本運動であそぼう 2～5歳児

基本運動で楽しく遊び、運動が大好きな子に！

子どもはいろいろなあそびを通して、運動の経験を重ねていきます。あそび自体が、簡単にでき、そして楽しく経験できることが大切です。
基本運動では、歩く、走る、跳ぶといった基本的な動きをベースに、投げる、蹴る、打つ、転がる、押す、引く、握る、振る等の運動を経験します。また、あそびの中で、これらの要素が複合・連係され、効果的に経験できるようにしています。
これらの運動あそびが、身体的成長の促進に役立つのはもちろん、運動が楽しく効果的に行なわれることは、保育者と子ども、また、子ども同士のコミュニケーションや信頼関係を深める大きな機会づくりになります。
技術面にとらわれず、運動あそびをのびのびと楽しませ、まず、運動が大好きな子どもにするということからはじめましょう。

2～5歳児のあそびでは、個々の発達の差も大きく、また、その年齢なりの取り組みができるので、対象年齢の表記に幅をもたせてあります。
年齢やクラス、個々の子どもたちの、発達の状況に合わせて取り入れてください。どのあそびから取り組んでいただいても結構です。

参考（P.4～5も合わせて見てください）

運動発達の段階と年齢区分（Gallahue）

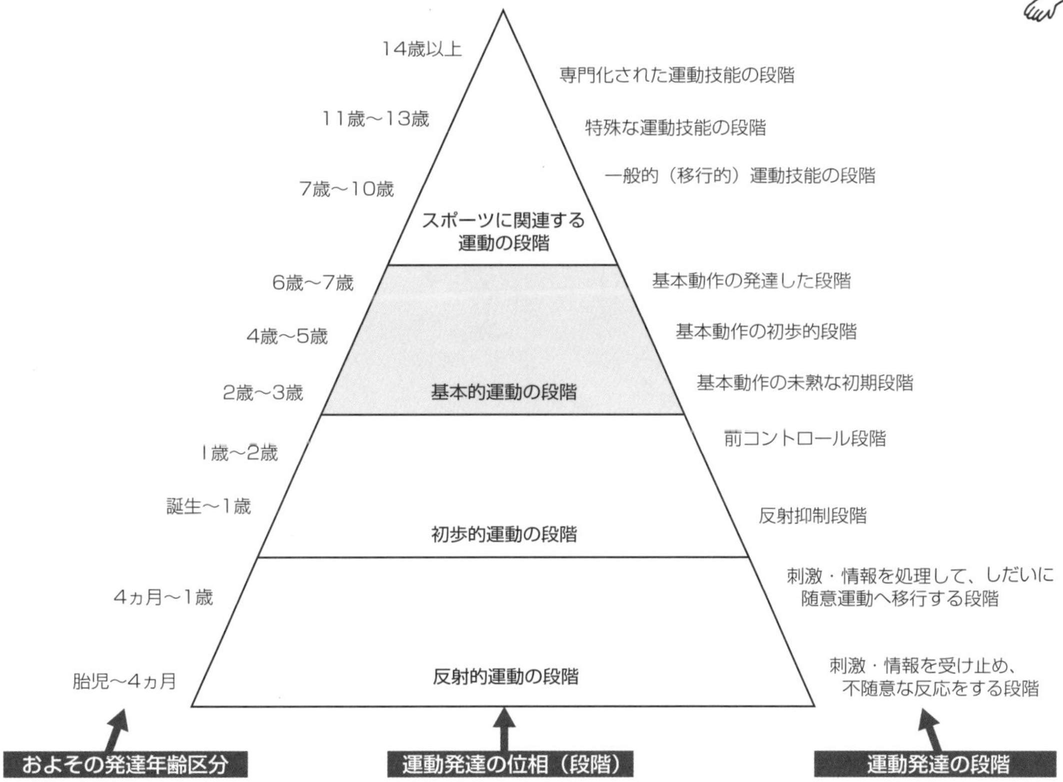

運動発達段階と運動技能

運動発達段階 ＼ 分類（カテゴリー）	初歩的運動の段階（0～2歳） Rudimentary Movement Phase 初歩的・基礎的運動技能 Rudimentary Movement Patterns	基本的運動の段階（2～7歳） Fundamental Movement Phase 基本的運動技能 Fundamental Movement Patterns
●平衡系の動作 Stability Movements	頭・首のコントロール、 転がる（寝返り）、腕で支える、 座る、かがむ、立つ、立ち上がる	回る、転がる、片足で立つ、 バランス立ちをする、ぶら下がる、乗る、 渡る、逆立ちをする、浮く
●移動系の動作 Locomotor Movements	腹を地につけて這う（Crawling）、 四つ足で這う（Creeping）、 這い上がる、歩く、登る、降りる	走る、止まる、リープ、スキップ、 ホップ、ギャロップ、跳ぶ、 跳び上がり降り、よじ登る、 跳びつく、跳び越える、またぎ跳ぶ、 かわす、くぐる、すべる、泳ぐ
●操作系の動作 Manipulative Movements	手を伸ばす、つかむ、つまむ、 はなす、ほうる	投げる、蹴る、打つ、 つく（まりつき）、たたく、 捕まえる、受ける、運ぶ、 担ぐ、下す、押す、引く、漕ぐ

トトロで歩こう

あそび方 2~5歳児

3人ずつでトトロのグループを作ります。トトロの「さんぽ」の歌をうたいながら、一列になって、行進して歩きます。

ヒント

◎トトロたちが、一本道を元気いっぱいに歩いていくイメージです。ラインを引いておきましょう。
◎いつも同じ子どもが先頭にならないよう、交替する大切さも知らせてください。

動きのポイント ◎正しい姿勢で歩く

○顔はまっすぐ前を見て、胸をはって、腰から上は、まっすぐ伸ばして歩く。
○腕を前後に大きく振る。
○着地は、かかとから。重心をかかとからつま先へ移しながら歩く。
○上肢を下肢と左右反対の関係をもって、左右交互に振るようにさせる。

保育者の言葉で、楽しく促しましょう！

ねらい
●移動系運動スキル（バランスをとって歩く）の向上
●リズム感・身体認識力・空間認知能力の育成
●姿勢づくり

ネズミさんになってチョコチョコ歩き

動きのポイント ◎はや歩きをする

○小またで早く歩く。〈ネズミ〉
○ネズミをつかまえるために、フープ内をすばやく走ったり跳んだりする。〈ネコ〉

あそび方 2~5歳児

ネズミのような小さな歩幅で、チョコチョコ歩きをして遊びます。

発展 チョコチョコ歩きで、ソレ、逃げろ！ 4~5歳児

ジャンケンで鬼のネコを決め、陣地（フラフープ）の中から外に出ないようにして、逃げるネズミを捕まえるあそびです。

○ネズミは、中心の陣地のまわりに外の方を向いて並び、スタンバイ。
○保育者が大きな声で5まで数えるうちに、コート内をチョコチョコ歩きで逃げます。
○鬼のネコは、保育者の合図で、陣地から出ないようにフープの中を跳んで移動しながら、ネズミにタッチ。タッチされたネズミが、次の鬼になります。

足型に合わせて はみ出ちゃダメよ

あそび方 2~5歳児

地面にかいた足型を踏んで、はみ出さないように大またで歩きます。両手も大きく振りましょう。

動きのポイント ●大また歩きをする

○胸をはって、元気よく大またで歩く。

発展 3~5歳児

スタートとゴールを決め、チームに別れて競争します。

○早く全員がゴールインしたチームの勝ち。
○走ってしまったら、やり直し。

ヒント

「こんなに大きな足あと、ガリバーかな？　雪男かな？」というような設定で、子どもたちに話しておきます。足型にしなくても、円をかくだけで十分です。距離は、子どもの大また歩きの歩幅に合わせます。

ねらい
●移動系運動スキル（大またで歩く）の向上
●巧ち性・空間認知能力の育成

中心陣地
楽しいアイテム
ネコとネズミのおめん
お面の帯は、ゴムをつけたり、お面との接点をテープで接着したり、工夫します。

ヒント

◎ネズミ歩きをすると、つい走ってしまう子もいるので、歩幅の余裕をとってハチマキを輪に結び、足に通すとよいでしょう。
◎ハチマキがゆるすぎると、足からはずれ、踏んで転ぶことがあるので注意しましょう。

ねらい
●移動系運動スキル（歩く・跳ぶ）の向上
●敏捷性・瞬発力・平衡性・空間認知能力の育成

足並みそろえて♪「ハイホー」行進

動きのポイント ●腕組み歩きをする
○腰を落として、腕を組んで歩かせる。

あそび方 2~5歳児

♪『ハイホー』の音楽に合わせて、行進しながら歩くあそびです。

◎腰を上げず、腕組みがはずれないようにします。

ヒント

白雪姫の7人の小人たちが行進するイメージです。BGMの曲に合わせて行進します。お花畑や山道を想像させ、まっすぐな道やジグザグ道をラインでかいておくと楽しいでしょう。

ねらい
●移動系運動スキル（歩く）の向上
●腹筋力・脚筋力・平衡性の育成

ダチョウさんの宅配便

動きのポイント ●ダチョウ歩きをする
○膝を伸ばし、足首をつかんで歩かせる。

あそび方 3~5歳児

足首をつかんでダチョウスタイルになって、背中の荷物を落とさずに歩くあそびです。

発展 4~5歳児

○チームに分かれて競争します。
○味方チームをスタートとゴールの方に分け、荷物をそれぞれ引き渡して、早く、全員が荷物を運び終わったチームの勝ちです。

ねらい
●移動系運動スキル（歩く）の向上
●物のバランス維持能力・柔軟性・筋力の育成
●身体認識力・空間認知能力の向上

クモさんになって星をかこう！

動きのポイント ● クモ歩きをする

○あお向きになって、両手、両足が床についた姿勢で歩かせる。
○手と足の協調を働かせる。
○ゆっくり歩いたり、早く歩いたりさせる。
○前後左右に方向を変えて歩かせる。
○腰を高く保って歩かせる。

あそび方 4~5歳児

あお向きになって、うまく星のラインをたどって動くあそびです。

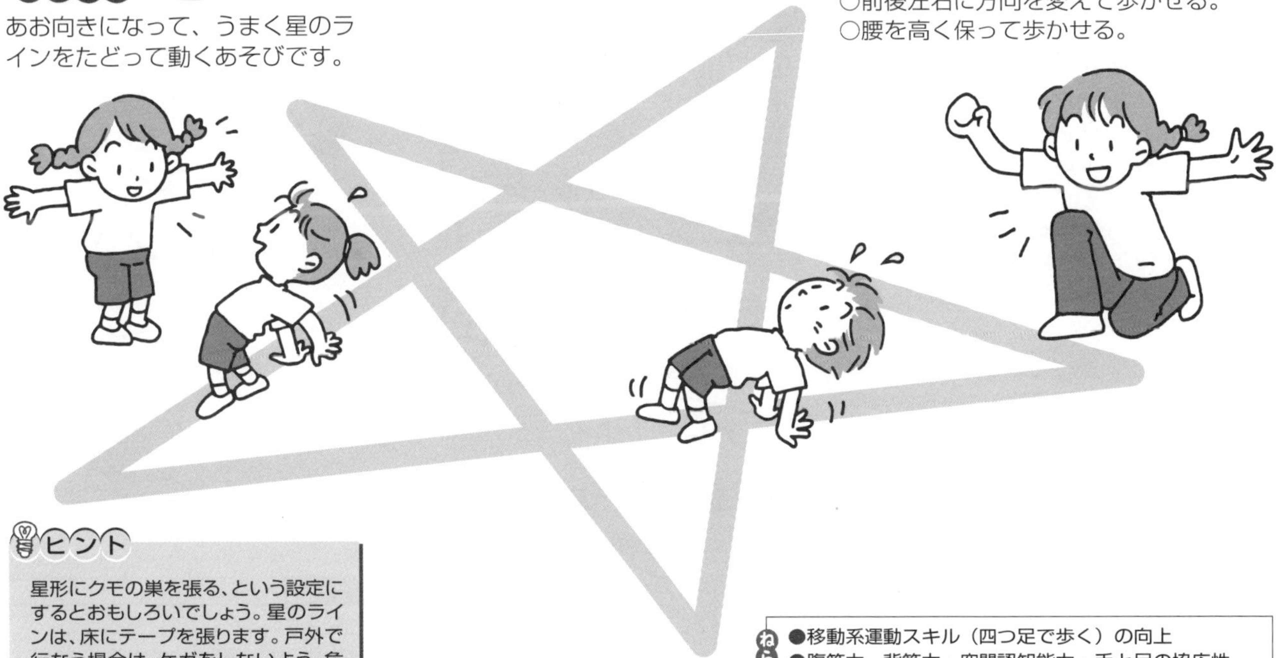

ヒント

星形にクモの巣を張る、という設定にするとおもしろいでしょう。星のラインは、床にテープを張ります。戸外で行なう場合は、ケガをしないよう、危険な物は除いておきましょう。

ねらい

●移動系運動スキル（四つ足で歩く）の向上
●腹筋力・背筋力・空間認知能力・手と足の協応性の育成

ヒント

背中に乗せる荷物は、あそびとしての楽しさを引き出すアイテムと考えます。軽い空き箱でも、タオルでもよいのです。

タンバリンGO！

ヒント
保育者が2人いる時は、タンバリンと笛、それぞれ分担しますが、1人のときは、BGMを利用してもよいでしょう。

あそび方 2~5歳児

保育者の鳴らすタンバリンの緩急で、走る速度を変えるあそびです。笛も使って、ストップや方向転換をさせて、かけ足の変化を楽しみましょう。

○タンバリンを緩く打つとゆっくり、急いで打つと速く走ります。
○笛は、ピーッと長く1回吹くと、ゆっくりストップ。短く1回ピッと吹くと、すばやくストップです。さらに、ピピッと2回吹くと方向転換、というように合図を決めておきましょう。

ねらい
●移動系運動スキル（走る）の向上
●敏捷性・スピード感・リズム感・空間認知能力の育成
●姿勢づくり

動きのポイント かけ足をする
○方向や速度を変えて、弾むように走らせる。
○腕を軽く前後に振って、調子をそろえて走らせる。

ニンジンほしいおウマさん

動きのポイント かけっこをする
○ゴールに向かってまっすぐに走らせる。
○全力で走らせる。速く走るために、腕を前後に速く振らせる。

あそび方 2~5歳児

スタートからゴールまで走りきって、ゴールインしたらニンジンをもらいます。2チームに分かれて、ニンジンの数を競い合うと楽しいでしょう。

○2人ずつ、「よーい・ドン！」でゴールまで走ります。
○先にゴールインした子どもは、遅くゴールした子どもより多く、ニンジンをもらいます。
※ゴールで止まらないで走り抜けることがポイントです。また、ニンジンの取り合いが目的ではないので、ゴールから少し離れた場所で保育者が渡します。ニンジンは、ゴールイン（走り抜け）したごほうびです。

スキップスキップ ランラララーン

動きのポイント ●スキップをする

○ももをしっかり上げ、リズミカルにスキップをする。

あそび方 4~5歳児

スキップが楽しくなるような歌をうたったり、音楽に合わせながら、スキップあそびをします。

○ももを高く上げる。大きく前へ出る。後ろ向きスキップをする。といった、いろんなバリエーションを試しましょう。

○スキップの基本となる一拍目を、保育者が「タンタ、タンタ…」と強調して歌ったり、手拍子で表現したりして、リズムをとりましょう。

ヒント

スキップにふさわしい曲として、『故郷の空』『雨ふり』『ミッキーマウスマーチ』等があります。歌ったり、BGMを流したりしましょう。さらにカスタネットやタンバリン等でリズムを強調すると効果UPできます。

ねらい
- ●移動系運動スキル（スキップをする）の向上
- ●協応性・リズム感・筋力・空間認知能力の育成

ゴールを踏んで通り越して ニンジンもらってねー！

楽しいアイテム
ニンジン
オレンジ色のポリ袋に、紙をちぎって入れ、口を、緑のテープやモールでくくる。

ゴール

ヒント

合図が理解できない子どもには、合図と同時に背中を軽く押してあげます。また、途中で歩いたり、ゴール前で止まる子どもには励ましたり、いっしょに走ったりして、その子どもに合った指示や援助をしましょう。

ねらい
- ●移動系運動スキル（走る）の向上
- ●瞬発力・走力・スピード感・空間認知能力の育成

お山を回るトロッコ列車

動きのポイント ●折り返し走をする

○腕を前後に振って走り、カーブの時にはバランスをとって走る。
○カーブは、外にふくれないよう、ラインからはみ出さないように走る。

あそび方 2~5歳児

トロッコ列車になって、お山に見立てたイスのまわりを回って走るあそびです。

○イスを回って、8の字をかく曲線の折り返し運転は、「トロッコ列車、○○周まわろう！」という設定で走ります。
○ターンをするような直線の折り返し運転の時は、「ケーブルカー、折り返し運転○○回！」と言って、お山に「デーン！」とタッチをさせて走らせます。
※大きな8の字をかくと、カーブが楽に曲がれます。上達すると、細く長い8の字のラインに変えて楽しみましょう。

ねらい
●移動系運動スキル（走る）の向上
●リズム感・空間認知能力の育成

お花畑を走ってピョン！

動きのポイント ●ゴムハードル走をする

○全力で走りながら、「跳ぶ」動作を入れ、バランスよくつないでいく。

あそび方 2~5歳児

お花畑に見立てた、障害物のゴムハードルを、跳び越えながら走るあそびです。

○ハードル間の距離や高さを適切に保ち、ゴムハードルを置きます。走りながら、次々と跳び越えていきます。
※年齢や上達によって、さらに、ゴムハードルの本数や間隔、高さを変えて遊びましょう。

楽しいアイテム
お花
ポールの両サイドに絵をはる。

ヒント

個人差や能力を考慮し、場所や用具の工夫をしましょう。例えば、ゴムハードルのかわりにラインを引いて、お花畑に見立ててもよいでしょう。

ねらい
●移動系運動スキル（跳び越える）の向上
●瞬発力・巧ち性・リズム感、身体認識力・空間認知能力の育成

ヒント

トロッコとケーブルカーのあるお山の設定です。それぞれの子どもが同時に走る場合は、交差するところでぶつからないように、信号待ちをさせます。複雑になりますが、あそびの要素が増えて楽しくなります。

ジグザグ大回転

動きのポイント ジグザグ走をする

○コース上に置かれたコーンをジグザグに走る。

あそび方 4~5歳児

スキーの大回転競技をイメージしたあそびです。カラーコーン（タイヤでもよい）の間を、走りながらすばやく回ります。

○右回り、左回りを交互に繰り返し、折り返して戻ってくるあそびです。

○ストップウォッチで時間を計ったり、カラーコーンの色別にチームをつくって、競争しても楽しいでしょう。

ヒント

右・左の区別がつきにくい低年齢児の場合は、コースラインを引いておきます。行きは実線、帰りは破線というような工夫もしてみましょう。

ねらい

●移動系運動スキル（走る）の向上

●敏捷性・走力・空間認知能力の育成

タッチでつなごうカラーリレー

ヒント
カラーに分けることで、チーム意識が芽生えます。また、引き継ぎの難しいバトンリレーではないので、低年齢児でも楽しめ、リレーの醍醐味が味わえるでしょう。

あそび方—① 直線コース 3~5歳児

手でタッチしながら、次々とリレーをしていくあそびです。

○カラー帽子のチームに分けます。
○スタートからゴールの手前まで、走る子どもを同じ距離をおいて待機させます。
○「よーい・ドン！」で走って、タッチでつなぎながら、早くゴールインしたチームの勝ちです。

あそび方—② トラックコース 4~5歳児

普通のリレーのように、トラック競技にします。トラックを2つや4つに分けてリレーします。

※上達したら、走りながらタッチします。
※タッチに慣れたら、バトンやタスキを使ってもよいでしょう。

動きのポイント ● リレーをする
○全力で走る。
○引き継ぐ友達の手にタッチをするため、速度を調節したり、確実にタッチをするための工夫をする。

ねらい
●移動系運動スキル（走る）の向上
●瞬発力・走力・スピード感・巧ち性・空間認知能力の育成

どこまで行ったの汽車ポッポ

動きのポイント ● 持久走をする
○リラックスして、できるだけ長い距離を走る。

遊び方 2~5歳児

汽車になりきって、走ることを楽しむあそびです。

○園庭にある遊具や設備に、駅の名前をつけておきます。
○子どもの能力に合わせ、停車する駅を目指して走ります。
○各駅停車、急行、特急などを設定してみましょう。停車したり、通過したり、また、速度の調節も楽しめます。
※体力や状態に合わせて、子どもと相談しながら、目標を設定させます。
※体調や既往症などに十分気をつけ、無理はさせないようにしましょう。

小さなお山をまたいで越えて

動きのポイント ●平均台ハードル走をする

○全力で走る。
○お山（障害物）に着いたら、身体をぶつけないよう、加減をしながらまたいで越え、また、全力で走る。

遊び方 4~5歳児

並べた平均台をお山に見立て、走りながらまたぎ越えをしていくあそびです。

楽しいアイテム
お山
平均台の両サイドに絵をはる。

ヒント

平均台にためらわないよう、「おっとっと、大きなお山、ヨイショと越えよう！」というような言葉がけをしながら、保育者が最初に越えて見せます。緊張がほぐれるでしょう。

ねらい
●移動系運動スキル（またぎ越す）の向上
●巧ち性・身体認識・空間認知能力の育成

ヒント

「○○ちゃん号、どこまで行ったの？「次はどこ？」などと聞いてあげましょう。保育者は子どものようすを見て、励ましながら少しずつ駅を増やす工夫の言葉がけをします。達成の喜びを味わうことで、走る距離が伸び、挑戦の意欲もわきます。

ねらい
●移動系運動スキル（走る）の向上
●持久力・走力・空間認知能力の育成

ウサギか？ カメか？ しゃがんで立って

動きのポイント ◎しゃがんで立つ

○重心をしっかり意識して動作をする。
○ふらつかないようにバランスをとる。

あそび方 3~5歳児

保育者の出す、ウサギとカメのペープサートに合わせて、しゃがんだり立ったりして遊びます。

○保育者は、ウサギとカメが裏表になったペープサートをタイミングを考えて出します。
○ウサギが出たら、すばやくしゃがみ、ゆっくり立ちます。
○カメが出たら、ゆっくりしゃがみ、すばやく立ちます。
※「しゃがんで立つ」という動作がセットです。次の動作に移らせるため、ペープサートをひっくり返します。

すばやくしゃがんで
ゆっくり立つ

ゆっくりしゃがんで
すばやく立つ

ヒント

ウサギはせっかち、カメはのんびりという感覚をイメージで認識させておきましょう。イソップ童話「ウサギとカメ」のお話も効果的ですね。

ねらい
●その場での運動スキル（しゃがんで立つ）の向上
●機敏さ・集中力の育成・筋力・平衡性の向上

ボールになってポーン！

動きのポイント ◎その場とびをする

○思い切って両足で跳び上がる。
○連続してリズミカルに跳び上がる。

あそび方ー① 届け、ポーン！ 2~5歳児

子どもはボールになりきります。保育者の差し出す手に、頭がタッチするよう、その場で思い切り跳び上がります。

あそび方ー② ドリブル、ポンポンポン 2~5歳児

保育者は、子どもの頭に軽く触れ、ゆっくりドリブルをして弾むように跳ばせます。また、頭のかわりに、子どもの肩や背中に触れて弾ませてみましょう。

※この時、子どもはしっかり背中を丸くすることが大切です。

ヒント

大きなボール、固いボール、空気の抜けたボールなど、いろんなボールを提案してみましょう。

ねらい
●その場での運動スキル（その場跳びをする）の向上
●瞬発力、リズム感・空間認知能力の育成

足のバネで大きくジャンプ！

あそび方 2~5歳児

強い足のバネで、大きく跳びましょう。

○後ろや横、斜め等、いろんな方向へ跳んでみましょう。

動きのポイント ●両足踏み切り跳びをする

○両足をそろえて、大きく跳ぶ。
○足の屈伸と、腕の大きな振りを使って、元気よく跳ぶ。
○着地の際、膝を柔らかく曲げる。

ヒント

カエル、バッタ、ウサギ、ロケット、スプリング…等、跳び上がるものは何でも、イメージして遊んでみましょう。

ねらい
●移動系運動スキル（跳ぶ）の向上
●瞬発力・筋力・空間認知能力の育成

アブラハム、ケンケン

動きのポイント ●片足跳びをする

○左足（あるいは右足）ケンケンですばやく、また大きく跳ぶ。
○片足で踏み切って高く遠くへ跳ぶ。
○後ろ方向や横方向にも跳ぶ。

あそび方 4~5歳児

♪『アブラハムの子』の歌をうたいながら、いろんなケンケンをして遊びます。

○♪「アブラハムには……さぁ歌いましょ」のフレーズを手拍子で歌います。
○フレーズを歌い終わったら、保育者が「右足！」と号令をかけた足でケンケンを続けます。
○誰か、片方の足が地面に着いた時点でストップ。その子どもはその場で座ります。再び♪「アブラハム…」を始めます。
○右足と左足のケンケンに、後ろ、横、斜めの移動を加えた、組み合わせのバリエーションをしながら、最後に残った子どもが優勝です。

ヒント

歌の手拍子のところは、足踏みをしながら息を整えます。座った子どもには、しっかり歌をうたったり、手拍子をするよう促しましょう。

ねらい
●その場での運動スキル（片足で跳ぶ）の向上
●瞬発力・平衡性・リズム感・身体認識力の育成

色イロ島 とびとびゲーム

動きのポイント ●移動跳びをする

○足の屈伸を活かして、軽やかに跳ぶ。
○決まった場所を目がけて跳ぶ。
○連続して跳び続ける。

あそび方 2~5歳児

カラーフープの島を、自由に跳んで渡って遊びます。

○カラーフープを並べて置いたり、ランダムに置いたりして変化をつけて配置します。フープの島を自由に跳んで遊びます。
○色を選んで跳んだり、片足跳びで跳んだりして、いろんな条件の跳び方を楽しみましょう。
※色別に跳ぶ時は、フープを近くに寄せて、無理のない配置にしておきましょう。

ねらい
●移動系運動スキル（跳ぶ）の向上
●瞬発力・巧ち性・平衡性・空間認知能力の育成

ヒント

海に囲まれた、離れ小島のイメージです。「海に落ちないでね！」と励ましてあげましょう。

ジャンピング・ターン ひねってグルン！

動きのポイント ◎向き変え跳びをする

○足の屈伸をいかして、十分に跳び上がり、腰をひねって向きを変える。
○連続して跳ぶ。

あそび方ー① 右・左ターン 4~5歳児

両足または片足で踏み切って跳び、右、左にターン（最初は90度）をして遊びます。

○上達したら、180度ターンをしてみましょう。
○連続跳びもしましょう。

あそび方ー② 一回転ターン 4~5歳児

もっと上達したら、一回転ターン（360度）を試してみましょう。

ヒント

「跳ぶ」と「回る」の動作を組み合わせた、高度な目標です。フィギアスケートのジャンプを思い浮かべ、一回転ジャンプにもチャレンジさせましょう。

ねらい

●平衡系運動スキル（跳びながら向きを変え、バランスをとる）の向上
●瞬発力・平衡性（空中バランス）・空間認知能力の育成

ジャンプで足ポン！

動きのポイント ◎足打ち跳びをする

○足の屈伸をいかして、十分に跳び上がり、足の内側を軽く打つ。

あそび方ー① 跳んでポン！ 5歳児

ジャンプをして、空中で足をポンと軽く打ち合わせます。

○上達したら、ジャンプした時に90度〜180度のターンを加えてみましょう。

あそび方ー② 台からポン！ 5歳児

台の上から一度跳び上がって、足打ちをして着地します。

※慣れない間は、2人組になり、1人が相手の手を持って支えて練習します。また、台に手をついて練習してもよいでしょう。

ヒント

台は、あまり高くなく、安定のよいものを選びます。下にマットを敷くと、思いきって跳べるでしょう。

ねらい

●平衡系運動スキル（空中で足を打ちながら、バランスをとる）の向上
●瞬発力・平衡性（空中バランス）・身体認識力の育成

立って、どこまで跳べるかな？

動きのポイント ◎立ち跳びをする

○腕の振りと足の屈伸を活かして、できるだけ遠くに跳ぶ。
○跳ぶ時も着地をする時も、膝のバネをやわらかく使う。

あそび方 3~5歳児

立ったままで、腕を思いっきり振り、足のバネの弾みを使って遠くへ跳びます。

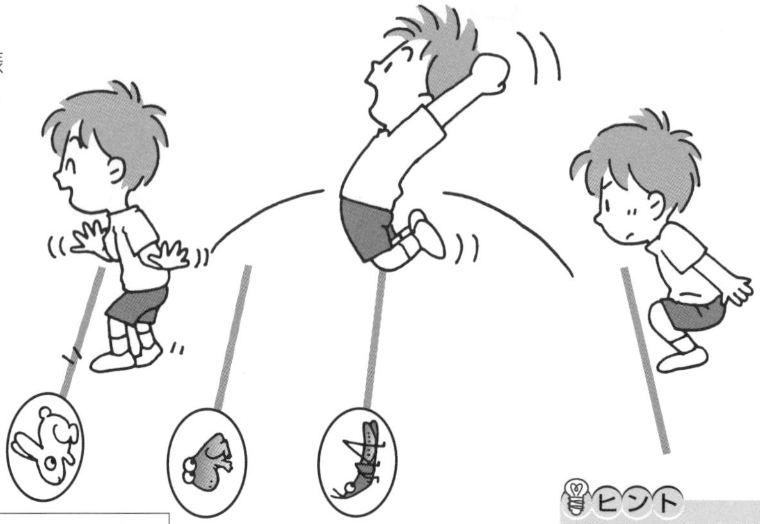

ねらい
●移動系運動スキル（跳ぶ）の向上
●瞬発力・巧ち性・平衡性（空中バランス）・空間認知能力の育成

ヒント
跳んだ距離を測ってあげると、励みになるでしょう。

走って遠くへジャンプ！

動きのポイント ◎走り幅とびをする

○スピードをつけた助走をして、力強く踏み切る。
○タイミングよく踏み切り、できるだけ遠くへ跳ぶ。

あそび方 3~5歳児

助走をつけて走り、踏み切りラインで思いきって遠くへ跳びます。

※着地の時は、膝を曲げて、かかえるようにし、上体を前に倒して安全に着地します。

ヒント
砂場の乾いている時に行ない、掘り起こしてやわらかい状態にしておきましょう。思いきって跳べるよう、「お尻をついても痛くないよ」と言って安心させることも大切です。

ねらい
●移動系運動スキル（走りながら跳ぶ）の向上
●瞬発力・平衡性（空中バランス）・空間認知能力の育成

走って山越え へっちゃらジャンプ！

動きのポイント ●走り高とびをする

○腕をしっかり振って助走をつけ、思い切って跳び、ゴムを越える。
○踏み切るタイミングの感覚を覚える。

あそび方 4～5歳児

走り高とびの競争あそびです。助走を十分に行ない、思い切って踏み切り、ゴムを跳び越えます。

○準備運動を入念にして、体をやわらかくしておきます。
○気持ちもリラックスさせておきましょう。
○着地の時は、足をつっぱらないようにし、膝を軽く曲げて着地させます。
※砂場を十分に掘り起こして、安全に着地ができるよう、やわらかくしておきます。

ヒント

恐怖心からしりごみする子どもも出てくるでしょう。思い切った動作ができるよう、転んでも痛くないように、やわらかい砂場の環境を整え、子どもたちにも十分確認させておくことが大切です。

ねらい
●移動系運動スキル（走りながら高く跳ぶ）の向上
●瞬発力・平衡性(空中バランス)・巧ち性、身体認識力・空間認知能力の育成

ワンワン競争

動きのポイント ● イヌになる

○四つ這いで、ゆっくり這ったり（歩く）、すばやく這ったり（走る）する。

あそび方 2~5歳児

両膝をつき、四つ這いになって歩いたり走ったりします。スタートとゴールを決めて競争してみましょう。

○イヌの鳴き声もまねながら遊ぶと楽しいです。

○這うことに慣れたら、走る時には、前に出した両手に、両足をそろえるようにしながら前進していきます。

ヒント

「おなかがすいたよ」や「散歩に行きたいよ」等を、イヌの言葉で言ってみましょう。

ねらい
●移動系運動スキル（這う）の向上
●筋力・巧ち性・協応性・リズム感の向上と、身体認識力・模倣能力の育成

つながれゾウさん

あそび方 2~5歳児

手で長い鼻をつくって、ノッシノッシと歩いたり、鼻とシッポでつながって大行進をします。

○子ゾウ、お母さんゾウ、お父さんゾウなど、役割を決めて歩いてみましょう。

動きのポイント ● ゾウになる

○ゆったり、重量感を出して歩く。

ねらい
●移動系運動スキル（歩く）の向上
●協応性・リズム感・身体認識力・模倣能力の育成

リズムでピョンみんなでピョン

動きのポイント ウサギになる

○ウサギの軽やかさをまねて、リズミカルに動く。

あそび方 2~5歳児

両足跳びで、大きくゆっくり跳んだり、軽やかに走ったり止まったりして遊びます。

ヒント

「ピョンピョンピョン…野ウサギピョン」と、うたったり、BGMを流したりして遊びます。いろんな色のウサギのお面を作って、かぶって遊ぶと楽しいでしょう。

ねらい
- 移動系運動スキル（跳ぶ）の向上
- 瞬発力・リズム感、身体認識力・模倣能力の育成

カニさん横歩き

動きのポイント カニになる

○腰を下ろして、膝の動きで移動する。

あそび方 2~5歳児

両手でハサミをつくり、腰を下ろして、カニのポーズをします。両横に交互に歩いてみましょう。

○遊具や用具の後ろに、サッとすばやく隠れたりして遊びます。

ヒント

ラインの上を移動したり、保育者と向かい合って動き、進む方向を知らせましょう。

ねらい
- 移動系運動スキル（腰を下ろして歩く）の向上
- 筋力、協応性・平衡性・身体認識力の育成

カエルとびとび、ピョン！

あそび方 2~5歳児

カエルになって、どこまでもピョンピョン跳んで行きましょう。

動きのポイント ●カエルになる

○足を曲げて、膝のバネを使って跳ぶ。
○跳躍を大きく、跳んでいる時間を長くする。

ねらい
●移動系運動スキル（跳ぶ）の向上
●瞬発力・リズム感・模倣能力・空間認知能力の育成

ヒント

「小さな水たまりを、ピョン！」や、「今度は、小川を跳び越えピョン！」など、イメージを助ける具体的な言葉がけで、跳ぶ距離の感覚もつかめるでしょう。

ヒラヒラフワフワ チョウチョウになれー！

動きのポイント ●チョウチョウになる

ヒラヒラと飛ぶような、軽い感覚をつかむ。

あそび方 2~5歳児

チョウチョウになって、ヒラヒラフワフワと、どこにでも飛んで行きます。

ヒント

エリック・カール著の『はらぺこあおむし』の絵本を読んでから遊ぶと、チョウチョウに変身した時の開放感がつかめたりして、イメージが豊かになります。

ねらい
●移動系運動スキル（歩く・跳ぶ・走る）の向上
●協応性・模倣能力・空間認知能力の育成

バッタがピョン 止まって、もっとピョン

動きのポイント ●バッタになる

止まった時は、足のバネの力を貯め、思いっきり跳ぶ。

あそび方 2~5歳児

バッタのジャンプ力はすごいものです。バッタになって、高く遠くへ、友達と跳び比べをしましょう。

ヒント

園外保育でバッタをとりに行く機会があれば、イメージが取り入れやすいでしょう。また、実際にバッタを見たことがある子に話を聞く機会を設けてみることで、より意欲が高まっていきます。

ねらい
- ●移動系運動スキル（跳ぶ）の向上
- ●瞬発力・模倣能力・空間認知能力の育成

カモメ、カモーン！

動きのポイント ●カモメになる

翼をはばたかせる手は、腕の付け根からゆっくり、力強く動かす。

あそび方 2~5歳児

両手を翼にして広げ、悠然と飛ぶカモメになって、冒険の旅に出かけます。上昇や下降、旋回など、手の動かし方を工夫して試しましょう。

○ノビノビと飛べる広い場所で遊びます。
○仲間が集まって休んでいる所から、それぞれの行きたい所を保育者に告げて飛んで行きます。
○保育者は、「○○カモメちゃん、カモーン！」と行って、旅からの帰りを促します。

ヒント

帰って来たカモメたちに、「どこに行ったの？　何を見たの？」等、旅のようすを聞いてあげてください。

ねらい
- ●移動系運動スキル（走る・跳ぶ）の向上
- ●スピード感・敏捷性・模倣能力・空間認知能力の育成

アヒルの行列 グワッグワッグワッ！

動きのポイント ◎アヒルになる

○腰とかかとでバランスをとる。
○胸を張り、上を向いて進む。
○ときどき、羽をバタバタさせる。

あそび方 2~5歳児

アヒルが行列しながら池を泳いでいくあそびです。保育者がお母さんアヒルになって、先頭を泳ぎましょう。

○保育者が進みながら、「グワッ、グワッ、グワッ、グワッ、○○ちゃん！」と、最初は1人呼びます。呼ばれた子どもは、後ろにつきます。
○次からは、2人、3人と呼んで数を増やし、みんなでアヒルの行列です。
○行列は、まっすぐやクネクネ、速くやゆっくり等、バラエティに富ますと楽しくなるでしょう。

ヒント

名前を呼ぶ前の「グワッ・・・」のところは、「鳴きまね、うまい〜」や「泳ぎの、うまい〜」や「はばたき、うまい〜」に変えてみます。言われた子どもは、スイスイやバタバタと言いながら泳いできます。

ねらい
●移動系運動スキル（しゃがんで歩く）の向上
●リズム感・巧ち性・模倣能力・空間認知能力の育成

まねっこ飛行機ブーン

動きのポイント ◎飛行機になる

○両手を横にピンと張り、翼にする。
○上に飛び上がって離陸。着陸は、片膝を曲げたりしながら表現する。
○旋回は、体を傾けて表現する。

あそび方 2~5歳児

子どもは新米飛行機です。動作もセリフも、ベテラン飛行機（保育者）の後について、まねをしながらテスト飛行をします。

○ある程度、まねっこをさせたら、「上手になったね、テスト飛行合格！」と言って、着陸して終了とし、次の子どもと交替します。

ヒント

「○○ちゃんのおうちが見えたー」「あ、雷だ、旋回！」などと言って、下降や旋回をして楽しみましょう。

ねらい
●移動系運動スキル（走る）の向上
●走力・瞬発力・模倣能力・空間認知能力の育成

どっちが速い 連結汽車ポッポ

あそび方 4~5歳児

それぞれ汽車になって、連結を増やしていって遊びます。

○汽車をチームカラーで分けておき、バラバラに待機します。
○先頭を決め、連結しながら順に数を増やし、早く全員連結させたチームの勝ちです。

動きのポイント ● 汽車になる

腕を車輪のように回転させて動かす。

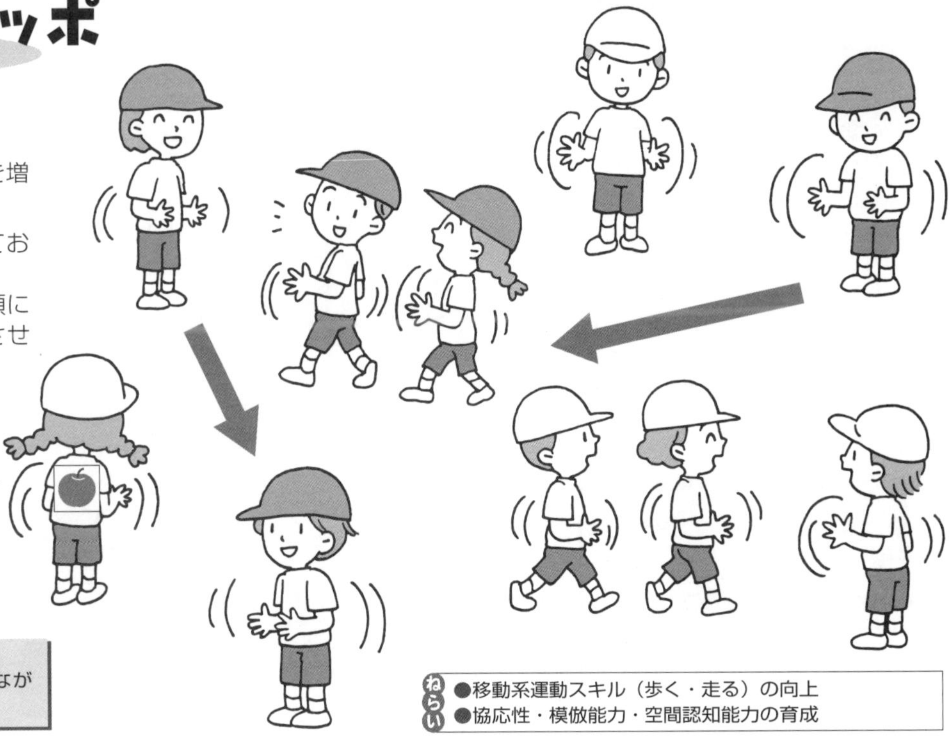

楽しいアイテム
先頭のマーク
わかりやすいマークを付けます。

ヒント
♪『汽車ポッポ』の歌をうたいながら遊びましょう。

ねらい
●移動系運動スキル（歩く・走る）の向上
●協応性・模倣能力・空間認知能力の育成

ラ・リ・ル・レ ロボット

動きのポイント ● ロボットになる

○腕は、肘を伸ばし、ま上、ま横、前に上げる。
歩く時も、膝を曲げず、ゆっくり歩く。

あそび方 2~5歳児

ロボットになって、前後に体を揺らしながらゆっくりと歩きます。機械的な動きを工夫して遊びます。

肘や膝を曲げての
ロボットにも挑戦だ！

ヒント
♪『ラリルレ・ロボット』の歌をうたって、ロボットの感覚をつかみましょう。歌の中にあるロボットの擬音、「カキーン、カキーン」も、いろんな言葉で言ってみると、おもしろいでしょう。

ねらい
●移動系運動スキル（歩く）の向上
●敏捷性・瞬発力・模倣能力・空間認知能力の育成

漕げ漕げボート！

動きのポイント ◎長座位前屈をする

○長座の姿勢で、膝を曲げずに前屈する。
○力を抜いて行なう。

あそび方 3~5歳児

2人1組になって、♪『漕げよボート』の歌をうたいながら、ボート漕ぎあそびを楽しみます。

○向かい合って座り、お互いの足の裏をピッタリとつけます。
○つないだ両手を、押したり引いたりしてボートを漕ぎます。
※慣れてきたら、振幅を大きくしたり、前かがみの姿勢を長く持続するよう励まします。

ヒント

準備運動として、交替で背中を軽く手で押し合って遊ばせると、体がほぐれてよいでしょう。「1.2.3！」とかけ声をかけて、3の時、相手がなるべく長い間、前かがみが続けられるよう補助の子どもが手伝います。

ねらい
●その場での運動スキル・非移動系運動スキル（前屈する）の向上
●柔軟性・リズム感の育成

手押し車で焼きイモはこび！

動きのポイント ◎手押し車をする

○車になる子どもは、からだをできるだけまっすぐ保つようにする。
○持ち手の子どもは、車の子どもの調子に合わせて歩く。足をはなす時は、つま先から、ゆっくり置くように下ろす。

あそび方 4~5歳児

2人1組で、手押し車になります。背中に焼きイモを積んで、コーンを回って帰ってくるあそびです。

○焼きイモが落ちないように注意して進み、落ちたら拾って、また、そこからスタートです。
○チームに分かれて、制限時間を決め、焼きイモの数を競争してもおもしろいでしょう。
※カラーコーンの所で、持ち手と車が交替してもよいでしょう。
※年齢や体力に応じ、距離を変えます。
※手押し車のスタイルや動きは、最初に保育者が見本を示します。

ねらい
●移動系運動スキル（手で歩く）の向上
●筋力・持久力・平衡性・リズム感・空間認知能力の育成

ネズミ?! キリン?!

あそび方 4~5歳児

保育者が「ネズミ！」と言ったらしゃがみ、「キリン！」と言ったら伸び上がるあそびです。

○早く言ったり、ゆっくり言ったりして、速度を変えて遊びます。
○「ネズミ、キリン、ネズミ！」や「キリン、キリン、ネズミ！」など、順序やテンポを変えてみましょう。うっかり間違う子どもも出てきて、おもしろさも倍増。間違ったら失格で座るなど、勝ち抜きゲームにすると、もっと楽しめます。
※後ろでつないだ手を、はなしても失格とします。

動きのポイント ●足屈伸をする

○足は肩幅くらいに開く。
○両手を腰の後ろで握り、足を屈伸する。
○リズミカルに連続して行なう。

ヒント

「ネズミさんって、ちっちゃいね」や、「キリンさんって、ノッポだね」といったイメージを、より豊かに描けるよう、絵本や動物図鑑などを見せておくのもよいでしょう。

ねらい
●その場での運動スキル（足屈伸をする）や集中力の向上
●脚筋力・平衡性、スピード・空間認知能力の育成

楽しいアイテム
焼きイモ
タオルをねじって、両端をゴムでとめる。

ヒント

焼きイモは、あそびを楽しくするアイテムです。普通にタオルをのせてもよいのです。また、何ものせなくても、「ゴロゴロ手押し車」と言うだけで、あそびのおもしろさが広がっていきます。

ゆりかごユラユラ

あそび方 4~5歳児

後ろにやった手で自分の足を持ち、ユラユラゆれる、ロッキングあそびを楽しみましょう。

※足首に手が届かない時は、両手を後ろにピンと伸ばした姿勢で、ユラユラゆれてもよいでしょう。

ヒント

このスタイルでゆれるものに、ロッキングチェアーや舟形のシーソーなどがあります。他にユラユラゆれるものを考えたり、イメージさせたりして、違う動きのあそびに発展させていっても楽しいでしょう。

動きのポイント ゆりかごになる

○伏臥姿勢で足首を持ち、できるだけ反るようにする。
○胸を張って、顔をできるだけ上げる。

ねらい

●その場での運動スキル・非移動系運動スキル（足首を持って反る）の向上
●柔軟性・身体認識力の育成

起き上がってこんにちは！

あそび方 5歳児

2人1組で遊びます。足を持つ子どもが、「～ちゃんこんにちは！」と言うと、寝ている子どもが、腹筋を使って起き上がり、「ハイ、こんにちは！」と言って顔を合わせます。

○上達したら、「こんにちは！」を「1.2」のテンポで、リズミカルに行ないます。
※起き上がりやすいよう、補助の子どもは、友達の足をしっかり持って固定します。

ヒント

補助の子どもと、しっかり顔を合わせて、挨拶ができる角度まで起き上がるのがベストです。「こんにちは」で、うまく力を出せるよう、保育者もアクセントを強めて言ってあげましょう。

動きのポイント 腹筋運動をする

○両手を頭の後ろで組み、腹筋を使って上体をゆっくりと起こす。

ねらい

●その場での運動スキル・非移動系運動スキル（上体を起こす）の向上
●腹筋力・身体認識力の育成

片足変身！４ポーズ

動きのポイント ●片足でバランスをとる

○片足立ちで、しっかりバランスをとり、いろんなポーズをする。

あそび方 4~5歳児

片足立ちでバランスをとりながら、４つのポーズを順番にしていきます。コーナーを作って、ひと巡りして遊びましょう。

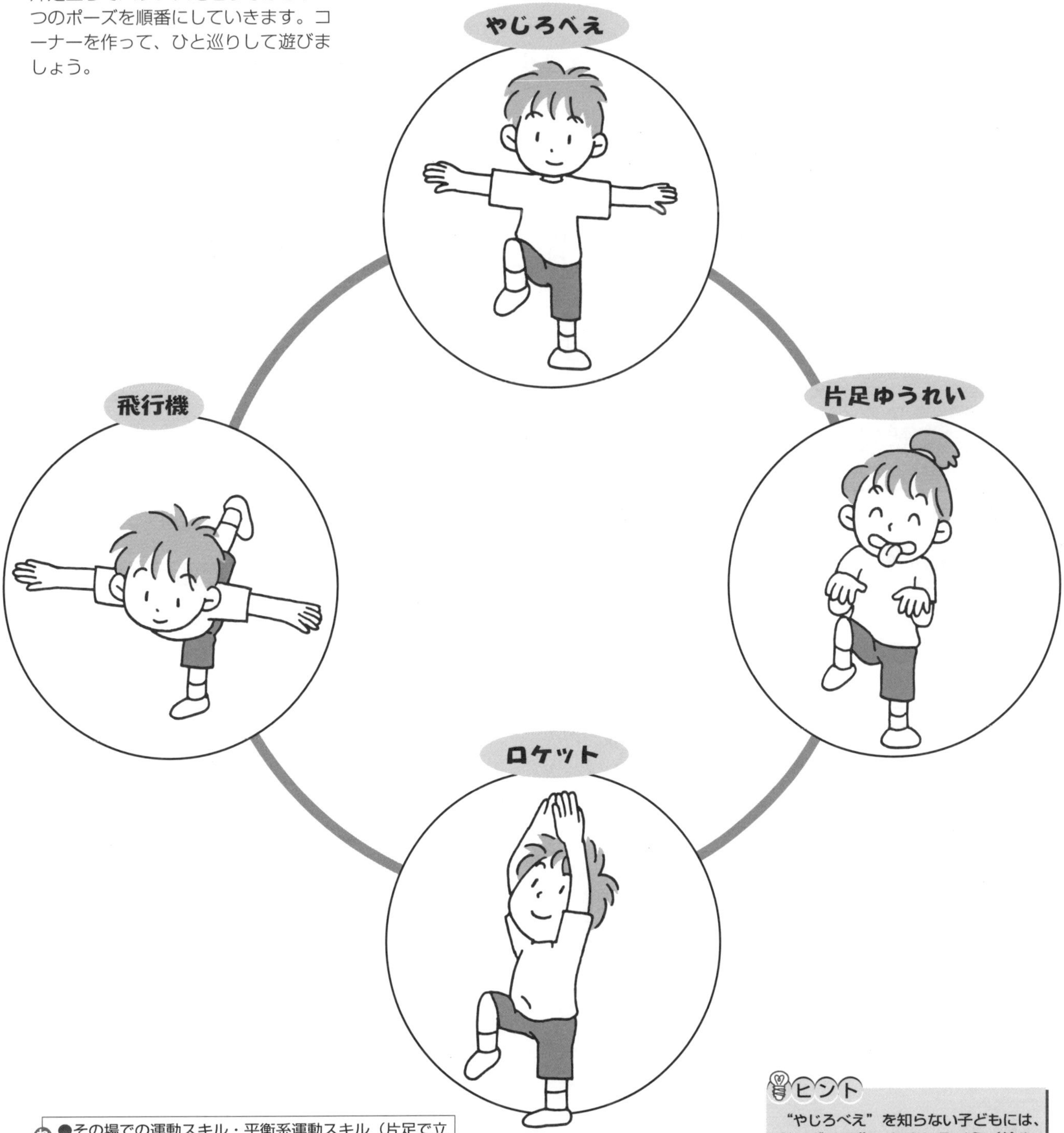

ねらい
●その場での運動スキル・平衡系運動スキル（片足で立つ）の向上
●平衡性・筋力・身体認識力の育成

ヒント

“やじろべえ”を知らない子どもには、ドングリで作ったやじろべえ（絵や写真でもよい）を見せてあげましょう。

一休さーん！ハイ、ご用はなーに？

動きのポイント ◎正座両足とび起きをする

正座位から、両手を振り上げ、一気に立ち上がる。

あそび方 5歳児

子どもは一休さんです。保育者が「一休さ～ん！」と呼んだら、正座のポーズから一気にとんで立ち上がります。

○立ち上がった後、「ご用はなーに？」と言います。保育者は、「ボールを取ってきて」や「鉄棒にタッチをしてきて」等、用事を言いつけるあそびに発展させると楽しいですね。

ヒント

正座をして、お経を唱えている一休さん。和尚さんが、用事を言いつけるために呼んでいます。という設定です。「○○一休さ～ん！」と、子どもの名前をつけて、一人ひとりに用事を言いつけましょう。

ねらい
●その場での運動スキル（正座とび起きをする）の向上
●瞬発力・腹筋力・巧ち性・空間認知能力の育成

割りばし、パン！

動きのポイント ◎腕立て脚開閉をする

○しっかり腕立てをした体勢で、脚を開いたり閉じたりする。
○連続してリズミカルに行なう。

あそび方 5歳児

保育者が「割りばし、パン！」と言ったら脚を開きます。「もう一丁！」と言うと、閉じます。開いたり、閉じたりして遊びます。慣れたら、速度を速めましょう。

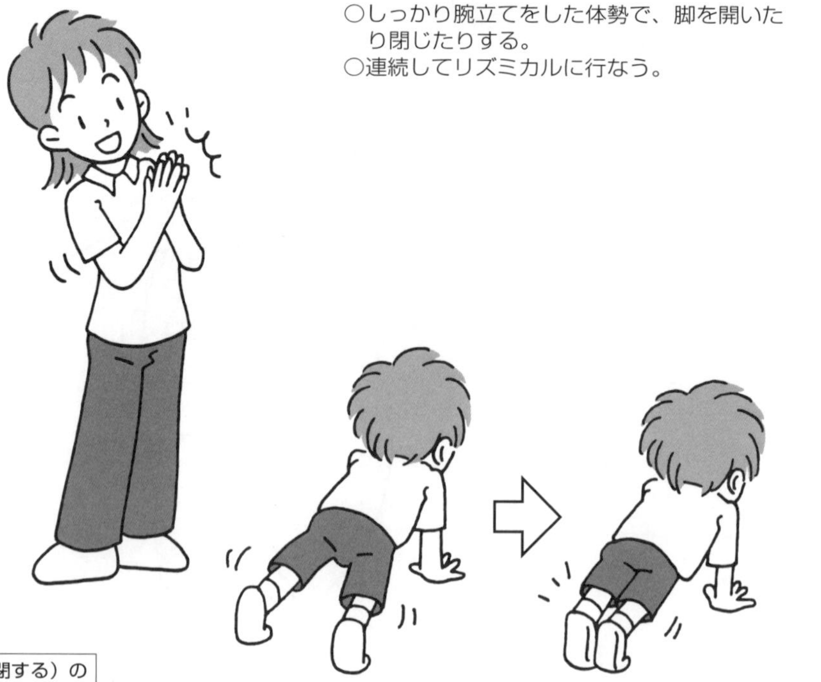

ヒント

「～パン！」の所で、実際に手をたたいたり、タンバリンや太鼓を鳴らしたりすると、動作に勢いがついて、単純なあそびも楽しくなります。

ねらい
●その場での運動スキル（腕立てで、脚を開閉する）の向上
●筋力・巧ち性・リズム感・身体認識力の育成

ウマとび、ピョン！

あそび方 5歳児

2人1組で、ウマになる子どもと跳ぶ子どもが交替しながら、ゴールまでウマとびをしていくあそびです。

○チームに分かれて競争しても楽しいでしょう。
※しりごみする子どもには、相手のウマの子どもに低くなってもらいます。
※ウマになる子どもは、あごを引き、頭を低くして、内に入れるよう指導しましょう。

動きのポイント ウマとびをする

○ウマの背中にしっかり両手をつく。
○両手で弾みをつけ、脚を開いて思いきり跳ぶ。
○上達したら、リズミカルに連続跳びをする。

ヒント

跳ぶことを怖がる子どもがいたら、相手のウマに、膝を抱えて小さく丸くなることを教えてあげましょう。ウマとびあそびが楽しめるよう工夫します。

ねらい
●移動系運動スキル（両手をついて跳び越す）の向上
●瞬発力・空中バランス・リズム感・身体認識力・空間認知能力の育成

重たいリュック中身はなーに？

動きのポイント ●背負い歩きをする

○おんぶをして一定距離を歩く。
○後ろ歩きや横歩きもする。

あそび方 5歳児

2人1組になって、リュックの子どもをおんぶして、目的地まで歩いていくあそびです。

○ピクニックシートの敷いてある所まで歩きます。
○到着したら、シートへ下ろし、おんぶした子どもが、「中身はなーに？」と言いいながら、おんぶされた子どもをコチョコチョします。
○交替して遊びます。

ヒント

リュックを背負い、高原を歩いてピクニックに行く設定です。コチョコチョあそびの効果は、重い荷物から開放され、大笑いして、心もからだもリラックスできる点です。

ねらい
●移動系運動スキル（背負って歩く）の向上
●筋力・持久力・空間認知能力の育成

人力車になろう

動きのポイント ●人力車になる

○肩幅にしっかり腕を立て、移動する。
○ゆっくり、2人の呼吸を合わせながら移動する。

あそび方 5歳児

人力車を引いて、歩くあそびです。

○2人1組で、人力車を作ります。
○足を持つ子どもは、「アラヨッ！アラヨッ！」とかけ声をかけながら進んでいきます。
※2人の呼吸を合わせることが大切です。また、車になる子どもの能力や状態をよく考えて、ゆっくり歩かせるよう指導しましょう。
※最初に、人力車のスタイルや動きを、保育者が見本になって示しましょう。

ヒント

2人の息が合わないと、うまく進めません。「アラヨッ！」は、調子を合わせるリズムになります。威勢のいいかけ声ですが、ゆっくりかけさせましょう。

ねらい
●移動系運動スキル（腕を立てて歩く）の向上
●筋力・巧ち性・協応性・空間認知能力の育成

ワニの腕立て、1.2.3！

動きのポイント ●腕立て屈伸をする

○腕立て伏臥で、腕屈伸をする。
○閉脚、開脚で腕屈伸を試してみる。

あそび方 4~5歳児

ワニになったつもりで、腕立てをして遊びます。

○保育者のかける、「1.2.3！」のリズムに合わせて、腕立て運動をします。
○開脚や閉脚で行なってみましょう。

ヒント

腕立ての途中で、「パックン！　パックン！」と言って、ワニの口を開けさせて遊んでも楽しいでしょう。

ねらい
●その場での運動スキル・非移動系運動スキル（腕屈伸をする）の向上
●筋力・リズム感の育成

決めろ！ Vサイン！

動きのポイント ●V字バランスをする

○手を床につけ、からだを支えて両足を上げ、V字姿勢を保つ。
○上達したら、手も水平に伸ばしてV字姿勢を保つ。

あそび方 5歳児

からだを使って、Vの文字を作るあそびです。

○初めは、床に手をついてV字バランスをしますが、上達したら、両手をま横に上げ、水平に伸ばしてポーズを決めましょう。

ヒント

子どもが水平Vサインを達成したら、大いに拍手をしてあげます。また、「ウルトラC決まり！」と言って、競技風のコメントを工夫して盛り上げても楽しいですね。

ねらい
●その場での運動スキル・平衡系運動スキル（V字姿勢を保つ）の向上
●平衡性、腹筋力・身体認識力の育成

ロンドン橋の下 コ〜ロコロ

動きのポイント ブリッジをする

○足と腕をしっかりつっぱって支える。
○腹を持ち上げた姿勢で、しばらく（5秒程度）保つ。

あそび方 5歳児

あお向きになってブリッジをつくり、その下に、ボールを通過させて遊びます。

○ブリッジをつくります。
○ブリッジの下にすばやくボールを転がし、向こうにいる子どもがキャッチします。
※ブリッジづくりでは、マットを敷いて、その上で練習してみましょう。
※ボールを転がす子どもは、低年齢児でもよいでしょう。

ヒント

ボールは、あそびをより楽しくするアイテムです。転がすボールも、いろんな大きさに変えてみましょう。ロンドン橋の下を通る、遊覧船というイメージで、橋にぶつからないようにボールを通過させて遊びます。

ねらい
●その場での運動スキル・非移動系運動スキル（ブリッジをする）の向上
●柔軟性・筋力・身体認識力の育成

腕ジャンプで、パン！

動きのポイント 手たたき腕ジャンプをする

○腕ジャンプをして、ジャンプ中に手をたたく。
○連続して行なう。

あそび方 5歳児

腕でジャンプをして、その間に、手をパン！と、すばやくたたくあそびです。

○慣れたら、リズミカルに連続して行なってみましょう。
※手を痛めないよう、石のない平らな所で遊ぶようにしましょう。

ねらい
●その場での運動スキル（腕ジャンプをして手をたたく）の向上
●腕力・瞬発力・身体認識力の育成

ヒント

連続2回、3回というように、自分なりの記録を目標にすることで、意欲を持たせてみましょう。

エレベーター 上がりま〜す、下がりま〜す

動きのポイント ●背負い屈伸をする

○おんぶをして、少しだけ下肢の屈伸運動をする。

あそび方 5歳児

2人1組になって、1人をおんぶし、エレベーターのように上下させて遊びます。

○「上がりま〜す、下がりま〜す」と言いながら、膝の屈伸を使って上下します。交替して遊びましょう。

ヒント

デパートやスーパーのエレベーターに乗ったつもりで遊びます。「何階の何売り場？」等と言うことで、あそびが広がります。

ねらい
●その場での運動スキル（脚の屈伸をする）の向上
●腕力・持久力・平衡性の育成

地球を持ち上げよう!?

動きのポイント ●倒立をする

○倒立で、少しの間、制止する。

あそび方 5歳児

壁や柱を支えに、倒立をして遊びます。

○保育者といっしょにしましょう。保育者が補助をして、子どもの足を持ち上げます。
○体勢が整うまで足を持ち、タイミングをみて、そっと手をはなします。
○慣れてきたら、1人でします。

ヒント

地球を持ち上げるという設定のユーモアで、豪快な気分になります。しりごみする子どもにも、「○○ちゃんも、地球を持ち上げてみて」と誘いかけてみてはどうでしょう。効果的ですよ。

ねらい
●その場での運動スキル・非移動系運動スキル（倒立する）の向上
●筋力・巧ち性・逆さ感覚の向上

ポンポンついて、右、左

動きのポイント ◎交互つきをする

○右手と左手で、交互にボールをつく。
○リズミカルに連続してボールをつく。

あそび方 4~5歳児

ボールをついて遊びましょう。

○右手と左手を交替してボールをつきます。
○膝や腰で調子をとって、リズミカルにボールつきましょう。
※前段階のあそびとして、ボールをワンバウンドさせ、両手で取るあそびもさせてみましょう。

ねらい
●操作系運動スキル（交互につく）の向上
●協応性・リズム感・身体認識力の育成

ヒント
歌をうたってボールをついたり、BGMを流してリズムをとると、より楽しく遊べます。

歩いて、ポン！

動きのポイント ◎歩きながらボールをつく

○ボールをよく見て、方向や歩くペースを変えてつく。
○連続してつく。

あそび方 4~5歳児

歌のテンポに合わせて歩き、ボールをついて遊びます。

○♪『かたつむり』の歌をうたいながら、ボールをついて歩きます。
○方向や歩くペースを変えてつき、慣れたら異なるサイズのボールでついてみましょう。

ねらい
●操作系運動スキル・移動系運動スキル（歩きながらつく）の向上
●協応性・リズム感・空間認知能力の育成

ヒント
ボールを上手に連続してつくコツは、はなれていくボールに対応できるよう、からだを柔軟にすることです。特に、膝と腰のリズミカルな使い方を体得させましょう。

走って、ポンポン！

動きのポイント 走りながらボールをつく

○走りながら、ボールを継続してつく。

あそび方 4~5歳児

走りながら、ボールをついて遊びます。
慣れてきたら、利き手でない方の手でもついてみましょう。

ねらい
●操作系運動スキル・移動系運動スキル（走りながらつく）の向上
●協応性・巧ち性・リズム感・空間認知能力の育成

ヒント
自分のからだの、やや前方にボールをバウンドさせるようにすると、進みやすいですよ。

スキップしながら、ポンポンポン！

動きのポイント スキップしながらボールをつく

○スキップしながら、ボールを継続してつく。

あそび方 5歳児

♪『おうまはみんな』の歌をうたって、スキップをしながらボールをついて遊びます。

○歌や曲に合わせてスキップをし、うまくボールをつきます。
○上達したら、走る速さや方向、ボールの種類などを変化させて遊びましょう。

ねらい
●操作系運動スキル・移動系運動スキル（スキップしながらつく）の向上
●協応性・巧ち性・リズム感・空間認知能力の育成

ヒント
スキップあそびに慣れておくことが、この動きを身につけるいちばんの近道です。

どこまで遠くへ飛ぶかな？

動きのポイント 立位片手投げをする

○立っている姿勢から、うわ手投げで、ボールを遠くへ投げる。

あそび方 3~5歳児

ボールをうわ手投げで、なるべく遠くへ投げます。飛んだ距離を測ったり、ラインを目当てに投げたりして、飛んだ距離を競い合って遊びます。

○慣れたら、種類の異なるボールでチャレンジさせます。

※テニスボールは持ちやすく、投げる動作を身につけるのに適しています。

ヒント

右手で投げる場合、左足が前に位置することを、足型のしるしで示すとわかりやすいでしょう。

ねらい
- ●操作系運動スキル（投げる）の向上
- ●協応性・筋力・空間認知能力の育成

カバちゃんゴール 座って両手で、ポン！

動きのポイント 長座位両手投げをする

○長座の姿勢から、両手を使って、できるだけ遠くにボールを投げる。

○慣れてきたら、2個のボールを同時に投げてみる。

あそび方 4~5歳児

両足を伸ばして座った姿勢で、両手でボールを投げて、カバさんの口へ入れるあそびです。

○カバさんの口に入ったら、得点となります。チームに分かれて、得点を競い合うと楽しいでしょう。

※ドッジボールが持ちやすいでしょう。

楽しいアイテム
カバちゃんゴール
フープとゴミ袋を使ってゴールを作る。

ヒント

「おなかがすいたカバちゃんのお口へ、ボールのごちそうを入れてあげましょう。」と言いながら、ボールを投げて遊ぶと楽しいですね。

ねらい
- ●操作系運動スキル（両手投げをする）の向上
- ●協応性・筋力・空間認知能力の育成

カバちゃんゴール
座って片手で、ポン！

あそび方 4~5歳児

両足を伸ばし座った姿勢から、ボール（テニスボールくらいが適当）を片手で投げて、カバさんの口へ入れるあそびです。

○カバさんの口に入ったら、得点です。チームに分かれて、得点を競い合うと、あそびが盛り上がって楽しいでしょう。
○右手に慣れてきたら、左手でも投げてみましょう。

ヒント

まず、近い所から投げます。入った手応えに自信がついたら、距離を少しずつ離してみましょう。

ねらい
●操作系運動スキル（片手投げをする）の向上
●協応性・空間認知能力・集中力の育成

動きのポイント ●長座位片手投げをする

○長座の姿勢で、からだのバランスを保ちながらボールを投げる。
○利き手でできるようになったら、もう一方の手でも試してみる。

カバちゃんゴール
股下トンネル、片足トンネル、ポン！

あそび方 4~5歳児

ボールを、股下のトンネルを通して、カバちゃんの口へ投げ入れるあそびです。上達したら片足を上げて、上げた方の股下からボールを投げることにもチャレンジしてみましょう。

ヒント

股下を通過させてのゴールは、少し高度かもしれません。得点しやすいように、ゴールは歩み寄って入れやすくしてもよいでしょう。

ねらい
●操作系運動スキル（股下投げをする）の向上
●協応性・巧ち性・柔軟性・空間認知能力の育成

動きのポイント ●股下投げ、片足股下投げをする

○上体の振りおろしの反動を利用して、股の間からボールを後方へ投げる。
○片足の外側から、股をくぐらせてボールを投げる。

鬼を助けろ！

あそび方 2~5歳児

的にスポンジボールを当てて楽しむあそびです。

○保育者は鬼の面をつけ、的「暴れる悪魔」を首から下げて、苦しそうに動きます。
○「暴れる悪魔」を鬼のおなかから追い出すために、正義のスポンジボールを投げて的に当てます。距離を決め、したてから投げたり、うわてから投げたりして変化をつけます。
○当たったら、鬼は「ガォー！」と叫び声をあげて優しい鬼に変身し、当てた子どもを高く持ち上げます（高い高い）。
※的になる保育者は、子どもの年齢や能力に応じ、近づいたり遠ざかったり、高くしたり低くしたり加減します。

ねらい
●操作系運動スキル（投げる）の向上
●協応性・空間認知能力の育成

動きのポイント ●的当て投げをする

的にねらいを定め、コントロールを利かせてボールを投げる。

ガォーッ！
楽しいアイテム
暴れる悪魔の的
絵をかいて、段ボールや厚紙にはる。

ヒント

的に当たった時、叫び声の代わりに、打楽器を鳴らして、楽しい雰囲気づくりの工夫をしましょう。

忍者になって手裏剣ビューン！

あそび方 3~5歳児

忍者になった気分で、手裏剣に見たてたスポンジボールを投げて遊びます。

○的の近くまで、忍者のように走りながら近づきます。
○ラインに来たら、一旦止まってジャンプをしながら、的にボールを当てます。得点を競い合って遊びましょう。
※園庭のいろんな所に的をつるして、一巡しながら当てて遊んでも楽しいでしょう。

動きのポイント ●ジャンプ投げをする

○思いきりジャンプして、ジャンプの頂点でボールを投げる。

ねらい
●操作系運動スキル（ジャンプ投げをする）の向上
●瞬発力・空中バランス・巧ち性・空間認知能力の育成

おじぎで、ポーン！ハイ、キャッチ！

動きのポイント ● 立位背面投げをする

○おじぎをした反動を利用して、からだの背面からボールを投げる。
○膝の屈伸ではずみをつける。

あそび方 5歳児

ボール（ドッジボールくらいが適当）を背面から投げて、相手にキャッチしてもらうあそびです。

○2人1組で遊びます。１人が背面から投げたボールを、もう１人がうまくキャッチします。うまくキャッチできたら、交替です。

ヒント
うまく取れた時、ペアで「バンザーイ！」をして盛り上がりましょう。

ねらい
●操作系運動スキル（背面投げをする）の向上
●柔軟性・巧ち性・空間認知能力の育成

ヒント
忍者の的は、子どもたちに考えさせます。事前に製作あそびを行なって、その作品を利用すると、あそびに広がりができます。

コロコロボール キャッチ・ギュッ！

動きのポイント ◎両手で受け止める

○からだの正面で受け止める
○体勢を低くし、両手の平を前に出して、抱え込むように受け止める。

あそび方 2~5歳児

転がってくるボールに、からだの正面を向けて、胸に抱くようにしっかりキャッチするあそびです。

○低年齢児には、最初保育者が、受け止めやすいボールを転がしてあげます。慣れてくると、いろんな方向から転がして、キャッチさせてみましょう。
○2人1組で、交替して遊びましょう。

ねらい
●操作系運動スキル（両手で受け止める）の向上
●協応性・巧ち性・空間認知能力・集中力の育成

ポーンボール 胸・キャッチ！

動きのポイント ◎胸で止める

胸の位置で、しっかりボールを止める。

あそび方 4~5歳児

飛んできたスポンジボールを、胸で止めて遊びます。

※やわらかいボールを使って遊びましょう。ビーチボールでもいいでしょう。

ねらい
●操作系運動スキル（胸で止める）の向上
●調整力・身体認識能力・空間認知力・集中力の育成

コロコロボール 足・キャッチ！

動きのポイント ●足で止める

○ボールを、片足のせで止める。
○ボールを片足の内側で止めたり、かかと同士をつけて両足の内側で止める。

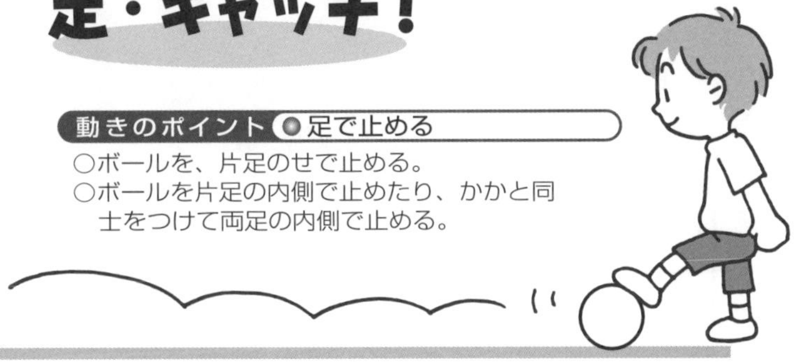

あそび方 2~5歳児

転がってくるボールを、しっかり足でキャッチするあそびです。

○片足をのせて止めます。できたら、足を替えます。
○足の内側で止めます。できたら、足を替えます。慣れてくると両足のかかとをつけ、足先を開いて止めます。
○2人1組で、交替して遊びましょう。

ねらい
●操作系運動スキル（足で止める）の向上
●協応性・身体認識力・空間認知能力の育成

コロコロボール お尻・キャッチ！

動きのポイント ●お尻で止める

ボールを、お尻で止める。

あそび方 3~5歳児

最初はボールをゆっくり転がし、慣れてきたら速く転がるボールにチャレンジしましょう。

ねらい
●操作系運動スキル（お尻で止める）の向上
●敏捷性・巧ち性・身体認識力・空間認知能力の育成

ポーンボール 頭・キャッチ！

動きのポイント ●頭で止める

頭（前頭部）でボールを止め、自分の前に落とす。

あそび方 4~5歳児

飛んできたボールを、頭で止めます。弾いて遠くへとばさず、前へ落として遊びます。

※やわらかいスポンジボールや、ビーチボールを使って遊びましょう。

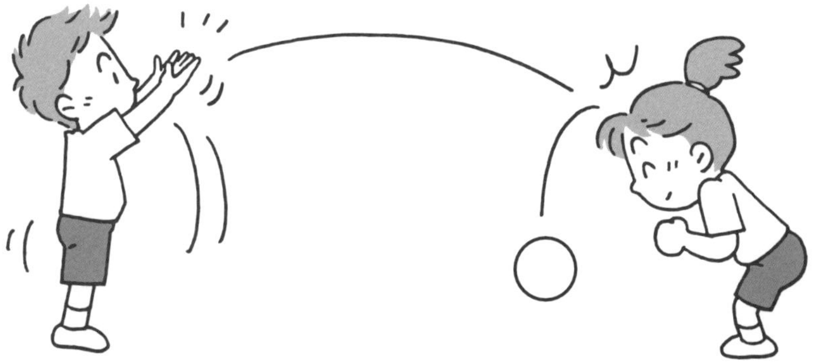

ヒント

ボールを足や胸、頭で受け止めるあそびは、サッカーの準備運動によいでしょう。

ねらい
●操作系運動スキル（頭で止める）の向上
●調整力・身体認識力・空間認知能力の育成

上げて《ポーン》・キャッチ！《ボール》

動きのポイント ◎投げ上げて受け取る

○ボールを真上に投げ上げ、受け取る。

あそび方 3~5歳児

自分で投げ上げたボールを、キャッチするあそびです。投げる高さを徐々に高くしていきましょう。

ヒント

一度手からはなれたボールをキャッチするあそびです。「ボールさん、お帰りなさい!」と言って遊びましょう。

ねらい
- ●操作系運動スキル（投げ上げて受け取る）の向上
- ●協応性・巧ち性・空間認知能力の育成

バウンド・キャッチ！

動きのポイント ◎バウンドキャッチをする

○ボールを真下に投げつけ、上がって落ちるボールを受け取る。

あそび方 4~5歳児

自分でバウンドさせたボールをキャッチします。最初は、すぐ前でバウンドさせます。慣れたら、位置をはなしてバウンドさせ、すばやく移動してキャッチします。

○2人1組になって、投げるのとキャッチを交替で行なって遊んでも楽しいでしょう。

○同時にボールをバウンドさせ、お互いのボールをキャッチするあそびも試しましょう。

ねらい
- ●操作系運動スキル・移動系運動スキル（バウンドさせて受け取る）の向上
- ●協応性・敏捷性・スピード・身体認識力・空間認知能力の育成

座って立って落とさず・キャッチ！

動きのポイント ●長座位で投げ上げ、立ってキャッチする

○長座位の姿勢で、ボールを投げ上げ、すばやく立ち上がってボールをキャッチする。

あそび方 5歳児

足を投げだした姿勢で、自分で投げたボールを、立ち上がってキャッチするあそびです。ボールが落ちてこないうちに、すばやく立ちましょう。

※手をついて立ち上がってもよいでしょう。

※ツーバウンドでキャッチ→ワンバウンドでキャッチ→ノーバウンドでキャッチと、レベルアップしていってもよいでしょう。

ねらい
- ●操作系運動スキル（投げ上げ、立ち上がって受け取る）の向上
- ●協応性・瞬発力・スピード・空間認知能力の育成

1回転・キャッチ！

動きのポイント ●投げ上げて、回って受け取る

○ボールを真上に投げ上げ、からだを一回転してボールを受け取る。

あそび方 5歳児

ボールを投げ上げている間に、からだをクルンと一回転させて、キャッチするあそびです。上達したら、一回転半に挑戦したり、回りながら、手をパンとたたいたりして、バリエーションを楽しみましょう。

ねらい
- ●操作系運動スキル（投げ上げ、からだを一回転して受け取る）の向上
- ●協応性・平衡性・スピード・空間認知能力の育成

つま先・キック！

動きのポイント ◎つま先で蹴る

○つま先で、ボールを蹴る。

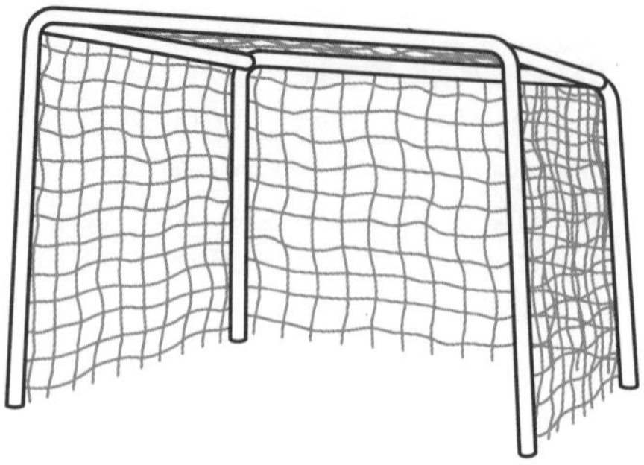

あそび方 4~5歳児

靴をはいて、つま先でボールをキックします。慣れたら、転がっているボールをキックしたり、走りながらキックして遊びます。

※甲・キックとの違いを教えましょう。

発展 サッカーあそびしよう！ 4~5歳児

ヒント

120・121ページの「足・キャッチ」「胸・キャッチ」「頭・キャッチ」などは、サッカーの基本です。「甲・キック」もうまく取り入れて、サッカーあそびを楽しみましょう。

ねらい
●操作系運動スキル（つま先で蹴る）の向上
●協応性・巧ち性・瞬発力・空間認知能力の育成

甲・キック！

動きのポイント ◎足の甲で蹴る

○足の甲で、ボールを蹴る。

あそび方ー①　キックで的当て　4~5歳児

足の甲で、ボールをキックしながらパスしていき、最後の子どもが的に当てます。

あそび方ー②　甲・キックボールリレー　4~5歳児

チームに分かれ、リレーの形式で、ボールをキックしながらゴールインします。

ねらい
●操作系運動スキル（甲で蹴る）の向上
●協応性・巧ち性・身体認識力・空間認知能力の育成

お荷物いくつ持てるかな？

動きのポイント ◎たくさんのボールを持つ

○手や足だけでなく、頭や肩など、からだのいろんな所を使ってボールを持つ。

あそび方　4~5歳児

からだのいろんな部分を使って、ボールを持ったり、はさんだりし、できるだけ多くのボールを持ちます。いろんな種類のボールにチャレンジしてみましょう。

○チームに分かれて、合計の数を競っても楽しいでしょう。この時のボールは、同じ種類に統一しておきましょう。

ねらい
●その場での運動スキル・操作系運動スキル（ボールを持つ）の向上
●筋力・巧ち性・身体認識力・空間認知能力の育成

ボール体操、ハイ始め！

あそび方 4～5歳児

ボールを使ったいろんな体操をして遊びます。4つの動きのポーズを順番にしていきましょう。コーナーをつくって、移動しながら一巡します。

ねらい
●その場での運動スキル（ボールを持って、からだを動かす）の向上
●柔軟性・身体認識力の育成

人工衛星

動きのポイント ●膝の周囲で回す

○足からボールをはなさず、膝の周囲で回す。

あそび方 4～5歳児

両手でボールを持ち、足からドッジボールをはなさず、膝下の周囲を、グルグル人工衛星のように回して遊びます。

発展 人工衛星8の字回り 5歳児

両手でドッジボールを持ち、足を開いて、左右の膝下の周囲を、8の字を描くようにグルグル回して遊びます。

○膝の屈伸を使って、リズミカルに回します。
○反対回りも試してみましょう。
○慣れたら、スピードアップして回しましょう。

ねらい
●操作系運動スキル（膝の周囲で、ボールを回す）の向上
●柔軟性・巧ち性・身体認識力・空間認知能力の育成

動きのポイント ●ボールを使ってからだを動かす

○ボールをしっかり持って、いろんなポーズをしながら、からだを動かす。

ヒント

ボールを、タオルやバトン、フープなどにかえて遊んでもよいでしょう。ボールは、両手でしっかりはさんで持つ必要があるので、落とさず慎重に動作することを知らせましょう。

ボールをあげます ハイ、どうぞ

動きのポイント ◎両手渡しをする

○受け手の準備を確かめてから、両手でボールを渡す。

ねらい
●その場での運動スキル・操作系運動スキル（両手渡しをする）の向上
●巧ち性・身体認識力の育成

あそび方 2~5歳児

両手でボールをしっかり持って、相手に受け取る準備ができているかを確かめて渡します。

○交替して、やりとりを楽しみましょう。
○慣れたら、2人の距離を少しずつはなして、足を動かさないで、ボールを渡してみましょう。

トンネルからお山へ ハイ、どうぞ

動きのポイント ◎前後屈渡しをする

○前屈や後屈でボールの受け渡しをする。

あそび方 4~5歳児

スタートの走者からボールを受け取ったら、はじめの2人は足のトンネルからボールの受け渡しをします。次の2人はからだを後ろに反らして、ボールを受け渡します。もう一度足のトンネルからボールを受け渡した後、最後の子どもはフープをくぐり、ゴールのかごにボールを入れます。

○交替してやりとりしましょう。
○慣れてきたら、チーム（8人）に分かれ、リレーにして競うと楽しいでしょう。時間を決めて送るボールの数を競ったり、ボールの数を決めて速度を競ったりして楽しみましょう。

ヒント

スタートとゴールの走者を、年少児にさせてみましょう。フープをくぐってゴールしますが、ゴールラインでもよいでしょう。

トンネル通って ハイ、どうぞ

あそび方 4~5歳児

2人がお互いに後ろ向きで前屈し、足のトンネルを通過させてボールを手渡すあそびです。交替でやりとりを楽しみましょう。慣れたら、みんなで長いトンネルをつくり、リレーにして遊ぶと楽しいでしょう。

動きのポイント 前屈渡しをする

○前屈姿勢で、受け手の準備を確かめ、足の間から、両手でボールを渡す。

ねらい
●その場での運動スキル・操作系運動スキル（前屈渡しをする）の向上
●柔軟性・巧ち性・身体認識力の育成

ねらい
●その場での運動スキル・操作系運動スキル（前後屈をしてボールを渡す）の向上
●巧ち性・柔軟性・身体認識力・空間認知能力の育成

ガラガラ、リンリンボウリング

動きのポイント ◎的にボールを転がして当てる

○的に向けてねらいを定め、ボールを転がす。

あそび方 2~5歳児

ボウリングあそびを楽しみましょう。

○的にボールを当て、音を鳴らして遊びます。

○的までの距離や的の大きさ、的の数などに変化をつけて遊びましょう。

※的まで正確に転がすことのできない場合は、ラインの所に棒を置いて、誘導路を作りましょう。

ねらい
●操作系運動スキル（転がす）の向上
●協応性・巧ち性・空間認知能力の育成

肘・ゴルフ

発展 膝ゴルフ

あそび方 4~5歳児

四つ這いの体勢で、肘でボールを転がしながら、ゴールに入れるあそびです。何回でゴールインできるか、競って楽しみましょう。

動きのポイント ◎肘でボールを転がす

○肘を使って、ボールをうまくコントロールして転がす。

ねらい
●操作系運動スキル（肘で転がす）の向上
●協応性・巧ち性・身体認識力・空間認知能力の育成

手のひらホッケー

あそび方 4~5歳児

手のひらでボールを転がしながら、ゴールまで運びます。慣れたら、走って行ないましょう。チームに分けて、キーパー役を決めて、ゲームにすると楽しいでしょう。

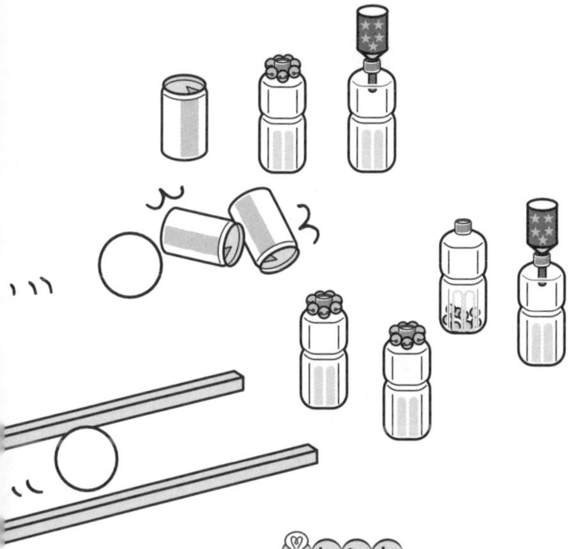

ヒント

的に当たって、音が鳴るだけで十分楽しいあそびです。うまく倒れたら、バンザイをしてあげましょう。音の鳴るものを、いろいろ変えてみると楽しいですね。

動きのポイント ◎手のひらでボールを転がす

○手のひらで、うまくコントロールしながらボールを転がす。

ねらい
●操作系運動スキル（手のひらで転がす）の向上
●協応性・巧ち性・身体認識力・空間認知能力の育成

お月さま、こんばんは！

動きのポイント ◎V字座位周囲転がしをする

○からだをVの字にして座り、お尻の周囲にボールを転がす。

あそび方 5歳児

V字座りをします。地球のまわりを、お月さまが回る要領で、お尻のまわりでボールを転がして遊びましょう。

※V字座りができない場合は、保育者が、足首を持ってあげます。

ねらい
●その場での運動スキル・操作系運動スキル（両足を上げて、ボールを転がす）の向上
●腹筋力・協応性・身体認識力・空間認知能力の育成

ハリネズミをよけろ！

動きのポイント ◎寝転び、ボールをよける

○寝転んで、転がってきたボールをすばやくよける。

あそび方 4～5歳児

十字型に寝転んで、転がってきたハリネズミのボールに当たらないよう、頭、手、足をすばやく上げてよけます。

ねらい
●その場での運動スキル（ボールをよける）の向上
●柔軟性・筋力・身体認識力・空間認知能力の育成

ヘビ、ジャンプ！

動きのポイント ◎地床上の短なわをジャンプする

○短なわに触れないようにジャンプする。

あそび方 2~5歳児

地面や床に置いた短なわに触れないように、ジャンプします。慣れたら、なわをヘビのようにゆらして、その上を跳んで遊びます。

楽しいアイテム
ヘビ
なわの先に、ヘビの絵をつける。

ねらい
- ●移動系運動スキル（跳び越える）の向上
- ●瞬発力・巧ち性・空間認知能力の育成

とべるかな？ ピョン！

動きのポイント ◎高さのある短なわをジャンプする

○膝の高さの短なわを跳び越える。

あそび方 4~5歳児

高さにチャレンジしながら、なわに当たらないようにジャンプしていきます。

※高くする時は、ゴムを使うと安全です。

ねらい
- ●移動系運動スキル（跳び越える）の向上
- ●瞬発力・巧ち性・身体認識力・空間認知能力の育成

リスさんのおうち こんにちは！

動きのポイント ●なわくぐりをする

○なわに触れないようにくぐる。

あそび方 2~5歳児

なわに触れないように、その下をくぐり抜けます。

○ゾウ、キツネ、リスというように、大きさのイメージから、高さを変えて、なわくぐりを楽しみましょう。

※くぐり方を工夫します。低年齢児の場合は、膝をついてもよいでしょう。

ヒント

「キリンさんのおうちは、このくらいかな？」「ヒヨコさんのおうちは？」等、いろんな動物たちの大きさの比較をしながら、イメージや感覚をつかんで遊びましょう。

ねらい
- ●移動系運動スキル（くぐる）の向上
- ●柔軟性・巧ち性・身体認識力・空間認知能力の育成

なわとび汽車ポッポ

動きのポイント なわ回しをする

○両手に1本ずつなわを持ち、空とびでなわを回す。

あそび方 3~5歳児

なわを車輪に見たて、回しながら歩いたり、走って跳んだりします。前進やバックをして、汽車になって遊びましょう。

○2本のなわを両手に1本ずつ持って、回しながら空とびをします。前進や後進をしたり、歩く、走る等、速度を変えて遊びましょう。
○なわとびあそびの前段階として、取り入れてみましょう。
※友達になわが当たらないよう、距離をあけて遊びましょう。

後ろへどーぞ！汽車ポッポ

あそび方 4~5歳児

なわを回す運転手と後ろのお客が、いっしょになわとびをしながら、汽車ポッポあそびをします。

○最初、お客は運転手の後ろに立ってスタンバイします。
○「車輪をグルン！」と言って、運転手が回すなわを、お客はいっしょに跳びます。その場でうまく跳べたら、「発車！」の合図で走ってみましょう。
※両手を肩にのせると、調子がとりやすく、安定します。

ヒント

なわに慣れる目的のあそびです。なわを回す手と、跳ぶ足の連係動作がスムーズに運び、跳ぶタイミングがつかめるようになるでしょう。

ねらい
- ●操作系運動スキル（なわを回す）の向上
- ●協応性・筋力・空間認知能力の育成

発展 前とび、後ろとび 4~5歳児

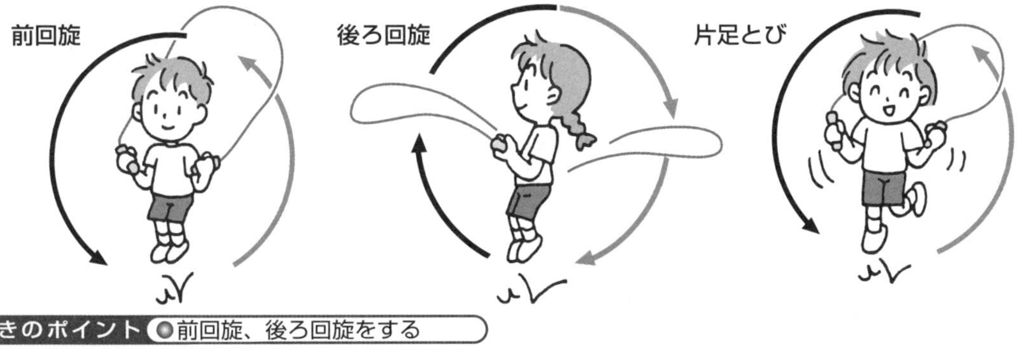

動きのポイント ●前回旋、後ろ回旋をする

○両手を体側に構えて前回旋をさせ、両足で跳ぶ。一度とびができたら、連続とびをする。後ろ回旋もする。
○上達したら、片足とびに挑戦する。

ねらい
- ●操作系運動スキル（前回旋･後ろ回旋とびをする）の向上
- ●巧ち性・リズム感・空間認知能力の育成

動きのポイント ●2人回旋とびをする

○呼吸を合わせて、タイミングをとりながら、なわでいっしょに、前とび、後ろとびをする。

ねらい
- ●操作系運動スキル（2人で回旋とびをする）の向上
- ●協応性・リズム感・空間認知能力の育成

なわとび名人

ねらい
- 操作系運動スキル（なわの前後回旋・交差をしながら跳ぶ）の向上
- 協応性・瞬発力・筋力・リズム感・平衡性の向上
- 身体認識力・空間認知能力の育成

前回しクロスとび

動きのポイント 前回旋交差とびをする

○腕を交差したまま、前回しで跳ぶ。
○前回しとびをし、なわが頭上を過ぎたら、腕を前で交差して、そのまま回して跳ぶ。上達したら、連続とびをする。

後ろ回しクロスとび

動きのポイント 後ろ回旋交差とびをする

○腕を交差したまま、後ろ回しで跳ぶ。
○ジャンプし、なわが足を通過したら、腕を交差して、そのままなわを後ろ回しで跳ぶ。上達したら、連続とびをする。

前回し2重とび

動きのポイント 前回旋2重とびをする

○両手を体側に構え、順とびで、1度跳躍する間に前へ2回回す。

前回しあやとび

動きのポイント ●前回旋あやとびをする

○腕は、順と交差とを交互に行ない、前回しで跳ぶ。

後ろ回しあやとび

動きのポイント ●後ろ回旋あやとびをする

○腕は、順と交差とを交互に行ない、後ろ回しで跳ぶ。

大波小波、ドップーン チャップン

動きのポイント ◎縦波をつくる
○手を上下に動かして、縦波をつくる。

ねらい
●操作系運動スキル（縦波をつくる）の向上
●協応性・筋力・空間認知能力の育成

あそび方—① 縦波つくろう！ 2~5歳児

なわを持つ手を上下に動かして縦波をつくります。なわをゆっくり動かしたり、速く動かしたりして、変化を楽しみましょう。

※保育者が見本を示してあげましょう。

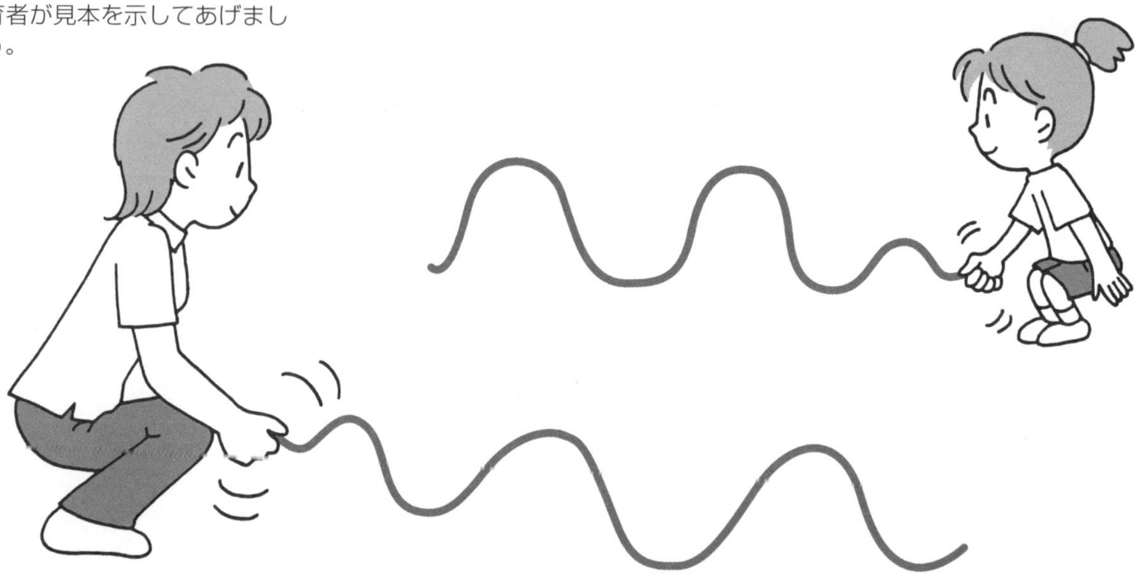

あそび方—② 横波つくろう！ 2~5歳児

なわを持つ手を左右に動かして、横波をつくります。小さな横波や大きな横波をつくって遊びましょう。

ねらい
●操作系運動スキル（横波をつくる）の向上
●協応性・筋力・空間認知能力の育成

動きのポイント ◎横波をつくる
○手を左右に動かして、横波をつくる。

あそび方ー③ 波が来るよ！ソレ、跳ぼう！ 4~5歳児

なわをゆらす子どもと、跳ぶ子どもに分かれ、大波や小波をつくったり、跳んだりして遊びます。

※最初は、保育者がなわを動かしして、跳びやすい波をつくってあげましょう。

動きのポイント ●大波小波を跳ぶ

○ゆれるなわのタイミングに合わせて跳ぶ。

ねらい
- ●移動系運動スキル（跳ぶ）の向上
- ●調整力・リズム感・瞬発力・空間認知能力・身体認識力の育成

ヒント

「大波、ドップーン！　小波、チャップン！」とかけ声をかけます。跳ぶタイミングをつかませることが大切です。

お入りなさい！ハイ、ドーゾ

あそび方 4~5歳児

なわを回します。回るなわが、いちばん高い位置に来た時を見計らって、うまくなわのまん中をくぐり抜けるあそびです。

何回とんだらサヨウナラ！

動きのポイント ●回旋とびをする

○回っているなわに外から入り、一定回数跳ぶ。

あそび方 4~5歳児

回っているなわにタイミングよく入り、その場で何回か跳んで、出てくるあそびです。

○「何回跳んだら～」の何回のところを、徐々に多くしていきます。なわがからだにかかったら、回す子どもと交替しましょう。

※なわを回す動作は、もう１人の子どもと調子を合わせ、一定のリズムをつくる必要があります。保育者が見本を示し、タイミングを教えてあげましょう。

ねらい
- ●移動系運動スキル（跳んで抜ける）の向上
- ●調整力・瞬発力・リズム感・空間認知能力の育成

動きのポイント ●くぐり抜けをする

回っているなわのタイミングをみながら、くぐり抜けをする。

ヒント

回っているなわに慣れるあそびです。「お入りなさい！　ハイ、ドーゾ」のかけ声は、タイミングをとるためのリズムと、なわに向かう時の、気持ちの弾みになります。

ねらい
- ●移動系運動スキル（くぐり抜ける）の向上
- ●調整力・巧ち性・リズム感・空間認知能力・身体認識力の育成

パスボール ジャンピングなわとび

あそび方 5歳児

なわを跳びながら、飛んでくるボールをキャッチするあそびです。ゆれるなわでできたら、回るなわで挑戦しましょう。

※ボールは、子どもがしっかりキャッチできるよう、保育者がタイミングを見計らって、正確に投げてあげましょう。

動きのポイント ●パスボールジャンプをする

○なわを跳びながら、ボールを受ける。

ねらい
- ●移動系運動スキル・操作系運動スキル（跳びながら受ける）の向上
- ●調整力・巧ち性・空間認知能力・空中バランス能力の育成

ヒント

小さいボールより、少し大きめのボールの方が、からだでガッチリ受け止めることができてよいでしょう。

なわとび伝承あそび

郵便屋さん

あそび方 4~5歳児

なわをゆらします。跳ぶ子どもは、♪『郵便屋さん』の歌に合わせて、落ちたハガキを拾うジェスチャーをします。「1枚、2枚…」と数を増やしていき、なわが足にかかるまで続けるあそびです。

ヒント

なわとびあそびをする時、なわを回す役との交替にルールを決めておきましょう。足がなわにかかったら、交替するという方法が、最もポピュラーです。

楽しくふしをつけて歌おう

♪郵便屋さん、落としもの、葉書が10枚、落ちました。

♪拾ってあげましょ、1枚2枚、3枚、……10枚……

♪どうも、サンキュウ、ベリマッチ。

♪さようなら。

一羽のカラス

あそび方 4~5歳児

ゆれるなわを、♪『一羽のカラス』の歌に合わせて跳んで遊びます。

○歌詞のキャラクターに合わせたジェスチャーを楽しみます。
○最後の「十で、殿様、馬に乗ってホイ！」のところでは、ゆらしていたなわを回して、跳ぶ子どもが、両足でなわをまたぐポーズをとって終わりです。

楽しくふしをつけて歌おう

♪
一《いち》羽のカラスが、カーア、カア、
二《に》羽のニワトリ、コケコッコー、
三《さん》は、サカナがおどりだす、
四《し》は、白髪のおじいさん、
五《ご》は、ごほうび、いただいて、
六《ろく》は、ロッパのはげあたま
七《ひち》は、かわいい、七・五・三
八《はち》は、浜辺の白ウサギ、
九《く》は、くらやみ、うらめしや
十《とお》で、殿様、馬に乗ってホイ！ ♪

出たり入ったり 輪ッ！ たいへん！

動きのポイント ●輪の中に入ったり、出たりする

○両足そろえとびで、前後の方向に跳びながら出入りする。慣れたら、片足とびでする。
○跳んだ後、足を開いたり（パー）、閉じたり（グー）、片足（チー）で立ったりする。

あそび方 2~5歳児

両足そろえとびで、輪の中に入ったり、出たりするあそびです。慣れたら、片足とびで行なってみましょう。

発展 入ってグー・チー、出たらパー！ 2~5歳児

輪を5つ用意します。まん中の輪に入る時は、両足ぞろえか片足です。出る時は両足をパーに広げて、2つの輪に片足ずつを入れます。

※ケンパあそびの前段階のあそびとして行なってみましょう。

ねらい	
●移動系運動スキル（跳んで入ったり、出たりする）の向上	
●瞬発力・リズム感・巧ち性・空間認知能力の育成	

エルマーの島渡り

動きのポイント ●並べられた輪の中に跳ぶ

○片足とびや両足とびで、輪の中を跳んでいく。

あそび方 3~5歳児

フープを使って島渡りのあそびをします。直線やギザギザに並べたり、ケンパの形にしたもの等、バラエティーに富んだコーナーにチャレンジしてみましょう。

ヒント

あそびの前に、『エルマーの冒険』の絵本を読んだり、絵本に出てくる島渡りのお話をしておくと、あそびがいっそう楽しくなるでしょう。

ねらい
●移動系運動スキル（跳ぶ）の向上
●瞬発力・リズム感・平衡性・空間認知能力の育成

転がせ！輪ッ！コロリン

動きのポイント ●輪転がしをする

○輪を手で送り出すように転がす。
○大きさの異なる輪を転がす。
○的や方向を目指して転がす。

あそび方 2〜5歳児

いろんな大きさのフープを、転がして遊びます。的にめがけて当てたり、ねらった方向へ転がして遊んでみましょう。

ねらい
●操作系運動スキル（輪を転がす）の向上
●協応性・巧ち性・空間認知能力の育成

輪ッ！コロリン ゴールイン

動きのポイント ●輪を目的の所まで転がす

○輪を目的の場所まで転がしていく。

あそび方 2〜5歳児

輪を転がして、目的の場所にゴールインさせるあそびです。

○輪を転がして、倒れるまでを1回とし、何回でゴールインできるかを競うと楽しいでしょう。

ヒント

フープの大きさには、何種類かあります。運動やあそびに合わせて、また、年齢やからだの大きさを考慮して選びましょう。

ねらい
●操作系運動スキル（転がして運ぶ）の向上
●協応性・巧ち性・空間認知能力の育成

輪ッ！コロリン キャッチリレー

あそび方 4~5歳児

輪を転がして次の走者に渡し、ゴールまでリレーするあそびです。

○輪がバトンになります。最初の子どもは、輪を転がしながら走り、リレーラインで次の子どもに大きく転がして渡します。
○キャッチした次の走者は、ゴールまで転がして走りきります。
○途中、輪が倒れたり、コースから大きくそれたりしたら、その地点からやり直します。

動きのポイント ◉転がってきた輪をキャッチする

○目標に向けて、輪を転がす。
○転がってきた輪をキャッチする。
○転がす動作とキャッチする動作を連続して行なう。

ねらい
●操作系運動スキル（輪を受け取る）の向上
●協応性・巧ち性・空間認知能力の育成

輪ッ！コロリン トンネル

あそび方 5歳児

自分で転がした輪を、追いかけてくぐり抜けるあそびです。輪が安定して転がっている間に、すばやくくぐり抜けましょう。

※できない子どもには、輪の後をついて走らせ、倒れる前に輪をキャッチさせてもよいでしょう。

動きのポイント ◉転がし、輪くぐりをする

○転がした輪の中をくぐる。

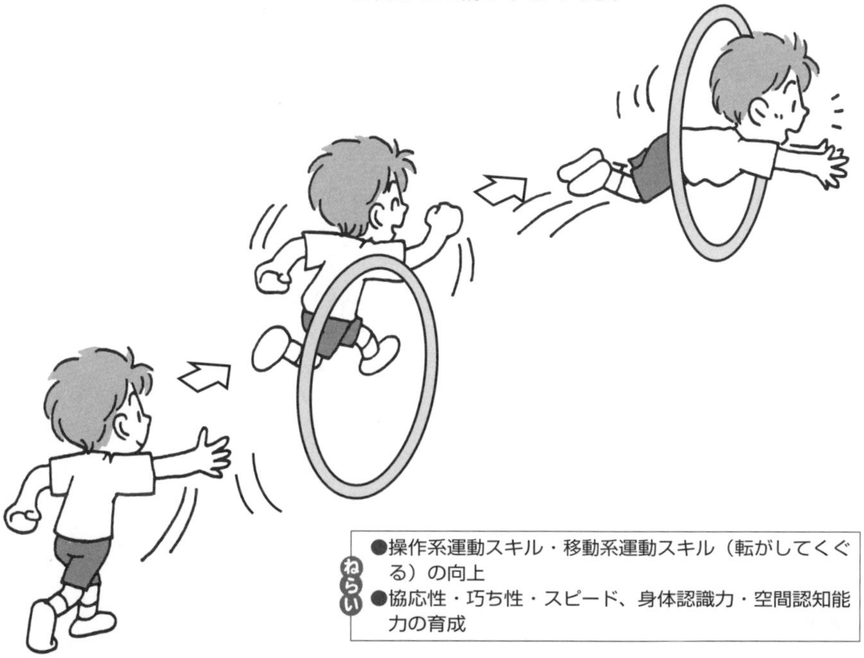

ヒント
輪は安全面から、プラスチック製のフープを使うとよいでしょう。

ねらい
●操作系運動スキル・移動系運動スキル（転がしてくぐる）の向上
●協応性・巧ち性・スピード、身体認識力・空間認知能力の育成

着たり、脱いだり 輪くぐり競争

動きのポイント ◎輪くぐりをする

○輪の中を、頭→胸→腰→足へと、また、足→腰→胸→頭へと、くぐり抜ける。

あそび方 2~5歳児

輪を頭から足へ、また、足から頭の方へ通してくぐるあそびです。服を着たり脱いだりする感覚で、遊びましょう。

○１分間に何回脱ぎ着できるか、競い合いましょう。

発展 2人で仲よく着たり脱いだり 3~5歳児

2人でいっしょに、輪を脱ぎ着するあそびです。チームに分かれて競争しても楽しいでしょう。

ヒント

運動会の障害物の種目の中に取り入れても楽しいあそびです。フープに布をつけ、フープドレスにすると雰囲気が盛り上がります。

ねらい
●その場での運動スキル・操作系運動スキル（輪の中をくぐる）の向上
●巧ち性・柔軟性・身体認識力・空間認知能力の育成

輪回し、ピョン！

動きのポイント ◎輪回しとびをする

○なわとびのように輪を回して跳ぶ。

あそび方 5歳児

なわとびのように、輪を回して跳ぶあそびです。慣れたら、回しながら走ったり、ゴールを決めて競争しても楽しいでしょう。

ねらい
●操作系運動スキル（輪を回して跳ぶ）の向上
●協応性・巧ち性・リズム感・身体認識力の育成

ドーナツフライ キャッチ&チェンジ

動きのポイント ●輪投げ上げキャッチをする

○輪を上に投げ上げてキャッチをする。
○友達の輪と交換するようにキャッチする。

あそび方 4~5歳児

輪を上に投げ上げて、落ちてきたところをうまくキャッチするあそびです。慣れてきたらペアになって、お互いの輪を交換するようにキャッチして遊びましょう。

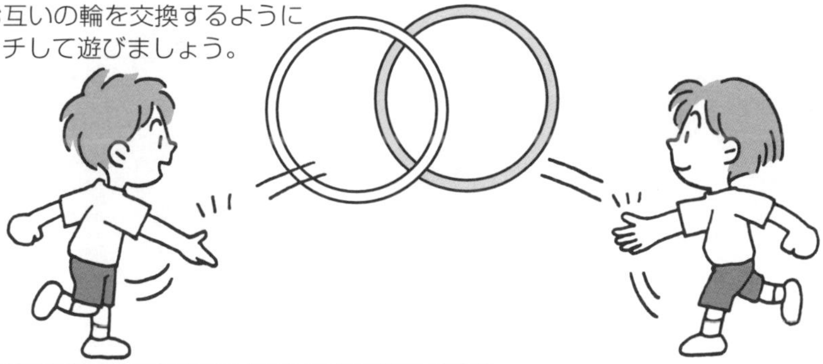

ねらい
- ●操作系運動スキル（投げ上げて受け取る）の向上
- ●協応性・巧ち性の向上
- ●空間認知能力の育成

ヒント

カラフルなフープの種類をうまく利用して、グループ同士で、次々とチェンジしていくあそびに発展させても楽しいでしょう。

いろんなところで?! フラフラ・フラフープ

動きのポイント ●輪をからだのいろんな場所で回す

○腕、腰、足など、からだのいろんな場所で、輪を回す。
○回しながら、方向転換や移動を行なう。

あそび方ー① **腕で回そう!** 5歳児

輪を、腕で回して遊びます。

○手首から肩の方まで移動して回しましょう。慣れたら、両腕回しにチャレンジです。上達したら方向を変えたり、回しながら歩いてみましょう。

あそび方ー② **腰で回そう!** 5歳児

輪を、腰で回して遊びます。

○腰にかけて、落とさないように回しましょう。右回しや左回しを試します。
○輪を2個、3個…と増やしていき、個数の記録にチャレンジしても楽しいでしょう。
※首にかけてしないよう、十分に注意を促します。

ねらい
- ●操作系運動スキル（からだで輪を回す）の向上
- ●巧ち性・協応性・リズム感・身体認識力の育成

タイヤバランス おっとっと

動きのポイント ●タイヤの上でバランスをとる

○大きさや硬さの異なったタイヤの上で、いろんなポーズをしてバランスをとる。

あそび方 3~5歳児

大きさや硬さの異なったタイヤの上で、いろんなポーズをしてバランスあそびを楽しみます。慣れたら、2個、3個と、積んだタイヤの上でチャレンジしてみましょう。

○タイヤホールをまたいで立ったり、タイヤの上に両足をそろえて立ってバランスをとります。
○バランスをとりながら、いろんなポーズをして遊びましょう。
※タイヤを複数重ねて安定性がなくなる場合は、ひもで結んで固定させましょう。

ねらい
●平衡系運動スキル（タイヤの上に立つ）の向上
●平衡性・筋力・身体認識力の育成

タイヤ島 とびとび渡り

動きのポイント ●タイヤの上を跳び渡りする

○タイヤの上を跳んで移動する。
○各種タイヤを並べて、その上を跳んで移動する。

あそび方 4~5歳児

大きさの異なったタイヤや重ねて高くなったタイヤを、島のように並べて、その間を跳んで渡るあそびです。両足をそろえて跳んだり、片足で跳んだりしましょう。

※最初は、保育者が手をとってフォローします。

ねらい
●平衡系運動スキル（跳び渡りをする）の向上
●瞬発力・平衡性・空間認知能力の育成

タイヤとお散歩

動きのポイント ●タイヤを転がす

○タイヤを立てて、バランスをとりながら転がし、目標の地点まで行く。

あそび方 4~5歳児

タイヤをコロコロ転がして、お散歩をします。歩道まっすぐコースや山道クネクネコースを、タイヤといっしょに歩きます。慣れたら、走って転がしてみましょう。

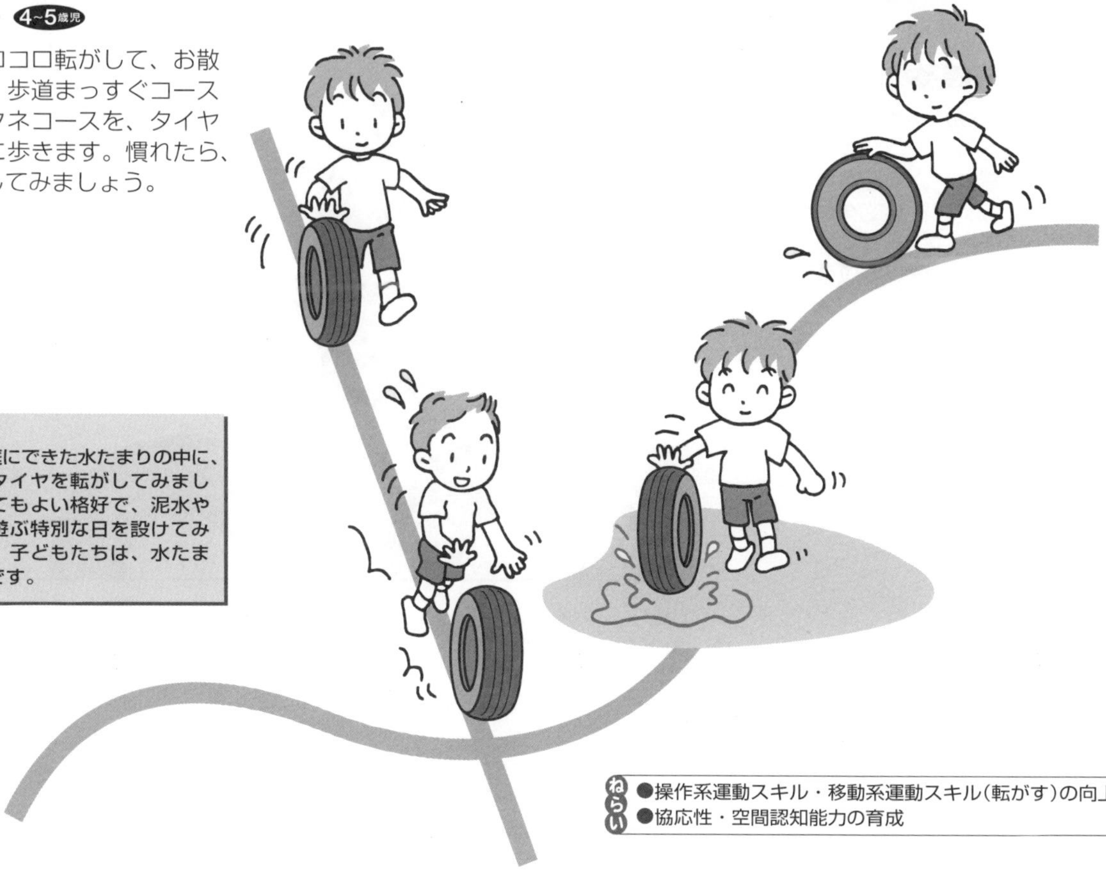

ヒント

雨の後、園庭にできた水たまりの中に、思いきってタイヤを転がしてみましょう。汚れてもよい格好で、泥水や水たまりと遊ぶ特別な日を設けてみませんか？　子どもたちは、水たまりが大好きです。

ねらい
●操作系運動スキル・移動系運動スキル（転がす）の向上
●協応性・空間認知能力の育成

発展 タイヤ、ゴー！ストップ！ 4~5歳児

動きのポイント ●タイヤの転がし合いをする

○転がるタイヤを受け止め、相手に返す。

距離を開けて向かい合った2人の間でタイヤを転がし、受け止めたり、返したりして遊びます。「タイヤ、ゴー！」、「タイヤ、ストップ！」と、かけ声をかけましょう。

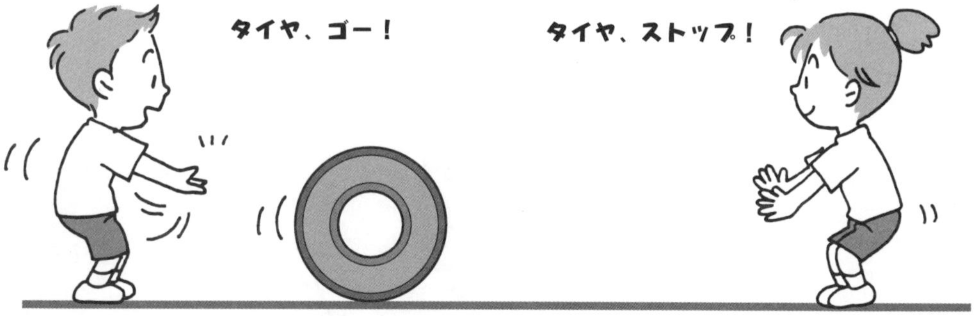

ねらい
●操作系運動スキル（転がし合う）の向上
●協応性・空間認知能力の育成

めがね橋 行ったり来たり

動きのポイント ◎固定されたタイヤの上を移動する

○タイヤの間に落ちないように行き来する。
○連続して置いてある場合、次々に跳んでいく。

あそび方 4~5歳児

固定された2つのタイヤの間を、行ったり来たりして跳びます。両足ぞろえの着地や、片足着地をしてみましょう。連続してタイヤが並んでいる場合は、一方向に次々と跳び、また引き返して遊びます。

※最初は、保育者が手を引いてフォローします。

ねらい
●移動系運動スキル（跳び渡る）の向上
●平衡性・瞬発力・空間認知能力の育成

タイヤウマとび

動きのポイント ◎腕立て開脚とびをする

○タイヤを腕立て開脚で跳び越える。

あそび方 4~5歳児

固定されたタイヤを使ったウマとびあそびです。

○1つのタイヤの場合は、回数を競い合ったり、一定の時間、失敗しないで何回跳べるかにチャレンジしましょう。
○並んで設置されている場合は、連続して跳んで遊びましょう。

ねらい
●移動系運動スキル（腕立て開脚で跳び越す）の向上
●瞬発力・リズム感・身体認識力・空中バランス能力の育成

タイヤさん逆立ち手伝って！

動きのポイント ●タイヤを補助に倒立する

○タイヤを補助にして倒立する。

あそび方 5歳児

固定されたタイヤを使って、逆立ちをして遊びます。

○背中やお尻をタイヤに預けてバランスをとり、逆立ちをしましょう。

※最初は、保育者が足を持って支えましょう。倒れないようすを確かめてから、手をはなします。

ヒント

逆立ちあそびをする前に、座ってタイヤに背中をつけたり、上にのったりして、タイヤの感触を確かめ、慣れさせておきましょう。

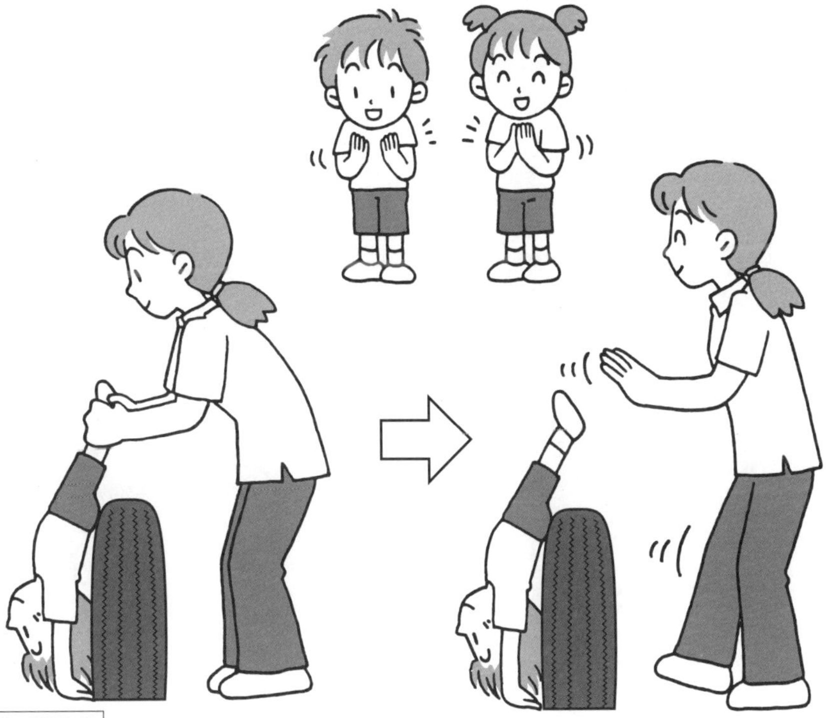

ねらい
●非移動系運動スキル・その場での運動スキル（倒立する）の向上
●筋力・空間認知能力・身体認識力の育成

平均台の
トンネルくぐり

動きのポイント ◎平均台をくぐる

○手と足を十分に使って平均台をくぐる。

あそび方 2~5歳児

トンネルに見たてた平均台の下をくぐって遊びましょう。

○平均台の高さによって、手や足のどの部分を使えばうまくいくかを試しながら遊びます（低い場合は、ほふく前進スタイル）。

○高さの違う平均台を、次々にくぐって進んでも楽しいでしょう。

※頭を打たないよう、注意させます。

ねらい
- ●移動系運動スキル（くぐる）の向上
- ●空間認知能力・身体認識力・巧ち性・筋力・柔軟性の育成

山あり、谷あり

あそび方 4~5歳児

並べて設置した平均台を、連なる山や谷に見たてて遊びます。上がる、下りる、くぐるをワンサイクルにして、次々進んで行きましょう。

平均台の
お山でバンザイ！

動きのポイント ●平均台に上がって立つ

○平均台を踏みはずさないように上がる。

あそび方 2~5歳児

平均台のお山に上がって、バンザイをします。

○踏みはずさないように慎重に上がって、最初はバランスがとりやすいように、両手を水平に上げます。

○慣れたら、両手を上にあげてバンザイ！　をしましょう。

ねらい
●平衡系運動スキル（台上に立つ）の向上
●平衡性・筋力・身体認識力の育成

ヒント

あそびをする前に、導入では、丸めたマットの上や低いとび箱の上に上がって、バランスをとる経験をさせておきましょう。

動きのポイント ●上がる下りるくぐるの繰り返しをする

○上がる→下りる→くぐるの一連の動作を繰り返す。

楽しいアイテム
山、谷、トンネル
段ボールや厚紙に、山や谷やトンネルの絵をかいて、平均台にはる。

ねらい
●移動系運動スキル（上がる・下りる・くぐる）の向上
●巧ち性・平衡性・身体認識力・空間認知能力の育成

平均台の
おウマに乗ろう！

動きのポイント ●平均台上でバランスを保つ

○足の裏を平均台上にしっかり乗せ、バランスを保つ。

あそび方 3~5歳児

平均台上に足の裏をしっかりつけて、落ちないようにバランスをとって遊びます。慣れたら、手を水平に伸ばしましょう。

※導入あそびとして、平均台をまたいだウマのりを経験させます。足を宙に浮かして、手を水平に伸ばすスタイルで遊んでおきましょう。

ねらい
- ●平衡系運動スキル（台上でバランスをとる）の育成
- ●平衡性・空間認知能力の向上

平均台の
おウマに跳び乗ろう！

動きのポイント ●床を蹴って両足を平均台上に上げる

○平均台を踏みはずさないように上がる。

あそび方 5歳児

横の位置から平均台に手をつき、床（地面）を蹴った勢いを利用して跳び乗るあそびです。またいで、ウマのりになるのではなく、ピョンとウマの背に両足を乗せる感覚で遊びましょう。

※手をつく→跳ぶ→乗る、のそれぞれの動作をしっかり身につけることが大切です。

手をつく

平均台の両サイドをつかむ要領で手をつく。

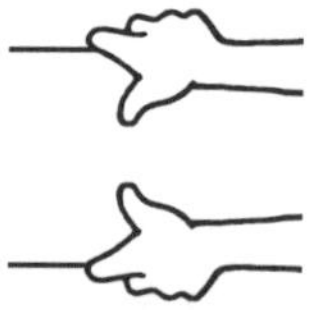

跳ぶ

膝の屈伸を使って足で蹴り、平均台上に上がる。

乗る

平均台に足を乗せる。そろえて乗せにくい場合は、前後して乗せる。

ねらい
- ●平衡系運動スキル（両足を台上に上げ、バランスをとる）の育成
- ●瞬発力・平衡性の向上

平均台の
おウマを跳び越そう！

動きのポイント ●両足をそろえて平均台を跳び越える

○平均台に手をつき、両足ぞろえで平均台を跳び越える。

ねらい
●移動系運動スキル（両手をついて跳び越える）の育成
●瞬発力・空中バランス能力の向上

あそび方 5歳児

平均台に手をついて、両足ぞろえで平均台を跳び越して遊びます。

○平均台にしっかり手をついて支え、足を跳ね上げて跳び越します。両足着地を決めましょう。
※前段階あそびに、「おウマに跳び乗ろう！」で遊んでおくと、動作の流れがスムーズにいきます。

ヒント

平均台あそびの時は、安全上マットを敷いておくと安心です。

平均台越えチャンピオン

動きのポイント ●両足跳び越しをする

○両足ぞろえで、低平均台を跳び越える。

あそび方 5歳児

低い平均台を横の位置にして向かい合い、両足ぞろえで、ピョンと跳び越えて遊びます。

※足が平均台に引っかからないよう、注意させます。
※平均台の上がり下がりが、しっかりできているかどうかを確かめておきます。
※すばやくスムーズにできるようになることが必要です。慣れるまで、保育者が必ず手をとって行なわせましょう。また安全上、事前にゴムとびを十分させておくことも大切です。

ねらい
●移動系運動スキル（両足で踏み切って跳び越す）の向上
●瞬発力・空中バランス能力の育成

平均台忍者 一本橋渡り

動きのポイント ●1本の平均台上を這って渡る

○四つ這いの姿勢で、平均台上を這って渡る。

あそび方 4~5歳児

平均台上を、四つ這いで前進します。手と足をうまく連係させ、バランスよく忍者のように進みましょう。

ねらい
●移動系運動スキル・平衡系運動スキル（台上を這って渡る）の向上
●協応性・巧ち性・平衡性・空間認知能力の育成

平均台忍者 二本橋渡り

動きのポイント ●2本並べた平均台上を這って移動する

○四つ這いの姿勢で、平均台の両端を這って行き来する。

あそび方 4~5歳児

2本並べた平均台の両端から、四つ這いで、前進したり後進したりして遊びます。

ねらい
●移動系運動スキル・平衡系運動スキル（台上を這って渡る）の向上
●協応性・巧ち性・平衡性・空間認知能力の育成

平均台忍者 巻物を取り戻せ

動きのポイント ●1本の平均台上を這って移動する

○四つ這いの姿勢で、平均台の両端を前進し後進する。

あそび方 4~5歳児

平均台の片端に巻物を置いておき、忍者になって四つ這いで取りに行って、帰ってくるあそびです。

○行きは前進這いで、帰りは後進で這って帰ります。
○チームに分かれ、競争して遊びましょう。

ヒント

天井裏を動く忍者の行動をイメージしたあそびです。この他に知っている忍者の動きをいろいろ話し合うと、あそびが盛り上がるでしょう。

平均台忍者
二本橋横渡り

動きのポイント ●2本並べた平均台上を横に這って移動する

○四つ這いの姿勢で、平均台上を、横方向に這って行き来する。

あそび方 4~5歳児

2本並んだ平均台上を、横の方向へ、四つ這いで行き来します。

○最初はゆっくりと行ない、慣れたらリズミカルに、スピードもアップして行なってみましょう。

ねらい
●移動系運動スキル・平衡系運動スキル（台上を横に這って渡る）の向上
●巧ち性・空間認知能力の育成

楽しいアイテム
忍者帽子とマーク
後ろを前にした帽子に、好きなマークをはりつける。

ねらい
●移動系運動スキル・平衡系運動スキル（台上を這って渡る）の向上
●平衡性・巧ち性・協応性・空間認知能力の育成

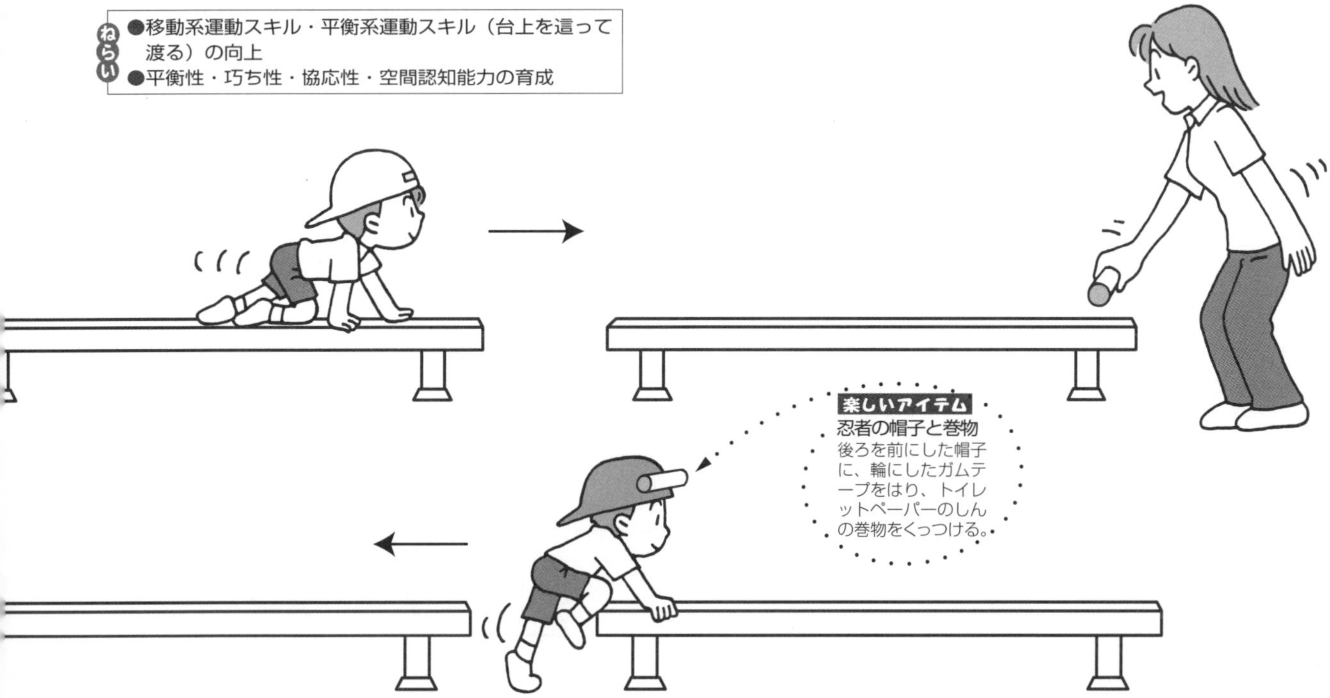

楽しいアイテム
忍者の帽子と巻物
後ろを前にした帽子に、輪にしたガムテープをはり、トイレットペーパーのしんの巻物をくっつける。

バランスあそび 飛行機

動きのポイント ●平均台上で両手を水平に上げ、バランスを保つ

○腕は肩の高さで水平にし、平均台から落ちないようにバランスを保つ。

あそび方 3~5歳児

平均台に足をそろえて立ち、両手を水平に上げ、飛行機のポーズでバランスあそびをします。

○手も、指の先までピンと伸ばしてポーズをしましょう。

ねらい
●平衡系運動スキル（台上でバランスを保つ）の育成
●平衡性の向上

バランスあそび のびて、ちぢんで

動きのポイント ●平均台上で立って座る

○平均台上でバランスをとりながら、立ったり座ったりする。

あそび方 4~5歳児

平均台の上で、落ちないようにバランスをとりながら、伸びたり縮んだりして遊びます。

○保育者の「ハイ、のびて！」「ハイ、ちぢんで！」のかけ声に合わせ、立ったり座ったりします。
○最初はゆっくり行ないますが、慣れたら、スピードアップさせましょう。

ねらい
●平衡系運動スキル（台上で立つ・座る）の向上
●平衡性・筋力・集中力の育成

バランスあそび
その場行進、イチニ！イチニ！

動きのポイント ●平均台上で、その場足踏みをする

○平均台上で足をしっかり上げて、その場足踏みをする。

あそび方 3~5歳児

平均台の上で、落ちないようにバランスをとりながら、「イチ、ニ！、イチ、ニ！」のかけ声に合わせて、その場行進をして遊びます。

○3人くらいのグループになり、保育者の合図で順番に平均台に上がって、その場行進をします。
○最後の子どもが上がって足踏みをするまで続け、保育者がタイミングをみて、「全体、ストップ！」の合図を出して、次に交替させます。

ヒント

♪『365歩のマーチ』の歌をうたったり、行進曲をBGMとして流して遊ぶと楽しいでしょう。

ねらい
●平衡系運動スキル（台上で足踏みをする）の向上
●平衡性・リズム感・集中力の育成

バランスあそび
フラフラしちゃダメフラミンゴ

動きのポイント ●平均台上で片足立ちをする

○平均台上でバランスをとりながら、片足立ちをする。

あそび方 4~5歳児

平均台の上でバランスをとりながら、片足立ちのフラミンゴのポーズをして遊びます。

○3人くらいのグループになり、順番に平均台に上がってフラミンゴのポーズをします。
○最後の子どもが上がってポーズを決めて、保育者の「OK!」の合図が出たら合格です。
○フラフラしたり、落ちたりしたら、次に交替です。
※背筋を伸ばす、顔をしっかり上げる、足を後ろになるべく高く上げる等、上達に合わせて合格の条件を上げていきます。

ねらい
●平衡系運動スキル（台上で片足立ちをする）の向上
●平衡性・筋力・集中力の育成

バランスあそび
ボールキャッチ！

あそび方 5歳児

平均台上に立ち、保育者の投げるボールを落とさずにキャッチするあそびです。慣れたら、投げ返してキャッチボールを繰り返します。

ねらい
- 平衡系運動スキル（台上でボールを受ける）の向上
- 平衡性・協応性・空間認知能力の育成

動きのポイント ●ボールを受け取り、バランスを保つ

○からだがぐらつかないようにバランスをとり、ボールを受け取る。
○ボールを落とさないよう、しっかりキャッチする。

バランスあそび
飛行機、着陸

あそび方 5歳児

平均台上で、片膝ポーズのバランスあそびをします。

○最初、足を前後にして立ち、両手を水平に出します。
○体勢のタイミングをみて「着陸！」と言いながら腰を落とし、膝をついてポーズを決めます。

ねらい
- 平衡系運動スキル（台上で膝をついてバランスをとる）の向上
- 平衡性・集中力・身体認識力の育成

動きのポイント ●片足一歩前で、膝つきバランスをする

○片膝ポーズで、落ちないようにバランスをとる。

バランスあそび
クルリンターン！

あそび方 5歳児

平均台の端まで歩いてから、方向転換のターンをします。

※踏みはずさないよう、ゆっくりターンするように指導します。

ねらい
- 平衡系運動スキル（台上でターンする）の向上
- 平衡性・空間認知能力の育成

動きのポイント ●平均台の端まで行って、ターンする

○片足を軸にして、バランスをとりながらターンする。

バランスあそび

おててつないで競争

動きのポイント ◎手をつないで平均台を渡る

○2人の歩くペースを合わせて、平均台上を前進で渡る。

あそび方 4~5歳児

ペアになって手をつなぎ、並べて置いた平均台の上を、歩いて渡りきります。上達したら、チームに分かれて競争して遊びましょう。

○先のペアが途中まで行ったら、次が出発するというルールを決めておきましょう。
○落ちたら、チームの最後に回り、再チャレンジします。
※2人の歩くペースを合わせるように指導しましょう。
※お互いに、引っぱったり、押したりしないように注意させます。

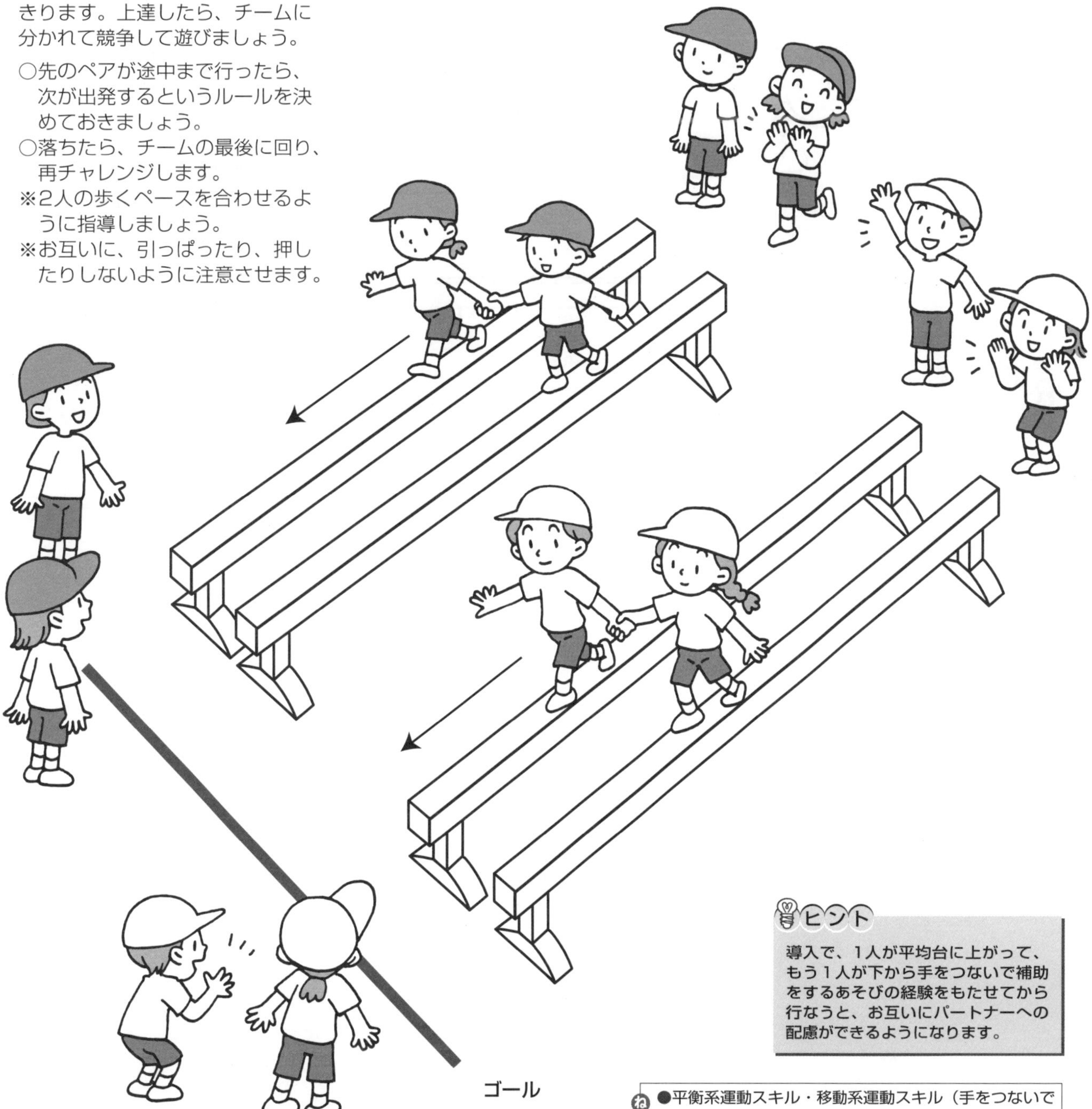

ヒント

導入で、1人が平均台に上がって、もう1人が下から手をつないで補助をするあそびの経験をもたせてから行なうと、お互いにパートナーへの配慮ができるようになります。

ねらい

●平衡系運動スキル・移動系運動スキル（手をつないで台上を渡る）の向上
●平衡性・協調性・集中力の育成

カニさん歩き

動きのポイント ●片足上げの移動で横歩きする

○バランスをとりながら、リズミカルに足を高く上げて移動する。
○足を変えて、左方向、右方向へ歩く。

あそび方 3～5歳児

平均台上を、足を高く上げながら移動して、片方向の端まで歩いていくあそびです。端まで行ったら戻ってきましょう。

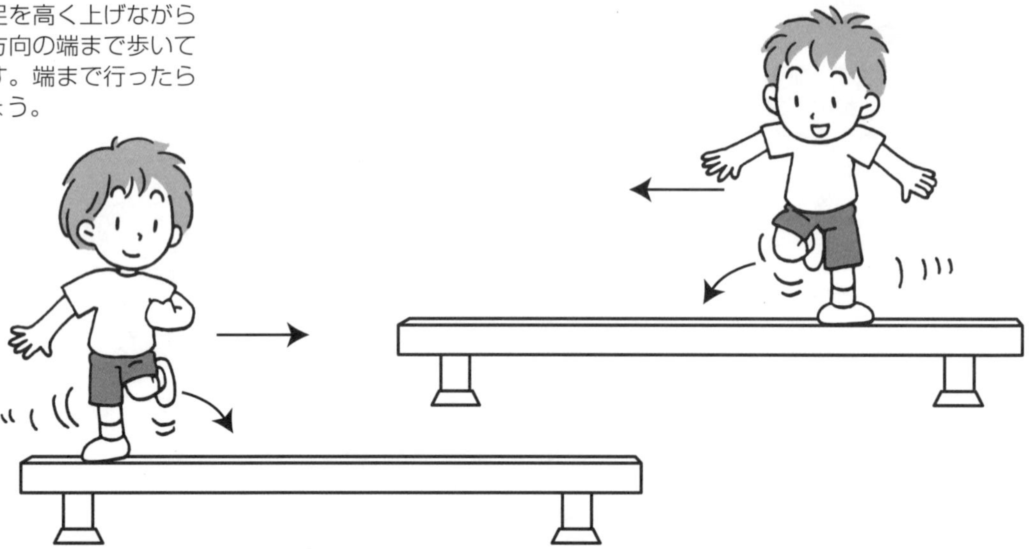

ねらい
●平衡系運動スキル・移動系運動スキル（台上を横歩きで渡る）の向上
●平衡性・空間認知能力の育成

カニさん歩き キャッチボール

動きのポイント ●キャッチボールをしながら、横歩きをする

○歩く速さに合わせてキャッチボールをする。
○両方向へ歩いて移動する。

あそび方 4～5歳児

カニさん歩きで移動しながら、キャッチボールをして遊びます。端まで行ったら、もう一方まで、同じ動作で帰りましょう。

※保育者がボールを渡します。
※受け取りやすいように、子どもの速さに合わせ、したて投げで、胸の位置へボールをパスしましょう。

ねらい
●平衡系運動スキル（台上で、ボールを受けながら横歩きをする）の向上
●平衡性・協応性・空間認知能力の育成

カニさん歩き バウンドキャッチ

動きのポイント ●ボールをつきながら、横歩きをする

○ボールをしっかりつかむ。
○バウンドさせたボールが上がってくる位置を予想して、すばやく移動する。

あそび方 5歳児

カニさん歩きで移動しながら、ボールを床（地面）にバウンドさせ、上がってきたところをキャッチします。連続して端まで行き、同じ動作で帰ってきましょう。

ヒント

平均台上を歩きながら、ボールを使って遊ぶ動作が加わります。行なう前に、下でキャッチボールやバウンドキャッチの移動あそびをしておくと、感覚がつかめ、スムーズにいくでしょう。

ねらい
●平衡系運動スキル・操作系運動スキル（台上で、ボールをつきながら横歩きをする）の向上
●平衡性・協応性・空間認知能力の育成

カニさん歩き フライキャッチ

動きのポイント ●ボールを投げ上げ、キャッチしながら横歩きをする

○連続して、両手でボールを確実にキャッチしながら横歩きをする。
○ボールは、頭より高く上げる。

あそび方 5歳児

カニさん歩きで移動しながら、自分でボールを投げ上げて遊びます。端に行くまで、何回ボールを投げ上げられるかを数えてみましょう。

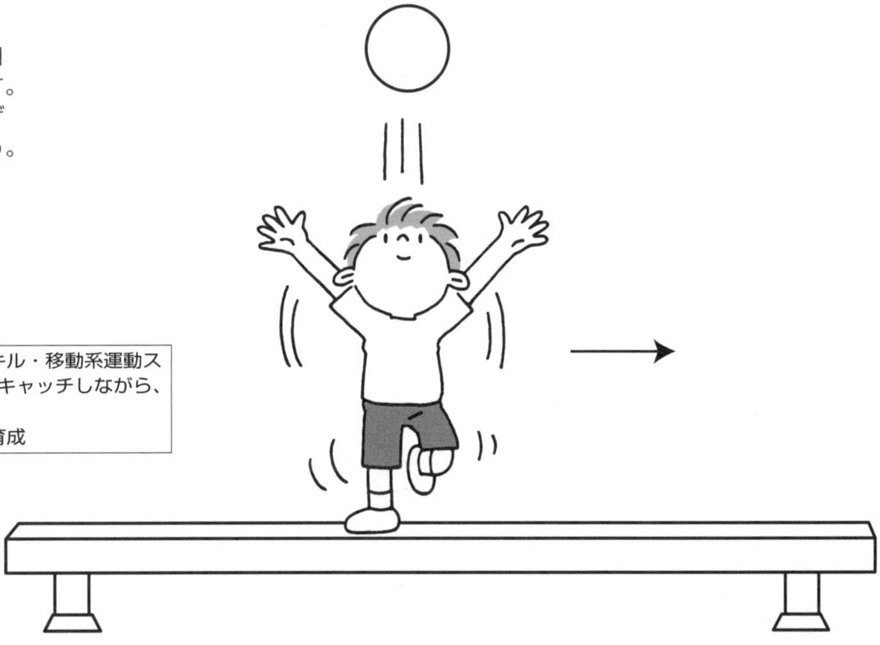

ねらい
●平衡系運動スキル・操作系運動スキル・移動系運動スキル（台上で、ボールを投げ上げてキャッチしながら、横歩きをする）の向上
●平衡性・協応性・空間認知能力の育成

一本橋、前進！

動きのポイント ◎ 両足を交互に出して前歩きをする
○平均台の上を、胸を張って歩く。
○手と足の連係をうまくとり、一定のリズム、歩幅で歩く。

あそび方 3~5歳児

平均台の一本橋を、胸を張って前進して渡りきります。足もとを見ないで行きましょう。

ねらい
●平衡系運動スキル・移動系運動スキル（台上を歩いて渡る）の向上
●平衡性・空間認知能力の育成

一本橋、ソロリすり足おっとっと！

動きのポイント ◎ すり足追歩で後ろ歩きをする
○平均台の上を、バランスをとりながら、すり足追歩で後ろ歩きをする。

あそび方 4~5歳児

平均台の一本橋を、落ちないようにバランスをとりながら、後ろへすり足で歩きます。

※後ろ向きの移動ですので、慎重に、確実にステップを踏ませましょう。
※感覚をつかむまで、保育者が手をとってフォローします。

発展 しっかりステップ、バックオーライ！ 4~5歳児

すり足で後ろ歩きができるようになったら、今度はしっかりとステップを踏んだ、後ろ歩きにチャレンジしましょう。

○上達したら、行ったり来たりして遊びましょう。

※踏みはずさないよう、確実にステップを踏んで歩くように指導しましょう。

ねらい
●平衡系運動スキルの向上・移動系運動スキル（台上を後ろ歩きで渡る）の向上
●平衡性・空間認知能力、集中力の育成

モデルさんになって歩こう！

あそび方 4~5歳児

ファッションモデルになったつもりで、平均台上をヒール・トウ・ファッションで歩きながら渡る。

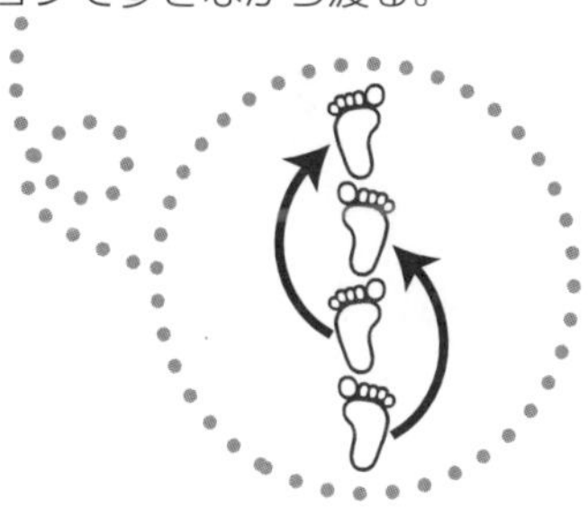

動きのポイント ●ヒール・トウ・ファッションで前進、後進をする

○前進の場合、前に送る足のかかとが片方の足のつま先にくっつようにして、ヒール・トウ・ファッションで歩く。
○後進は、後ろに送る足のつま先が、片方の足のかかとにくっつくようにする。

発展 モデルさん歩きで、しっかり戻ろう！ 4~5歳児

前歩きが上達したら、後ろの方向へ、ヒール・トウ・ファッションで歩いて戻りましょう。

ねらい
●平衡系運動スキル（台上をヒール・トウ・ファッションで、前後に歩く）の向上
●平衡性・身体認識力・空間認知能力、集中力の育成

ヒント
ファッションショーの話や、モデルさんのポーズを、いろいろ研究したりしてイメージを描きましょう。

傾き一本橋、渡ろう！

あそび方 4~5歳児

傾斜のレベルを変えた平均台の一本橋を、渡って歩くあそびです。レベルに応じて、横歩き、前歩き、後ろ歩きにチャレンジしましょう。

※前段階のあそびとして、事前にいろんな高さの平均台で遊んでおきましょう。

傾き、膝～腰

スロープ（膝～腰）のついた平均台の一本橋を、横歩き、前歩き、後ろ歩きで渡りましょう。

※からだが前傾しないよう配慮します。

※安全のため、平均台をしっかり安定（固定）させておきます。

傾き、腰～胸

スロープ（腰～胸）のついた平均台の一本橋を、横歩き、前歩き、後ろ歩きで渡りましょう。

※バランスをしっかり保たせて歩かせましょう。

※安全のため、平均台を安定（固定）させ、下にマットを敷きましょう。

傾き、腰～頭

スロープ（腰～頭）のついた平均台の一本橋を、横歩き、前歩きで渡りましょう。

※からだが前傾しないよう、バランスをしっかり保たせて歩かせましょう。
※怖がる子どもには、前段階へ戻って遊んでから行なわせてみましょう。
※安全のため、平均台を補助者が持って安定（固定）させ、下にはマットを敷いておきましょう。

◎傾斜の台は、プラスチックの大型ビールケースが適しています。

ヒント

低い平均台から段々と高い平均台に変え、さらに傾斜に挑戦させます。平均台の幅はみな同じだということを納得の上で、高さを克服させることが第一です。すぐそばで、補助や援助をする保育者がいること、また、平均台の周囲には必ずマットを敷いておく等、恐怖心をやわらげる環境づくりに配慮しましょう。

ねらい

- 平衡系運動スキル・移動系運動スキル（傾斜のある台上を歩く）の向上
- 平衡性・空間認知能力・集中力の育成

ゴロゴロ、コロコロ 転がれ転がれ！

動きのポイント ◎横転がりをする

○両手を頭上に上げたり、体側につけたりして、横に転がっていく。
○連続したスムーズな動きで転がる。

あそび方 2~5歳児

マットに寝転んで、右方向や左方向に転がっていくあそびです。

○両手を頭の上で合わせたポーズや、からだにぴったりつけたポーズで転がります。
○上達したら、止まらずに連続して転がったり、緩急をつけて転がったりしましょう。一方向に転がりきったら、戻ってきます。
※マットからはみ出ないよう、横方向に転がる感覚を身につけさせます。

ヒント

鉛筆やイモや丸太等、転がる物をいろいろ挙げさせ、イメージして遊びます。マットからはみ出しそうになったら、「脱線！　脱線！」と言って、軌道修正をして遊ばせると楽しいでしょう。

ねらい
●移動系運動スキル（横転がりをする）の向上
●巧ち性・柔軟性・筋力・空間認知能力の育成

開け！ 魔法のトンネル

動きのポイント ◎四足位のトンネルをくぐる

○四足位でつくったトンネルを這ってくぐり抜ける。

あそび方 4~5歳児

保育者が両手両足をついてトンネルをつくり、その下をくぐって通り抜けるあそびです。

○最初、トンネル（保育者）は閉じたままにしておきます。
○子どもはトンネルまで這っていき、手前で「開け、トンネル！」の呪文を言います。
○トンネルは、「どんなトンネル？大、中、小？」と聞きます。
○子どもは、「大きいトンネル、開けゴマ！」とか「中くらいトンネル、開けゴマ！」と言って、大きさの注文をして、くぐり抜けていきます。

ヒント

トンネルの大きさは単に大、中、小ではなく、「何が通るくらいの大きさのトンネル？」と聞いて、子どもとの楽しい問答であそびをふくらませます。時には、ギュッとつかまえるアクションがあっても楽しいでしょう。

ねらい
●移動系運動スキル（這ってくぐり抜ける）の向上
●巧ち性・柔軟性・身体認識力・空間認知能力の育成

発展 赤ちゃんになって、小さくコロコロ！ 2~5歳児

からだを縮めて、赤ちゃんのように小さくなって転がります。左方向や右方向に転がりましょう。

動きのポイント ●膝を抱えて横に転がる

○手足を縮め、膝を抱え込むようにして横に転がる。

※１人でできない場合は、保育者が軽く押して、はずみをつけて転がしてあげます。

ねらい
●移動系運動スキル（膝を抱えて横に転がる）の向上
●筋力・柔軟性・身体認識力の育成

トンネル掘ってさー、進め！

あそび方 4~5歳児

トンネルを掘って進む要領で、マットを持ち上げ、その下をくぐって通り抜けるあそびです。

※慣れるまでは、保育者がマットを持ち上げて行ないます。また、子どもの体力やようすに合わせて、途中で補助してあげましょう。

動きのポイント ●マットの下をくぐる

○マットを自分で持ち上げ、その下をくぐり抜ける。

ねらい
●移動系運動スキル（くぐる）の向上
●筋力・柔軟性・巧ち性・空間認知能力の育成

ダンゴムシになってデングリ！

あそび方 4~5歳児

マットのいちばん端から、ダンゴムシになって前に転がって遊びます。

○足をそろえてしゃがみ、両手を前へつくスタンバイのポーズでスタートしましょう。
○起き上がる前は膝を曲げ、両手でマットを押し、頭を早く起こして、最初のスタンバイのポーズになります。

動きのポイント 前転をする

○足をそろえて、しゃがんで両手を前につき、両手に体重を移しながら前に回る。
○あごを引き、背中を丸めて、後頭部→肩→腰の順につくように回る。
○起き上がる前は膝を曲げ、両手でマットを押して、頭を早く起こす。

ねらい
●移動系運動スキル（前転する）の向上
●巧ち性・柔軟性・筋力・空間認知能力・回転感覚の育成

ダンゴムシになって 前デングリ、クルリ後ろデングリ！

あそび方 4~5歳児

前回りでデングリ返りをする後半、両足を交差させて後ろ向きになり、今度は、後ろへデングリ返りをしてポーズを決めます。

動きのポイント 前転→後転する

○前転の後、方向転換して後転する。

ねらい
●移動系運動スキル（前転する・後転する）の向上
●柔軟性・巧ち性・筋力・平衡性・回転感覚、身体認識力の育成

ダンゴムシになって
連続デングリ！

あそび方 4~5歳児

ダンゴムシになって、連続して前に転がって遊びます。

○１回目の回転の終わりに、両手を前へ出してつき、続けて転がります。

動きのポイント ●連続前転をする

○１回目の終わりに両手を前へ出してつき、次の前転へ移る。
○あごを引き、目を開いて進む方向をしっかり見定める。

ねらい
●移動系運動スキル（連続前転をする）の向上
●巧ち性・柔軟性・筋力・空間認知能力・回転感覚の育成

ダンゴムシになって
後ろデングリ、クルリ前デングリ！

あそび方 4~5歳児

後ろ回りで始めて、立ち上がる後半、両足を交差させて方向を変え、次は前回りをしましょう。最後はポーズで決めましょう。

動きのポイント ●後転→前転する

○後転の後、方向転換をして前転する。

ねらい
●移動系運動スキル（後転する・前転する）の向上
●柔軟性・巧ち性・筋力・平衡性・回転感覚、身体認識力の育成

ヒント

園庭でダンゴムシを見つけたら、よく観察しておきます。マルムシというくらいに、からだ全体を丸くして転がるようすは、参考になるでしょう。

忍法！大の字回り

動きのポイント 腕立て側転をする

○倒立姿勢で横に回る。

あそび方 5歳児

大の字ポーズでスタンバイしてから、手を斜め上に上げ、横に倒立するように回ります。

ねらい
●移動系運動スキル（腕立て側転をする）の向上
●巧ち性・筋力、回転感覚・リズム感・空間認知能力の育成

忍法！逆立ち回り

動きのポイント 補助倒立前転をする

○補助倒立から、前転の動きに移る。

あそび方 5歳児

保育者が足を持ち、補助をしながら倒立させ、タイミングをみて前回りをさせるあそびです。

○保育者は、合図をしてから子どもの足をはなし、子どもは前回りをします。

ねらい
●平衡系運動スキル・移動系運動スキル（倒立させてもらってから、前転する）の向上
●筋力・巧ち性・平衡性・柔軟性・空間認知能力の育成

楽しいアイテム

忍者変身グッズ

バンダナや日本手ぬぐいを頭に巻いたり、腰に巻いたりする。

ヒント

忍者あそびは昔も今も、子どものあそびの定番になっています。決して超人ではなく、修行や努力でからだや能力を鍛えるという考えは、子どもなりに合理的に受け入れられるからでしょうか。パワーアップしたい時、子どもはよく忍者になります。

小山〜大山 段々とびのり

動きのポイント ● とび箱に登る

○自由な登り方で上に登る。
○助走してきてとび乗ったり、よじ登ったりする。

あそび方 4〜5歳児

とび箱のお山の頂上に登るあそびです。最初はどんな登り方でもよいので、まず上に登って、とび箱に慣れることから始めましょう。

○慣れてきたら、走ってきてとび乗ったり、よじ登ったりします。
○とび箱の段をしだいに高くしていきます。
○両足踏み切り、片足踏み切りで行なってみましょう。

ねらい
●移動系運動スキル（登る）の向上
●瞬発力・筋力、巧ち性・空間認知能力の育成

とび箱 ロッククライミング

動きのポイント ● 登り降りをする

○高さのあるとび箱に登ったり、降りたりする。

あそび方 5歳児

とび箱を岩山に見たてて登ったり、頂上から降りたりして遊びましょう。

○とび箱の上にマットをかぶせて岩山にし、上まで登ります。
○降りる時は、前向きで手から降りたり、後ろ向きで足から降りたり、バリエーションを楽しみます。
※前向きで降りる時は、マットの下に丸めたマットを敷いて、傾斜が緩やかになるようにしておきます。
○しだいに段を増やし、高さにチャレンジしましょう。

ヒント

頂上に登ったら、立ってバンザイをしたり、「ヤッホー！」と言ったりして遊びます。高さを大いに楽しみましょう。

ねらい
●移動系運動スキル（登る・降りる）の向上
●筋力、巧ち性・空間認知能力の育成

おウマとびのり ハイ、ドードー！

楽しいアイテム
ウマの演出
サンバイザーに、ウマの顔をかいたものをはさむ。

動きのポイント ◎馬のりになる

○3mくらいの助走をして、両手をついて、とび箱にウマのりになる。

あそび方 4~5歳児

とび箱の上にウマのりになって遊びます。なわとびのなわを持ち、「ハイ、ドードー！」と言って、おウマさんごっこをして遊びましょう。

ねらい
●移動系運動スキル(跳んで、ウマのりになる)の向上
●瞬発力・巧ち性・スピード感、空間認知能力の育成

今、何時？

動きのポイント ◎足かけ腕立てとび箱回り

○とび箱の上に両足をのせ、腕で移動しながら、まわりを回る。

あそび方 5歳児

とび箱に両足をそろえてのせ、時計の針のようにして手を移動させながら、とび箱のまわりを回るあそびです。

○保育者が、「3時になって！」や「12時になって！」と言います。
○子どもは時計の短針になって、時間に合わせて移動します。
※保育者は、長針になっていっしょに動いても、楽しいでしょう。
※おおまかな時計の文字盤をかいておくとよいでしょう。

3時になったね。
わーい、おやつの時間だ！
12
9
6
3

ねらい
●移動系運動スキル(足を台上にのせて、腕立てで回る)の向上
●筋力・持久力・支持力、空間認知能力の育成

忍法！ トン、クルリン！

動きのポイント ●踏みとび前回りをする

○助走して踏み切って台上に跳びのり、マットに両足着地してから前転する。
○一連の動作を止まらずリズミカルに行なう。

あそび方 4~5歳児

走ってきてとび箱にジャンプした後、マット上に両足で着地し、続けて前回りで転がるあそびです。忍者のように身軽に行ないましょう。

○助走してきて、〈踏切板で踏み切る→とび箱にのる→マットに着地する→前転する〉の動きを、スムーズに続けて行ないましょう。
○前転して立ち上がったら、ポーズを決めます。

ねらい
●移動系運動スキル（跳びのる・跳び降りる・前転する）の向上
●瞬発力、巧ち性・柔軟性、空間認知能力の育成

忍法！ とび箱デングリ返り

動きのポイント ●台上前転をする

○とび箱の手前で手をつき、台上で前転をする。

あそび方 5歳児

とび箱の上で、デングリ返りをして、マット上に着地します。

※保育者がとび箱の横に立ち、片手で腹部を、もう一方の手で後頭部を補助します。
※安全上、とび箱の両サイドにもマットを敷きましょう。
※前段階のあそびとして、最も低いとび箱の上を、前回りで転がるあそびを経験させておきましょう。

ねらい
●移動系運動スキル（台上で前回りをする）の向上
●柔軟性・巧ち性・筋力、回転感覚・身体認識力・空間認知能力の育成

ヒント

忍者は、丸太橋や屋根の上でも回転ができるんだ。そのための修行だね。

忍法！開脚、ひとっ跳び

動きのポイント ● 腕立て開脚跳びをする

○両足で踏み切り、両手をとび箱の前方について、とび箱をたたくようにして、足を開いて跳び越える。

あそび方 4~5歳児

走ってきて踏切板でジャンプ。両手でとび箱を勢いよくたたくように弾みをつけ、両足を開いて跳び越します。

※子どもは助走を長くとりがちなので、スタート地点を決めておきます。

※踏み切る地点や、両手を置く位置などのポイントを教えましょう。

楽しいアイテム
お山
段ボールに山をかき、とび箱の側面にはる（足をひっかけない程度のもの）。

ねらい
●移動系運動スキル（腕立て開脚跳びをする）の向上
●瞬発力・巧ち性・筋力、柔軟性、身体認識力・空間認知能力の育成

忍法！腕立て、すり抜け跳び

動きのポイント ● 腕立て閉脚跳びをする

○とび箱に両手をつき、足をそろえて閉脚で両手の内側をすり抜けて跳ぶ。

あそび方 5歳児

走ってきて踏切板でジャンプ。両手を開いてつき、その間にそろえた両足をすり抜けさせて跳びます。

※前段階として、助走なしで両手の開き具合や位置を確かめる動作をさせておきましょう。

ねらい
●移動系運動スキル（腕立て閉脚跳びをする）の向上
●瞬発力・巧ち性・柔軟性、身体認識力・空間認知能力の育成

シートを歩く

○シート上をゆっくり歩きます。

○バランスをとりながら、横歩きや後ろ歩きをします。

シート上で前転

○前転できるスペースを確認してから前転します。

前後左右ジャンプ

○リズムに合わせて前後左右に跳びます。

高〜くジャンプ

○シートの中央で反動をつけ、できるだけ高く跳び上がります。
○上に上がる時は、からだをすーっと伸ばすような姿勢で、足先も伸ばします。
○空中では膝が伸びるようにし、シートに着地の時は膝を曲げるようにします。
○跳び上がる時に、しっかり腕を上に振り上げましょう。

ジャンプして頭上でパン

○跳び上がって頂点に達した瞬間、手をたたきます。
○手を大きく上方に上げた反動で跳躍します。
○同じリズムで拍手をします。

トランポリンランド❶

ねらい
●平衡系運動スキル（シート上を歩く、跳ぶ、跳んでバランスを保ちながら動きをつくる）の向上
●平衡性・筋力・柔軟性・リズム感・空間認知能力の育成

1回ひねり

○十分ジャンプしてから、からだを一回転します。

ストンひざ落ち

○立っている姿勢から、膝を屈曲させて座ります。
※からだが傾きすぎると顔や頭を打つことがあるので、配慮が必要です。

ストン尻落ち

○立っている姿勢から両足をそろえで、すっと伸びた形で座ります。
○かかとではなく、尻でシートに着地します。

空中抱え込み

○からだを丸くして、腕で足を抱え込みます。
○シートに着く前に、すばやく手をはなします。

ひざ落ち立ち

○立っている姿勢から、ひざ落ちをし、足はまっすぐ伸ばして立ちます。
○背筋もまっすぐ伸ばすようにします。

尻落ち立ち

○立っている姿勢から尻落ちをし、足をまっすぐ伸ばして立ちます。
○足を伸ばして座った時は、伸ばした足先を見るようにします。

高く跳ぶ

○お互いのタイミングを合わせ、バランスを保ちながら高く跳びます。

跳び上がって足ポン

○跳び上がって足打ちをした後、シートに着地します。
○十分な反動を利用して、足と足を合わせます。
○足打ち回数を増やしてみましょう。

前後左右ジャンプ

○お互いにぶつからないように、前後左右に跳びます。

頭の上でボールを持って

○ボールを頭上で持ちながら、バランスを崩さないように跳びます。

ジャンプでキャッチ

○シートの上でジャンプをしながら、ボールをキャッチします。

トランポリンランド2

ねらい
●平衡系運動スキル・操作系運動スキル（シート上で跳ぶ、ボールを受け取る、フープやなわを、回して跳ぶ）の向上
●平衡性・筋力・協応性・リズム感・身体認識力・空間認知能力・協調性の育成

フープを持って跳ぶ

○フープをしっかり持って跳びます。片手で持ったり、両手で持ったりしましょう。
○からだの前後、横、頭上と、持つ位置をいろいろ変化させて跳びます。

フープをくぐる

○跳びながらフープをくぐります。
※バランスを崩さないよう注意させます。

フープ手回しとび

○フープを片手（両手）で回しながら跳びます。

なわジャンプ

○バランスを保ちながら、ゴムなわを跳び越えます。
※子どもの膝くらいの高さにゴムなわを張りますが、能力に合わせて高さを加減してください。

前回しでピョン

○バランスを崩さないように、なわを跳びます。
○上達したら、あやとびや交差とび、片足とびにチャレンジしましょう。

おサルさんごっこ ぶら下がり

あそび方 4~5歳児

つりなわに両手や片手でぶら下がって遊びましょう。

動きのポイント つりなわにぶら下がる

ねらい
●非移動系運動スキル（ぶら下がる）の向上
●筋力、巧ち性・持久力・空間認知能力の育成

おサルさんごっこ 登るよ

あそび方 5歳児

両手両足を使って登ります。上達したら、両手だけで登ってみましょう。

動きのポイント つりなわを登る

ねらい
●移動系運動スキル（つりなわを登る）の向上
●筋力、巧ち性・協応性・持久力・空間認知能力の育成

おサルさんごっこ ゆれるよ

あそび方 4~5歳児

つりなわにぶら下がって、ゆらして遊びます。振りをだんだん大きくして遊びましょう。

動きのポイント つりなわにぶら下がって振る

ねらい
●非移動系運動スキル（ぶら下がって振る）の向上
●筋力、巧ち性・平衡性・持久力・空間認知能力の育成

おサルさんごっこ 降りるよ

あそび方 4~5歳児

しっかりなわを握って、降りていきます。

動きのポイント つりなわを降りる

ねらい
●移動系運動スキル（つりなわを降りる）の向上
●巧ち性・空間認知能能力の育成

木登りごっこ
登り降り

あそび方 4~5歳児

両手両足を十分に使って、登り棒を登ったり降りたりして遊びましょう。上達したら、両手だけで登ってみましょう。

※両足で棒をしっかりはさめない子どもには、保育者が子どもの尻を支えたり、棒を握って子どもの足のストッパーとなったりしてあげましょう。

動きのポイント ●登り降りをする

○両足でしっかり棒をはさんで押さえ、両手を上方へ交互に移動。さらに両足を上方へ移動し、足裏で押さえる。

ねらい
- ●移動系運動スキル（登り降りをする）の向上
- ●筋力、巧ち性・協応性・持久力・空間認知能力の育成

木登りごっこ
ハイ、ポーズ！

あそび方 4~5歳児

登り棒に登って、片手をはなしてポーズをとって遊びます。慣れたら両手をはなしてポーズをとってみましょう。

動きのポイント ●登り棒につかまって手をはなす

○足をしっかり登り棒に絡ませて、片手をはなしたり、両手をはなしたりする。

ねらい
- ●非移動系運動スキル・その場での運動スキル（登り棒に足を絡めて手をはなす）の向上
- ●筋力、巧ち性・持久力・空間認知能力の育成

木登りごっこ
グルッと回ろう！

あそび方　4~5歳児

登り棒につかまって、そのまわりを回って遊びます。右回り、左回り、どちらでもチャレンジしましょう。

動きのポイント　回旋する

ねらい
- その場での運動スキル（登り棒につかまって回る）の向上
- 筋力・巧ち性・平衡性・空間認知能力の育成

木登りごっこ
2本棒登り降り

あそび方　4~5歳児

両手両足を使って、2本の登り棒を登ったり、降りたりして遊びます。上達したら、手だけを使ってチャレンジします。

動きのポイント　2本棒で登り降りをする

ねらい
- 移動系運動スキル（登り降りをする）の向上
- 筋力・巧ち性・持久力・身体認識力・空間認知能力の育成

木登りごっこ
横渡り

あそび方　4~5歳児

1本の登り棒を、両足と片手で持ち、隣の登り棒をしっかり握ってから、からだを移動させます。

動きのポイント　横渡りをする

ねらい
- 移動系運動スキル（棒から棒に、横渡りをする）の向上
- 筋力・巧ち性・平衡性・空間認知能力の育成

鉄棒ごっこ
けんすい前回り

あそび方 4~5歳児

両手でしっかり2本の登り棒を握り、前回りをして遊びます。

※怖がってすぐ手をはなしてしまう子どもには、握っている手を押さえたり、回転の補助をしましょう。

動きのポイント ●けんすい前回りをする

ねらい
- ●その場での運動スキル(登り棒を持って前回りをする)の向上
- ●筋力・柔軟性・巧ち性・回転感覚・空間認知能力の育成

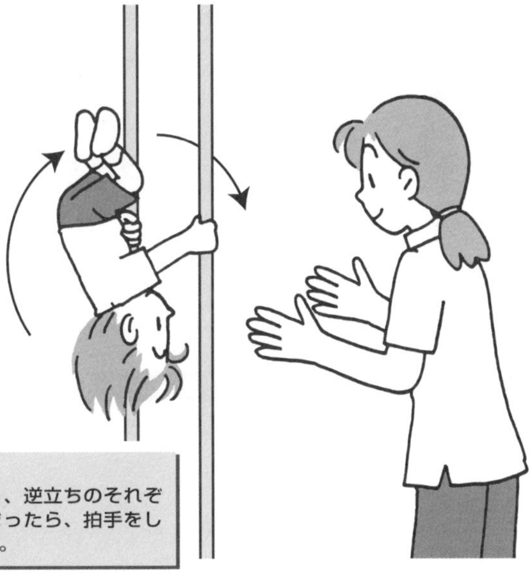

鉄棒ごっこ
けんすい後ろ回り

あそび方 4~5歳児

両手でしっかり2本の登り棒を握り、後ろ回りをして遊びます。

※足を後ろに回し、抜いてから手をはなすように指導しましょう。また、手をはなすのが早すぎないように注意させます。

動きのポイント ●けんすい後ろ回りをする

ねらい
- ●その場での運動スキル(登り棒を持って後ろ回りをする)の向上
- ●筋力・柔軟性・巧ち性・回転感覚・空間認知能力の育成

ヒント

前回り、後ろ回り、逆立ちのそれぞれのポーズが決まったら、拍手をして励ましましょう。

鉄棒ごっこ
けんすい逆立ち

あそび方 4~5歳児

前回りからでも、後ろ回りからでも、得意な方向から逆立ちをします。一定時間、逆立ちのポーズでがんばりましょう。

動きのポイント ●けんすい逆立ちをする

ねらい
- ●非移動系運動スキル(登り棒を持って、逆立ちをする)の向上
- ●筋力・持久力・空間認知能力の育成

ぶらんこのお舟ギッチラコ

動きのポイント ●座り振りをする
○ぶらんこに座って、前後に振る。

あそび方 4~5歳児

ぶらんこに乗って遊びましょう。足でこぐ感覚を身につけたら、小さな振りから、だんだん大きな振りに変えていきます。

※最初の推進力は、保育者や年長児が押して振りをつけてあげます。「お舟スタート！」と言いながら、強弱や緩急のゆれを経験させましょう。

ねらい
●非移動系運動スキル（座り振りをする）の向上
●巧ち性・リズム感・身体認識力・空間認知能力の育成

立って、しゃがんで、座ってギッチラコ

動きのポイント ●姿勢かえこぎをする
○立つ、しゃがむ、座るの姿勢をかえてこぐ。

あそび方 4~5歳児

ぶらんこをこぎながら、〈立つ→しゃがむ→座る→立つ〉の姿勢を、いろいろかえて遊びましょう

ねらい
●非移動系運動スキル（ぶらんこに乗って、姿勢をかえてこぐ）の向上
●巧ち性・平衡性・リズム感・集中力・空間認知能力の育成

しゃがみギッチラコ

あそび方 4~5歳児

しゃがみ座りの姿勢でぶらんこをこぎます。

動きのポイント ●しゃがみ振りをする

○足を投げ出さず、膝の屈伸でこぐ。

ねらい
●非移動系運動スキル（しゃがみ振りをする）の向上
●巧ち性・平衡性・リズム感・空間認知能力の育成

立ちギッチラコ

あそび方 4~5歳児

両手でつりなわ（チェーン）をしっかり持ち、立ってぶらんこをこぎます。

※ゆれている最中のとび降りは、絶対にさせてはいけません。

動きのポイント ●立ち振りをする

○立って、膝の屈伸を使ってぶらんこをこぐ。

ねらい
●非移動系運動スキル（立ち振りをする）の向上
●巧ち性・平衡性・リズム感・空間認知能力の育成

ふたりでギッチラコ

あそび方 4~5歳児

ぶらんこに2人で乗って遊びます。ぶつからないよう、タイミングを合わせてこぎましょう。

○同じ方向を向いて、１人が立ち、１人が座る姿勢でこぎます。
○向かい合って、１人が座り、１人が立つ姿勢でこぎます。
○向かい合って、2人とも立ってこぎます。

動きのポイント ●2人こぎをする

○ぶらんこに2人で乗って力を合わせてこぐ。

ねらい
●非移動系運動スキル（ぶらんこを2人でこぐ）の向上
●巧ち性・リズム感・協応性・空間認知能力の育成

ヒント

ぶらんこを思いっきりこいだ時の爽快感は、大人になっても忘れられないものです。目を閉じてこぐと、まるで空中に浮遊しているような、不思議な感覚になります。宇宙の海にこぎ出す舟かも知れません。子どもはいろんなことを想像しながら、ぶらんこの楽しさを味わいます。

ポーズで、スッすべり

あそび方 4~5歳児

すべり台をすべって遊びましょう。最初は、てすりを持ってすべりますが、慣れてきたら手を膝にのせたり、腕組みをしたり、手をたたく等、いろんなポーズをしながらすべります。

動きのポイント ●足を伸ばし、すべり降りをする

○両足を伸ばしてすべり降りをする。

ねらい
- ●移動系運動スキル（すべり降りる）の向上
- ●平衡性・スピード感・空間認知能力の育成

あお向けラクチンすべり

あそび方 4~5歳児

すべり台をあお向きになってすべります。手を上げてすべったり、下ろしてすべったりしましょう。慣れたら、目を閉じてすべります。

動きのポイント ●あお向けすべり降りをする

○両足を伸ばして、あお向けですべり降りをする。

ねらい
- ●移動系運動スキル（あお向けですべり降りる）の向上
- ●リラクゼーションスキルの向上・身体認識力の育成

足あげ角々すべり

あそび方 4~5歳児

てすりを持って、両足や片足を上げてすべります。慣れたら、手を前に伸ばして出したり、バンザイのポーズをしてすべりましょう。

動きのポイント ●足上げすべり降りをする

○両足（片足）を上げて、すべり降りをする。

ねらい
- ●移動系運動スキル（足を上げてすべり降りる）の向上
- ●巧ち性・平衡性・筋力・身体認識力・空間認知能力の育成

ウルトラすべり

あそび方　4~5歳児

手を伸ばして、うつ伏せの姿勢ですべります。片手でガッツポーズをしてすべっても、楽しいでしょう。

※安全のため、降りる所にマットを敷いておきましょう。

動きのポイント　うつ伏せすべりをする

○手を伸ばして、うつ伏せになってすべり降りる。

ねらい
●移動系運動スキル（うつ伏せですべり降りる）の向上
●巧ち性・逆さ感覚・空間認知能力の育成

おサルさんの山登り

あそび方　4~5歳児

すべり台の斜面を登るあそびです。最初は、てすりを持って、ゆっくりしっかり登りますが、慣れたらすばやく大股で登っていきましょう。

※このあそびを行なう時は、下から上への一方通行にしておきます。

動きのポイント　四つ足逆登りをする

○両手でてすりをしっかり持ち、四つ足になって斜面を登る。

ねらい
●移動系運動スキル（四つ足で登る）の向上
●巧ち性・筋力・平衡性・空間認知能力の育成

一気のぼり、ゴー！

あそび方　4~5歳児

すべり台の斜面を一気にかけ登るあそびです。勢いをつけて走り、一気に登りきりましょう。

動きのポイント　立ち逆登りをする

○立った姿勢で斜面を登る。
○走って登りきる。

ねらい
●移動系運動スキル（立って登る）の向上
●巧ち性・平衡性・筋力・空間認知能力の育成

ヒント

すべり台の斜面登りは、ためらわず一気に登るのがコツです。登ったら、踊り場でバンザイをしましょう。

鉄棒、ごんべさん

動きのポイント ◎鉄棒を握って運動する

○鉄棒を握ったまま、前後・左右方向に歩いたり跳んだりする。

あそび方 4~5歳児

鉄棒を握って、♪『ごんべさんのあかちゃん』の歌に合わせた振りつけあそびを楽しみます。

※鉄棒から手をはなさないようにします。

※鉄棒の幅に合わせて、遊ぶ人数を増減します。

♪ごんべさんのあかちゃん♪

片方向に歩いていき、フレーズの終わりで片足を上げる

反対方向も同じようにする。

ジャンプする。

ごんべさんのあかちゃんが そこであわてて

…(3回くり返す)…

かぜひいた しっぷし

た

ねらい
- ●移動系運動スキル(歩く・跳ぶ)の向上
- ●リズム感・柔軟性・瞬発力・空間認知能力の育成

せんたくものユラユラ

動きのポイント ◎けんすい振り(ぶらんこ)をする

○鉄棒を順手で握ってぶら下がり、膝を曲げてからだを前後に振る。

あそび方 4~5歳児

せんたくものになって遊びます。いろんな風に吹かれるせんたくものの動きを楽しみましょう。

○保育者は、「そよ風が吹いてるよ、気持ちいいね。早く乾くよ」等と言葉がけをします。せんたくもの(子ども)は、からだを前後に振ってゆれましょう。

※うまく振れない子どもは、からだをそっと押してあげます。

ヒント

そよ風や春一番の風、北風、空っ風など、風にもいろいろあります。あそびの前に風を感じさせたり、話をして感覚を知らせておくと、より楽しく遊べます。

ねらい
- ●非移動系運動スキル・その場での運動スキル(ぶら下がって、からだを振る)の向上
- ●筋力・持久力・身体認識力・空間認知能力の育成

発展 **カーテン開けるよ！** 2~5歳児

鉄棒を握って、広がった状態でスタンバイします。保育者の「カーテン開けるよー」の声とジェスチャーで、右や左の方向に動いて遊びます。「ちょっと開けて！」や「全開〜！」などの変化をつけてあそびを楽しくしましょう。

※鉄棒の幅に合わせて、遊ぶ人数を加減します。

※あそびに慣れないうちは、両端の支柱にぶつかってケガをすることが考えられます。保育者が支柱のそばで見守ったり、手を差し出して、からだを支える等の補助をしましょう。

ヒント

「全開〜！」の時の詰め詰めギュウギュウ感が楽しいあそびです。保育者が中に入ってすると、より一層のスキンシップが図れます。ねじれたカーテンや風にゆれる（前後の動き）カーテンなども試してみましょう。

ガンバレ！ 消防士さん

動きのポイント ぶら下がり移動をする

○鉄棒にぶら下がり、手を持ちかえながら左右に移動する。

あそび方 4~5歳児

鉄棒にぶら下がり、移動するあそびです。手を持ちかえて、右・左方向に動きます。消防士さんになって、レスキュー隊の訓練ごっこをして遊びましょう。

○上達したら、端まで行ってターンして帰ってくる等、距離延ばしにチャレンジしましょう。

ねらい

●移動系運動スキル（ぶら下がり移動をする）の向上

●筋力・持久力・身体認識力・空間認知能力の育成

スズメさんになって ひと休み

動きのポイント ◎腕立て支持をする

○頭・胴・両足を一直線に伸ばした姿勢で、腕もまっすぐ伸ばす。

ねらい
●平衡系運動スキル（腕立て支持をする）の向上
●筋力・持久力・身体認識力の育成

あそび方 3~5歳児

電線にスズメが止まっているポーズのあそびです。

○頭・胴・足と、体を一直線に伸ばし、腕も伸ばして鉄棒におなかをのせたポーズをします。
○保育者は、「○○スズメちゃん、そこから何が見えるかな？」と聞きましょう。答える間、ポーズをとっています。
※鉄棒ののり降りに、低い台（大型積み木）を利用してもよいでしょう。

発展 並んでチュンチュン、右、左 4~5歳児

何人か並んで止まって、右や左に同時に動いて遊びます。上達するにつれて、からだを一直線に伸ばす姿勢で行なってみましょう。

ねらい
●移動系運動スキル・平衡系運動スキル（腕立てのまま、左右に動く）の向上
●筋力・持久力・巧ち性・空間認知能力の育成

タオルにアゴ・タッチ

動きのポイント ◎けんすいをする

○あごが鉄棒の上に出るまで腕を曲げる。
○順手と逆手で練習する。

あそび方 4~5歳児

けんすいをして、鉄棒に巻きつけたタオルに、あごをタッチさせるあそびです。

○最初は低い台の上にのった状態で、あごタッチのあそびをします。けんすいの手順やタオルへのタッチの方法を、前もって練習しましょう。
○タッチの目標は、まず頭から始めましょう。

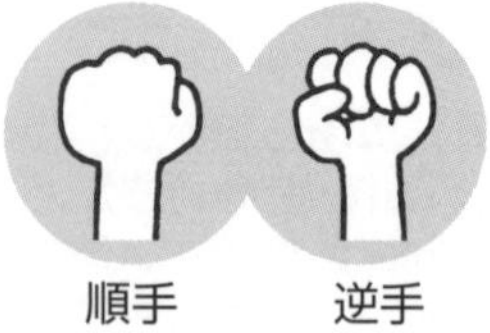

ねらい
●非移動系運動スキル・その場での運動スキル（けんすいをする）の向上
●筋力・精神力・身体認識力の育成

ぶら下がり仲間、集まれー！

動きのポイント ◎全身ぶら下がりをする

○鉄棒をしっかり握って両足を引き上げ、足をからませたり、引っかけたりしてぶら下がる。

ねらい
●非移動系運動スキル・その場での運動スキル（ぶら下がる）の向上
●筋力・持久力・ぶら下がり感覚・逆さ感覚・空間認知能力の育成

あそび方 2~5歳児

いろんなぶら下がり方を楽しむあそびです。上達したら、片手はなしでチャレンジしましょう。

※安全上、下にマットを敷いておきます。

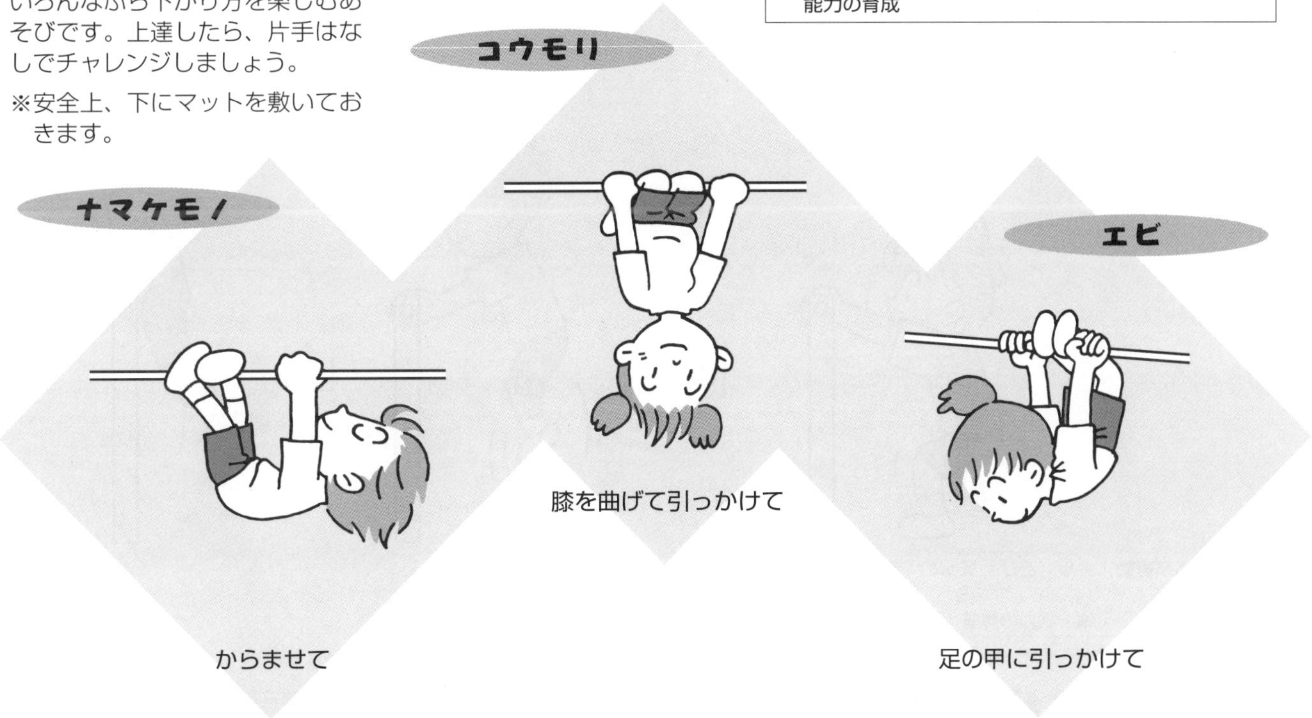

膝を曲げて引っかけて
からませて
足の甲に引っかけて

クレーンあそび

動きのポイント ◎ぶら下がって物を移動する

○ぶら下がった姿勢で、両足に物をはさんで移動させる。

あそび方 4~5歳児

鉄棒にぶら下がり、両足でボールをはさんで違う場所へ移動させるあそびです。時間を決めたり、チームに分かれて競い合っても楽しいでしょう。

ねらい
●その場での運動スキル・操作系運動スキル（ぶら下がって、物を足ではさむ）の向上
●筋力・協応性・持久力・身体認識力・空間認知能力の育成

チュチュンがピョン！

動きのポイント ◎とび上がる

○順手で鉄棒を握り、とび上がって鉄棒にのる。
○のったら、腕立て姿勢でバランスを保つ。

あそび方 4~5歳児

地面を蹴った勢いで、鉄棒にとびのるあそびです。「チュチュンがピョン！」のかけ声でタイミングを合わせましょう。のったら、からだを一直線に伸ばし、そのポーズを維持します。

※P.194の『スズメさんになってひと休み』を前段階のあそびに取り入れましょう。

ねらい
●平衡系運動スキル（とび上がってバランスを保つ）の向上
●瞬発力・平衡性・筋力の育成

足かけクルリン立ち上がり

動きのポイント ◎足かけ振り上がりをする

○片膝をかけ（外がけ、内がけどちらでもよい）、何回か振って反動をつけて鉄棒に上がる。

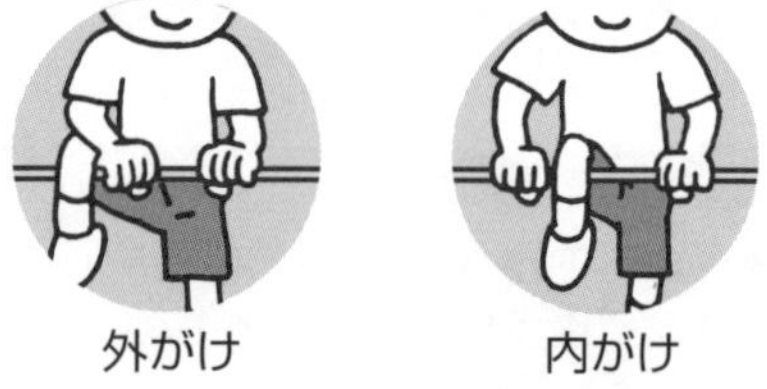

あそび方 4~5歳児

片膝をかけ、もう一方の足を前に何回か振った反動で鉄棒に上がるあそびです。上達したら、後ろに蹴り上げて鉄棒に上がるあそびにもチャレンジしましょう。

○反動を活かしきれない子どもには、起き上がりの部分やバーへの引きつけの部分で、からだを支えたり押したりして、補助をしてあげましょう。

ねらい
●非移動系運動スキル・その場での運動スキル（足かけで振り上がりをする）の向上
●巧ち性、筋力・平衡性・回転感覚の育成

片足踏み切り逆上がり

動きのポイント ●片足踏み切り逆上がりをする

○手は、順手でも逆手でも、行ないやすい持ち方で握る。

あそび方 4~5歳児

片足踏み切りの逆上がりをして遊びましょう。

※おなかの部分が鉄棒に当たって、痛がる子どもがいます。鉄棒にタオルを巻くとよいでしょう。

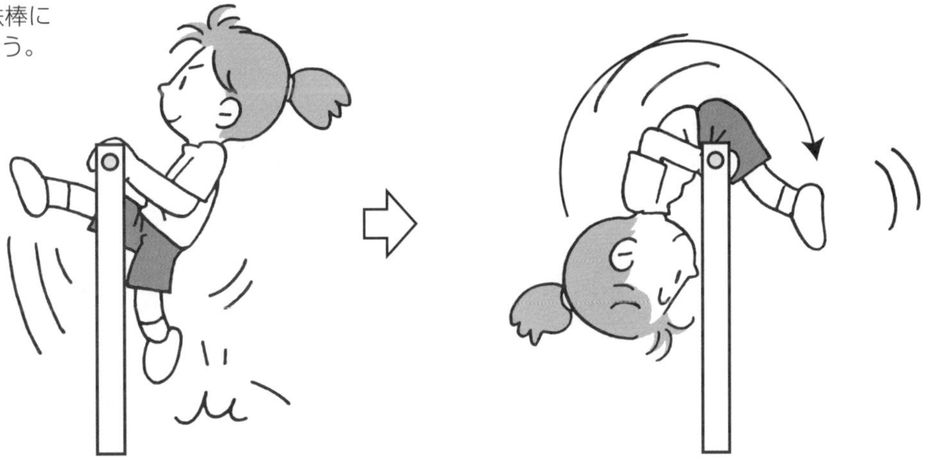

ねらい
●その場での運動スキル（逆上がりをする）の向上
●協応性・瞬発力・筋力・回転感覚・身体認識力の育成

発展 スーパー 足かけクルリン、立ち上がり 4~5歳児

からだを一度前に振ってから、片足を一気にかけて上がります。

※タイミングがつかめるように、ひと呼吸早くかけ声をかけてあげましょう。

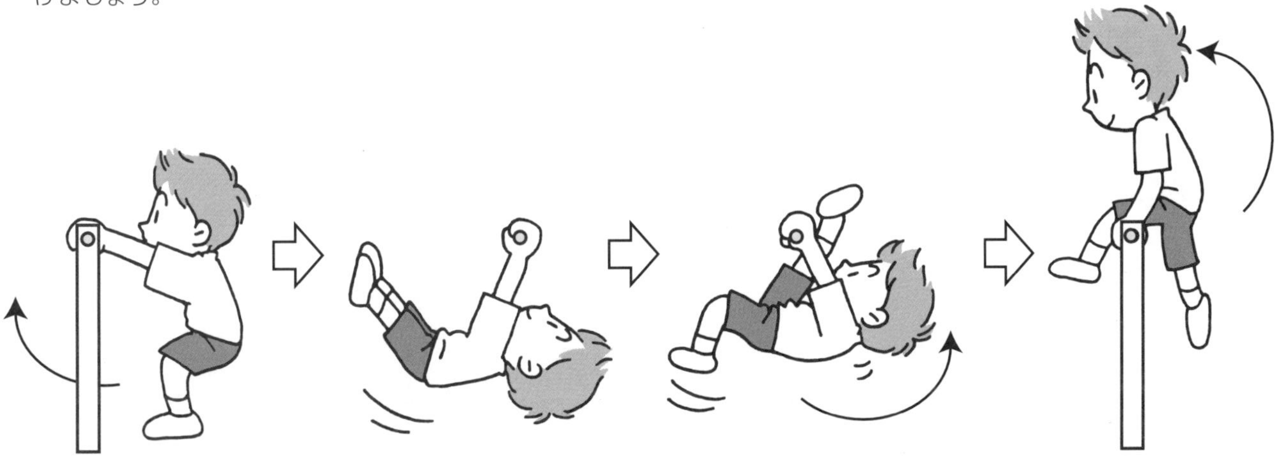

ねらい
●その場での運動スキル（足かけ立ち上がりをする）の向上
●協応性・巧ち性・回転感覚・身体認識力の育成

ジャンピングブランブラン！

あそび方 4~5歳児

鉄棒にとびついて、足を前後に振って遊びます。

動きのポイント ●つかまり振りをする

○鉄棒にとびついて振る。
○前方に振る時は、腰を曲げ、足を上に振り上げ、強くあおる。後方に振る時は、膝を伸ばし、からだを浮き上がらせるようにする。

ねらい
●その場での運動スキル（とびついて足を振る）の向上
●筋力・巧ち性・身体認識力・空間認知能力の育成

片足がけブランブラン！

あそび方 4~5歳児

片足がけで鉄棒にのり、前後に振って、ゆれて遊びます。内がけや外がけで試してみましょう。

※足をバーにしっかりかけ、はずさないようにさせます。

動きのポイント ●足かけ振りをする

○片足をかけてぶら下がり、回転力がつくように、もう一方の足や頭で勢いよく振る。

ねらい
●非移動系運動スキル・その場での運動スキル（片足をかけて、からだを振る）の向上
●巧ち性・回転感覚・身体認識力・空間認知能力の育成

コウモリ下がりブランブラン！

あそび方 4~5歳児

膝をかけたコウモリのスタイルで、ブラブラゆれるあそびです。

※P.195の『ぶら下がり仲間、集まれー！』と組み合わせたあそびとして取り入れましょう。

動きのポイント ●膝かけ振り(コウモリ)をする

○両膝を鉄棒にかけて、手をはなして前後に振る。

ねらい
●非移動系運動スキル・その場での運動スキル（膝をかけて、からだを振る）の向上
●筋力・巧ち性・逆さ感覚・空間認知能力の育成

クルリン着陸 ハイ、ポーズ！

動きのポイント ◎前回りをして降りる

○鉄棒を順手で握り、前回りをして、足が地面についてから手をはなして降りる。

あそび方 4~5歳児

前回りで鉄棒を回って、地面に着地したら好きなポーズをとります。

※怖がる子どもには、保育者が頭や背中を支えて補助をしてあげましょう。

ねらい
●その場での運動スキル（前回りをして降りる）の向上
●巧ち性・平衡性・回転感覚の育成

足抜きクルリン 前から後ろから

動きのポイント ◎足抜き前回り、後ろ回りをする

○前回りは、両足で地面を蹴って（尻上がり）、後ろから前に足を抜いて回る。
○後ろ回りは、順手で持った両腕の間から片足ずつ通し、そろえてから後ろへ回る。

あそび方 4~5歳児

鉄棒を握っている両腕の間から足を通して、前や後ろに回って降りるあそびです。

※足が上がらず届かない場合は、低い台（大型積み木等）を利用します。
○怖がる子どもには、保育者が後頭部や肘を支えて、補助をしてあげましょう。

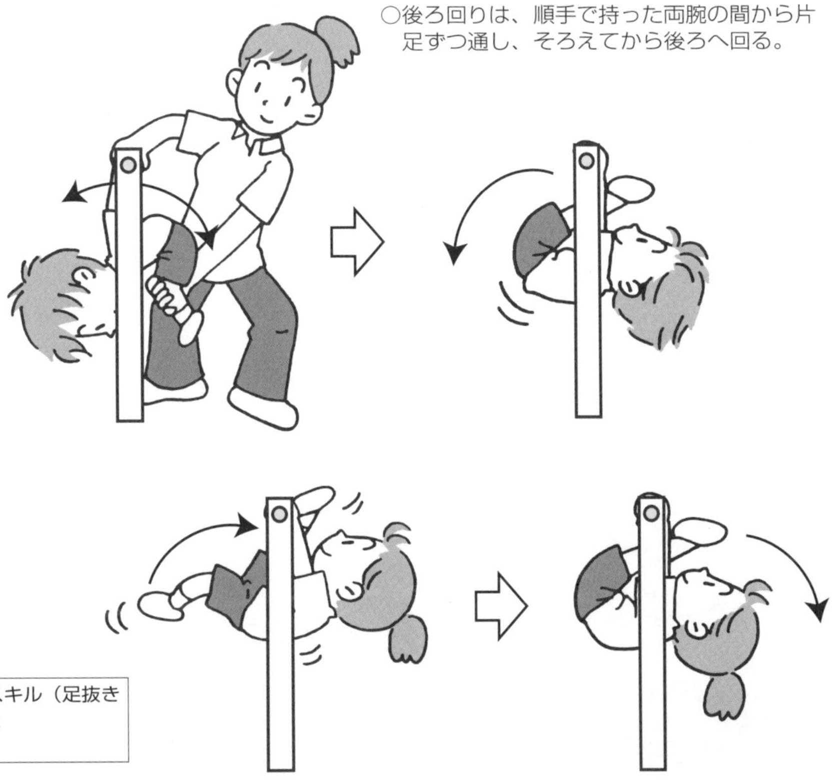

ねらい
●非移動系運動スキル・その場での運動スキル（足抜き前回りをする・後ろ回りをする）の向上
●巧ち性・筋力・回転感覚の育成

鉄棒車輪

足かけ、後ろ1回転

動きのポイント ◎足かけ後転をする

○腕立てで片膝をかけて、後方へ回って起き上がる。

あそび方 4~5歳児

鉄棒に膝をかけてのり、後ろ回りで1回転して起き上がります。

※回りきれない子どもには、保育者が補助をしてあげましょう。

※安全上、下にマットを敷きます。

ねらい
- ●非移動系運動スキル・その場での運動スキル（足かけ後転をする）の向上
- ●巧ち性・筋力・回転感覚・スピード感覚の育成

鉄棒車輪

足かけ、前1回転

動きのポイント ◎足かけ前転をする

○腕立てで片膝をかけて、前方へ回って起き上がる。

あそび方 4~5歳児

鉄棒に膝をかけてのり、前回りで1回転して起き上がります。

※回りきれない子どもには、保育者が補助をしてあげましょう。

※安全上、下にマットを敷きます。

ねらい
- ●非移動系運動スキル・その場での運動スキル（足かけ前転をする）の向上
- ●巧ち性・筋力・回転感覚・スピード感覚の育成

鉄棒車輪

腕立て、後ろ1回転

動きのポイント ●腕立て後転をする

○腕を伸ばし、鉄棒を腰のあたりで固定する。
○下肢を振って、その勢いで後転する。

あそび方 4~5歳児

腕を伸ばして鉄棒にのり、腰のあたりに鉄棒を固定させます。足先を振った勢いで、後ろへ1回転して起き上がりましょう。

※地面に足がつかないようにします。
※怖がる子どもには、保育者が足を支えて回転の補助をしてあげましょう。

ねらい
●非移動系運動スキル・その場での運動スキル（腕立て後転をする）の向上
●巧ち性・筋力・回転感覚・スピード感覚の育成

鉄棒車輪

腕立て、前1回転

動きのポイント ●腕立て前転をする

○腕を伸ばし、鉄棒を腰のあたりで固定する。
○上体を前に倒したその勢いで、足が地面につかないように前転する。

あそび方 4~5歳児

腕を伸ばして鉄棒にのり、腰のあたりに鉄棒を固定させます。からだを前に倒した勢いで、1回転して起き上がりましょう。

※地面に足がつかないようにします。
※怖がる子どもには、保育者が背中を支えて、回転の補助をしてあげましょう。

ねらい
●非移動系運動スキル・その場での運動スキル（腕立て前転をする）の向上
●巧ち性・筋力・回転感覚・スピード感覚の育成

こんにちは！ さようなら！

動きのポイント ◎前回り降りをする

○腕立ての姿勢から腕を軽く曲げ、上体を前に倒してゆっくり前に回って降りる。

あそび方 4~5歳児

鉄棒から上手に降りるあそびです。腕立ての姿勢から腕を軽く曲げ、からだを前へ倒しながら、膝も少し曲げて、前に回ってゆっくり降りましょう。

○降りる途中は「こんにちは！」、降りたら「さようなら！」で終わります。
○緩急をつけて降りましょう。
○上達したら、連続して回ってから降ります。

ねらい
●その場での運動スキル（前回り降りをする）の向上
●巧ち性・筋力・回転感覚の育成

ヒューンと遠くへ振りとび着陸

動きのポイント ◎振りとび降りをする

○腕立て後転の途中から、からだを前上方へ向けて大きく振り上げてとび降りる。

あそび方 5歳児

腕立て後転の途中から、からだを大きく振って前上方へ向け、なるべく遠くへとんで着地します。

○からだが起き上がる状態のタイミングを見計らってから、手をはなしましょう。
※安全上、下にマットを敷いておいてもよいでしょう。

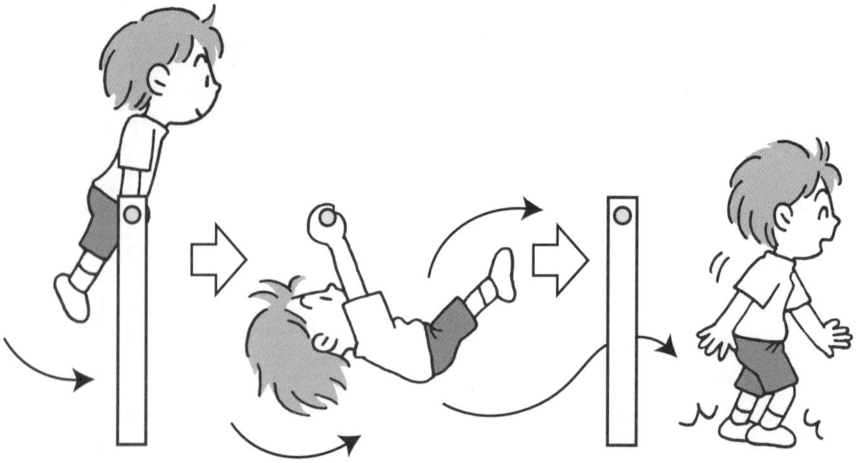

ねらい
●移動系運動スキル（振りとび降りをする）の向上
●巧ち性・筋力・平衡性・回転感覚・スピード感覚・空間認知能力の育成

踏み越え着陸、下りたらポーズ

動きのポイント ●踏み越し降りをする

○前後開脚で片足を鉄棒のバー上に置き、置いた足でバーを蹴って、鉄棒を越えて降りる。

あそび方 4~5歳児

鉄棒に片足をのせ、その足で蹴って鉄棒を越え、地面に着地します。ふらつかずに着地できたら、ガッツポーズをしましょう。

○安全上、下にマットを敷きます。

ヒント

鉄棒運動を苦手にする理由の1つは、高さから受ける恐怖心があります。回転の場合は地面との距離を必要としますが、踏み越えの場合は、高さからの恐怖を与えないよう、マットを重ねて高さを調節して行ないます。落ちてもだいじょうぶという安心感で、案外、保育者の補助がなくてもとべる子どもが出てくるでしょう。

ねらい
- ●移動系運動スキル（踏み越し降りをする）の向上
- ●平衡性・瞬発力・巧ち性・空間認知能力の育成

○上下左右にくぐり抜けをします。
○最下段から順に、頭から（あるいは足から）くぐり抜けをします。

○縦・横・斜めに、自由に伝って歩きます。慣れたら、片手でボールを持ったスタイルで歩きましょう。
○背面歩きにチャレンジします。

○しっかりつかまって登り降りをして遊びます。
○上達したら、斜めに登ります。
○目印を置いて、タッチして帰ってくるゲームをしても楽しいでしょう。

ねらい
●移動系運動スキル（登る・降りる・くぐり抜ける）の向上
●巧ち性・身体認識力・空間認知能力の育成

ジャングル 頂上歩き

○頂上を這ったり、立って歩いたりしましょう。

ねらい
●平衡系運動スキル（バランスをとって立つ、這う、歩く）の向上
●平衡性・集中力・空間認知能力の育成

ジャングル ぶら下がり

○ジャングルジムの外側を向いてぶら下がります。
○慣れたら足をもち上げ、L字のポーズをとりましょう。

ねらい
●非移動系運動スキル（足を上げてぶら下がる）の向上
●筋力・持久力の育成

ジャングル 鬼ごっこ

○鬼は、1人か2人にします。
○鬼は最初、地上にスタンバイして、残りの子どもはそれぞれ散らばります。
○「はじめ!」の合図で、鬼は子どもを追いかけます。つかまったら、役割を交替します。
○制限時間を決めておきましょう。

ねらい
●移動系運動スキル・平衡系運動スキル（登る・降りる・くぐる・渡る）の向上
●巧ち性・敏捷性・平衡性・集中力・空間認知能力の育成

集まれー！

合図で集合！

○「集まれー!」の合図で、すばやく集合します。
○合図には、号令、笛や楽器、音楽等を用いたものが考えられます。状況に合わせて工夫しましょう。
○集合場所は、安全で保育者の指示が通りやすい所を選びます。戸外では、子どもたちが陽差しを背後から受ける位置にします。
○集合場所をわかりやすくするため、イスを配置したり、ラインを引いたりして、目印を使うことも必要です。
○集合後、子どもたちの健康状態に配慮します。

輪になって集合！

○「輪になって！」という号令や、保育者が大きく円を描くジェスチャーをする等、明瞭・簡潔な合図ですばやく移動します。
○並ぶ順番が必要であれば、決めておきます。
○保育者は、原則的には子どもたちの背後に位置しますが、いっしょに輪になる時は、手をつないで集まりましょう。

並んで集合・横一列！

○保育者に対して横方向に並ぶことを理解させましょう。保育者は手を横に出して、方向を示します。
○リーダーとなる子どもの位置を明確に示します。
○集まった順に並ばせたり、順番が必要な時は決めておきます。

並んで集合・縦一列！

○保育者に対して、向かい合って縦に並ぶことを理解させましょう。保育者は手を前に出して、方向を示します。
○リーダーとなる子どもの位置を明確に示します。
○順番を固定せずに、集まった順に並ぶ練習もしましょう。

よろしくね！

さー、スタンバイ！

○「気をつけ！」の姿勢でスタンバイします。
○背筋を伸ばし、両腕を体側につけましょう。

おじぎでよろしく！

○保育者がおじぎの見本を見せましょう。
○自力でできない子どもには、いっしょに模範を示しながら行ないます。

返事でよろしく！

○名前を呼ばれたら、元気よく「はい」と返事をしましょう。
○言葉の出ない子どもには、手を上げて返事をさせます。動作をきっかけに、言葉がしだいに出るようになることもあります。

あいさつでよろしく！

○「こんにちは」や「お願いします」などのあいさつの言葉を、はっきりと言いましょう。
○視線を合わせ、姿勢を正して行ないます。
○言葉の出ない子どもは、動作であいさつします。

握手でよろしく！

○握手をしながら、同時に、「握手、握手」の言葉がけをしましょう。
○視線を合わせて行ないましょう。
○少し強めに握り合って、心を通わせましょう。

上肢の運動

伸びて縮んで

○屈伸運動をします。伸びた時は、腕や肘をしっかり伸ばしましょう。
○ボールを持って屈伸したり、鉄棒にぶら下がって屈伸すると、上肢の動きがよくわかるでしょう。

横に開いて

○「気をつけ」の姿勢でスタンバイ。腕をま横や斜め上にリズミカルに振って開きます。前から上、前からま横にも開きましょう。
○片腕ずつ、交互に行なってみましょう。
○振り始めを強く、戻す時には力を抜いて、しぜんに振るようにします。

グルリ腕回し

○腕のつけ根を中心に、大きな円を描くように回します。スピードに変化をつけて行なってみましょう。
○片腕（両腕）を前後（横）に回します。
○両腕を8の字に回します。

下肢の運動

膝・曲げ伸ばし

○膝の屈伸をします。かかとをつけたり、上げたりした状態で行なってみましょう。
○手は両膝の位置ですが、バランスがとれるまで保育者が手を持ち、補助をします。
○上手にできるようになったら、腕を振ったり、回しながら、屈伸運動をします。

足・前後振り上げ

○足を前後に振り上げる運動です。しだいに振りを強くしていきます。上肢の運動と組み合わせて行なってみましょう。

足・左右振り上げ

○足を左右に振り上げる運動です。バランスがとりにくい場合は、2人ペアになってバランスの補助をし合って行ないましょう。
○上肢の運動と組み合わせて行なってみましょう。

飛行機開き

○バランスをとりながら足を前後に開き、徐々に大きくしていきます。

ジャンプジャンプ

○ボールが弾むようにジャンプする運動です。両足や片足で行なってみましょう。
○2人ペアになって、バランスの補助をし合って行ないましょう。

大の字開き

○膝を曲げないように足を大の字に開き、徐々に大きく開いていきます。

首の運動

首・前後にコックリ

○首を前後に曲げる運動です。目印（床・天井）を決め、十分に曲げる目標にしましょう。

首・左右にコックリ

○肩の力を抜いて、首を左右に曲げましょう。

首・ギョロギョロ右左

○後頭部から背筋をまっすぐにしたまま、顔を右、左に向けます。

首・グルリ一周

○肩の力を抜き、目はあけたままで首をしっかり回します。

胸の運動

お窓をあけて

○腕を前から左右に開く運動です。
○足は少し開いてバランスをとり、顔は前を向き、腕は肩の高さから下がらないようにします。
○腕を開いた時、胸を十分に張りましょう。

2階の窓　1階の窓

○下肢（膝の屈伸）の運動と組み合わせて、腕と膝の順応をはかって行なってみましょう。

お花が咲いた

○腕を前から斜め上に上げる運動です。腕を上げた時、胸を十分に張りましょう。
○あごを少し上げ、顔はやや上向きの状態で行ないましょう。

ロケット発射

○腕を横から上に上げる運動です。バランスを崩さないようにしましょう。
○肘が曲がらないよう、しっかり伸ばします。

体側の運動

伸ばして反って

○からだを左右に曲げる運動です。
○上体が前かがみにならないようにし、腕のつけ根が耳に触れるようにします。
○上肢の動き（腕の曲げ伸ばしや振り）や下肢の動きに合わせて、からだを左右に反るように曲げます。

アーチを作って引っぱって

○2人で引っぱり合う運動です。
○手をつないでアーチを作り、タイミングを合わせて、適度な力で互いに引っぱりっこをします。

輪っか引っぱりっこ

○2人ペアで輪（フープ）を持って、引っぱり合う運動です。
○最初から急に強く引っぱらないで、ゆっくり始めてタイミングをつかみます。

曲げて反って、何見える？

○上体を前後に曲げる運動です。開脚と閉脚で行ないましょう。
○前に曲げる時は、上体の力を抜いて膝を伸ばします。後ろに曲げる時は、膝を軽く曲げ、あごを開いて、頭の重さと腕の振りで、後ろの床を見る気持ちで曲げます。
○バランスをとりながら行ないましょう。

タオルしぼり右、左

○足を固定して、からだを左右に回す運動です。
○少し開脚し、両足のかかとをしっかり地面につけて行ないましょう。

背腹の運動

メトロノーム・カチカチ

○上体を左右に曲げる運動です。

ブリッジかけよう

○ブリッジの状態になる運動です。
○あお向きの姿勢から、両手・両足を地面につけ、腰を上に上げてからだを反らせます。手と足の距離はできるだけ狭く、腹部を高くします。目は、手の位置を見るようにします。

胴の運動

グルーンタイフーン

○からだを回す運動です。
○両腕でリズムをとりながら大きく振り、その反動で上体を回します。最初は大きくゆっくり、しだいに弾みをつけて、リズミカルに行ないましょう。
○8の字回しもしましょう。

第3章 運動会であそぼう 運動会種目

運動会を、健康・体力づくりのきっかけの場に

各園によって、運動会のねらいや取り組み方は違いますが、子どもたちが、のびのびと元気に、なかよく、そして、一生懸命に動くようすが見られるこの機会を、保護者の方は何よりも心待ちにしています。そして、さらに参加いただくことで、子どもの成長をつぶさに確かめることができ、保育者の日常の取り組みへの理解も増して、子ども、保育者、保護者のつながりもいっそう深まります。

親子でふれあいながら運動することのすばらしさは格別です。大人も童心にかえって、力いっぱいからだを動かす爽快感を味わいます。ともに楽しみ、喜びを分かち合う一日を共有することは、心にもからだにも大きな収穫をもたらすことでしょう。

一方、こうした保護者参加の運動会をきっかけに、現代の子どもに危惧されている体力低下への関心、ひいては健康なからだづくりへの意識を、保護者の方に持っていただく第一歩となることを願っています。運動会をよい機会として、家庭での実践へとつなげていっていただくことを、大いに期待するところです。

ふだんからP.6～7に示した『子どものからだの異変とその対策—運動の大切さ—』を保護者の方におたよりとして配るなど、保護者自身が、健康や体力づくりに対する意識を高めていくような働きかけを積極的に行ないましょう。夜更かしの習慣から、登園時刻が守れない子どもが増えているという報告もあるようです。体力づくり以前の問題とも言えますが、「子どもたちのためを考えて、できるところからいっしょにがんばりましょう！」というアプローチで臨んでいけば、状況も少しずつ好転していくのではないでしょうか。

子どもが大好きな運動あそびを突破口に、また、運動会をきっかけに、子どもの心身ともに健やかな成長へ向けて、全力を傾けてサポートしていただけることを願って止みません。

ともあれ、子どもたちといっしょに、理屈抜きで運動会を存分に楽しむことからスタートです。参加出場して盛り上がるのはもちろん、見ているだけでも参加している気分になるような、ワクワク楽しい、一体感のある運動会をつくりあげましょう。

本章の**“おすすめプログラム”**は、園でのプログラムを、この8種目を中心に組んでいただけるよう考えました。ここに、プラスアルファをして、独自のプログラムにしてみてください。

“ふれあいサーキットあそび”では、親子でふだんから楽しんでいただきたい運動あそびを組み合わせています。「子どもたち、本当に楽しそう！　保護者の方々もいっしょに運動して健康家族をめざしましょう！」「お休みの日には、いっぱい遊んでもらおうね！」等、アナウンスしてみてはどうでしょう。

“子どもサーキットあそび”では、第1章、第2章で紹介した運動あそびを、流れや楽しさ、効果も考え、うまく組み合わせています。これはほんの一例です。そのままプログラムに加えていただいても結構ですが、いろんなパターンを組み合わせて、独自のものに仕上げても楽しいでしょう。

運動会であそぼう　おすすめプログラム　P.214~221

運動会であそぼう（年齢別ふれあい種目）ふれあいサーキットあそび　P.222~231

運動会であそぼう（年齢別競技種目）子どもサーキットあそび　P.232~239

ピクニックマーチ

みんなでおどろう

参考年齢 2~5歳児と大人

●ねらい●

○左右の概念や、空間認知能力を養う
○リズム感の向上
○体力(筋力・平衡性・協応性)の向上

すすめ方

子どもといっしょに楽しめる振りつけあそびです。手をつないでスタンバイし、曲がかかるのを待ちましょう。

メモ

※オープニングの体操として、子どもと保護者のペアで行なってみましょう！　子どもが知っていれば、すぐいっしょにできます。子ども同士でもよいでしょう。
○マーチングやジャンプ等の基本的な動きを、楽しみながらできます。
○歌詞に合わせて遊んでいるうちに、左右の方向が理解できるようになるでしょう。

●ピクニックのイメージに合わせて、歩く動きを多く取り入れています。
●「ケンケン」がスムーズにできる子どもは、発展として１人で行なわせてみましょう。

★準備すること

CD等のBGM関係

曲名/ピクニックマーチ
作詞者名/井出　隆夫
作曲者名/越部　信義
参考・収録CD名/「はる、なつ、あき、ふゆ、こどものうた」
コロムビアミュージックエンタテインメント（株）
2003.6.18発売

〈前奏〉

①両手をつなぎ、軽く膝を曲げてリズムをとる。

みぎあし　さん

②それぞれが右足を少し前に出して、かかとを1回つけて戻す。

よろしく　ね

③繰り返す。

ひだりあし　さん

④②と同じように、左足を少し前に出して、かかとを1回つけて戻す。

がんばろう　ね

⑤繰り返す。

ピクニック　ピクニック

⑥その場で手を大きく振って、足踏みをする。

いちにいちに

⑦肘を曲げて、こぶしをつくり、2回膝を曲げて、ふんばる。

ピクニック　ピクニック
あるけあるけ

⑧⑥と同じようにする。

あるけば　おなかが　すいて　くる
あるけば　おおきく　つよく　なる

⑨両手両足を、横に大きく開いて閉じるを、4回繰り返す。

〈前奏〉
32呼間

16呼間

⑩手をつなぎ、ケンケンでその場跳びを右足4回、左足4回、各2回ずつ行なう。

16呼間

⑪その場で手を大きく振って、足踏みをする。

⑫２番は１番の繰り返し。

最後のポーズ

⑬正面を向いて、両手を大きく広げる。

ヘンシン！ 体操リレー

カードを見たら、親子でヘンシン！

参考年齢 3〜5歳児と大人

●ねらい●

○体力（平衡性・筋力・協応性・リズム感）の向上
○身体認識力・空間認知能力の向上
○親と子のふれあい・スキンシップ・コミュニケーションづくり

すすめ方

○親子ペアで、2チーム以上で行なうと楽しいでしょう。
❶親子が手をつないでスタートします。
❷折り返し地点まで来たら、置いてある絵カードをめくります。
❸カードにかかれている変身体操をしながら、戻ってきます。
※カードにかいておく体操は、本書のいろんな所から選び出して、工夫してみましょう。

メモ

○親子が何よりも楽しんでできることが、いちばん大切です。
○急ぎすぎず、子どものペースに合わせて進めていくように伝えましょう。
○変身体操絵カードには、親子2人が移動しながら行なえる運動をかいておきます。

★準備すること

○変身体操絵カード〈動きのかかれたもの〉○フープ〈各チーム数〉●スタート・ゴールライン〈共通〉

花のお国の汽車ぽっぽ

みんなでおどろう

参考年齢 3~5歳児と大人

●ねらい●

○親子で汽車になることにより、ゲーム感覚でスキンシップをはかる。
○自由に空間を移動することにより、自主性や空間認知能力を養う。
○リズム感の向上

すすめ方

子どもといっしょに楽しめる振りつけあそびです。保護者は子どもの後ろに立ち、親子2人で正面を向いてスタンバイし、曲がかかるのを待ちましょう。

メモ

○模倣を通して、汽車あそびの楽しさを味わうことができます。
○保護者が子どもの手をしっかり持つ必要性から、互いの信頼関係を深めます。また、高い空間での動きを行なうことで、ダイナミックな動きを体験することができます。
●汽車の動きを、曲のリズムや歌詞に合わせて、自由に表現できるように工夫しました。
●静と動の動きを簡潔にし、分かりやすくしました。
●最後の「高い高い」の動きは、子どもが喜び、満足感が得られるでしょう。

★準備すること

CD等のBGM関係
曲名/花のお国の汽車ぽっぽ
作詞者名/小林　純一
作曲者名/中田　喜直
CD名/年齢別どうよう0〜2歳向
発売元/日本コロムビア株式会社
1999.6.14発売

〈前奏〉

①保護者は、子どもの後ろに立って肩に手を当て、4拍のリズムをとる。

②5拍目から、子どもは腰の横で汽車の車輪のように手を回し、2人は汽車になって動く。

（1番）あねもね　えきから

③向かい合って手をつなぎ、右足を前に出して、かかとをつけて、戻す。

きしゃぽっぽ

④2人で3回、両手をトントンと合わせる。

さくらそうの　まち

⑤ ③の逆をする。
左足を前に出して、かかとをつけて、戻す。

はしってく

⑥ ④と同じ。

ぽっぽっ　ぽっぽっ　ぴい　ぽっぽっ

⑦保護者が、子どもの脇の下を持ち、軸になって、子どもを時計まわりに1周回す。

ぽっ

⑧正面を向いて手をつなぎ、（前）→（後）→（前）→（前）→（前）の順に2人いっしょに両足跳びをする。

〈間奏〉

⑨前奏と同じ。

（2番）
（3番）
（4番）

⑩1番の繰り返し。

最後のポーズ

⑪保護者が子どもの後ろにまわり、子どもの脇を抱えて持ち上げる。

せんたく大好き

干してたたんで、たたんで干してリレー

参考年齢 3~5歳児と大人

●ねらい●

○手指の器用さを発達させる。
○移動系運動スキル（走る）の発達

すすめ方

○2チーム以上に分かれて競争します。
❶ハンカチ（3枚）の入ったバケツを持ち、「ヨーイ、ドン！」の合図でスタートします。
❷せんたくバサミのついたロープの所まで走って行き、ハンカチを3枚干します（1枚のハンカチに2個のせんたくバサミを使う）。
❸空のバケツを持ってスタートラインまで帰り、次の子どもにバケツを渡します。
❹次の子どもは空のバケツを持って、3枚のハンカチを取りに行き、ハンカチを入れたバケツを次の子どもに渡します。
❺各チームが繰り返して行ない、先に全員がゴールインしたチームの勝ちです。

メモ

慣れたら、干す時はシワを伸ばして干します。また、取り入れの時は、たたんでバケツに入れる等のジェスチャーを加えると、もっと楽しめるでしょう。

★準備すること

○せんたくバサミ〈チーム数×6〉○ハンカチ〈チーム数×3〉○バケツ〈チーム数〉○ロープ〈1〉○支柱〈2〉…ロープを張り、せんたくバサミをセット ●スタート兼ゴールライン〈共通〉

今日も安全運転だ！

誘導上手、右か？ 左か？ まっすぐか？

参考年齢 5歳児以上と大人

●ねらい●
○集中力の向上・協調性の育成
○空間認知能力の発達
○平衡性の向上

★準備すること
○フープ〈各チームに1〉…車のハンドルに見たてて、バトンがわりに使用する。○旗…〈各チームに1〉…折り返し地点用○アイマスク〈各チームに2〉●スタート兼ゴールライン〈共通〉

すすめ方

❶3人1チームになって、スタートラインの手前に縦一列に並んでスタンバイします。
❷先頭の子どもがフープを持って、ハンドルのように操作しながら運転手になります。
❸前2人はアイマスクをし、先頭以外は前の子どもの肩を持って進みます。
❹「スタート！」の合図で、いちばん後ろの子どもが、声を出しながらうまく誘導して、折り返し地点の旗を回り、戻ってくるレースです。

メモ

○フープを落とすとひっかかって転ぶことがあるので、先頭の子どもは、フープを落とさないようしっかり持って進みましょう。
○3人目の誘導者役は、はっきりと大きい声で誘導します。
○BGMに、♪『はたらくくるま』や♪『激走戦隊カーレンジャー』等を用いると楽しいでしょう。
○消防車やパトカー等、いろんな車を手作りして、それらを持って走ると、雰囲気がいっそう盛り上がります。

バリエーション

○段ボールでトンネルを作ったり、細いラインの道をかいてその上を歩くという、障害物リレーの要素を加えてレベルアップしてもよいでしょう。
○誘導者役が列からはなれて、声ではなく、鈴やタンバリン等で誘導する方法も試してみましょう。

ちょっとそこまで

さすが！ 異年齢のチームワークで旗まわり

参考年齢 3歳児以上と大人

ねらい

○脚筋力・敏捷性の向上
○移動系運動スキル（走る）の発達
○空間認知能力の発達

★準備すること

○旗〈各チームに5～6〉…折り返し地点用 ○たすき〈チームに1〉…バトン用 ○ハチマキ〈チームに1〉…アンカー用 ●スタート兼ゴールライン〈共通〉

すすめ方

○いろんな年齢で構成されたチームをつくります。
○折り返し地点の旗は、スタートラインに近い方から1･2･3･4･5、としておきます。
❶スタートの合図で、年齢のいちばん小さな子どもが走り、1の旗を回って戻ってきます。
❷スタート地点に戻ってきたら、次の年齢の子どもに交替し、その子どもは2の旗を回ってきます。
❸この要領で次々と交替して、アンカーは大人が走り、いちばん遠くの旗を回って戻ってきます。戻ったら、チーム全員でバンザイをします。
❹いちばん速く、全員がゴールインしたチームの勝ちとなります。

メモ

○1チーム5～6人で構成し、チーム対抗リレーにすると楽しくできます。
○順番を決め、それぞれ何番の旗を回るかを確認しておくことが大切です。また、番号のかわりに、小さな子どもにもわかりやすい、ゾウやウサギの絵をかいておくのもアイデアです。

バリエーション

○それぞれの旗の所に、風車やメダル等のおみやげを用意しておくと、子どもは大喜びします。
○走るだけではなく、三輪車や缶ポックリ等を使って競技しても楽しいでしょう。どの年齢が何を使うか決めます。乳母車を取り入れると、乳児も参加できます。

大わらわの輪

フープを上手に送ろう競争

参考年齢 3歳児以上と大人

ねらい

○身体認識力の発達
○巧ち性・柔軟性の向上
○移動系運動スキル（走る）・操作系運動スキル（フープを送る）の発達

★準備すること

○フープ〈各チームに1〉○旗〈各チームに1〉…折り返し地点用　○ハチマキ〈各チームに1〉…先頭メンバーの確認用　○アンカーたすき〈各チームに1〉…最後尾の子どもが肩にかける　●スタートライン〈1〉

すすめ方

○1チーム5〜6人で、2チーム以上で行ないましょう。
❶スタートラインの手前に、チームごとに縦一列に並び、横を向いて手をつないでスタンバイします。
❷「スタート！」の合図で、いちばん後ろの子ども（アンカーたすきをつけるとよい）から、フープを下の絵のように前へ送っていきます。手はつないだままです。
❸フープが先頭の子どもまで行ったら、先頭の子どもはフープを持って旗を回って戻ってきます。
❹戻ってきたら、フープにチームメンバー全員のからだをくぐらせながら、いちばん先頭の子どもまで送ります。
❺先頭の子どもの所まで来たら、フープを足元に落として、その子どもが拾って走ります。
❻全員が旗を1周するまで続けます。
❼最後尾にいた子ども（アンカー）が旗を回ってゴールインしたら終わりとし、全員でバンザイをします。

メモ

○3歳児も、親子でゆっくり行なうと、活動の流れにのって楽しむことができます。
○運動会では、保護者と子どもとが1つのチームで、1列に並んで競技するのも楽しいでしょう。
○フープにきれいな飾りをつけると、会場が華やかになり、雰囲気も明るくなります。

バリエーション

○1つのチームで2つのフープを使って送ってみましょう。
○旗を回る時、フープのまわしとびをしながら回ってみても楽しいでしょう。

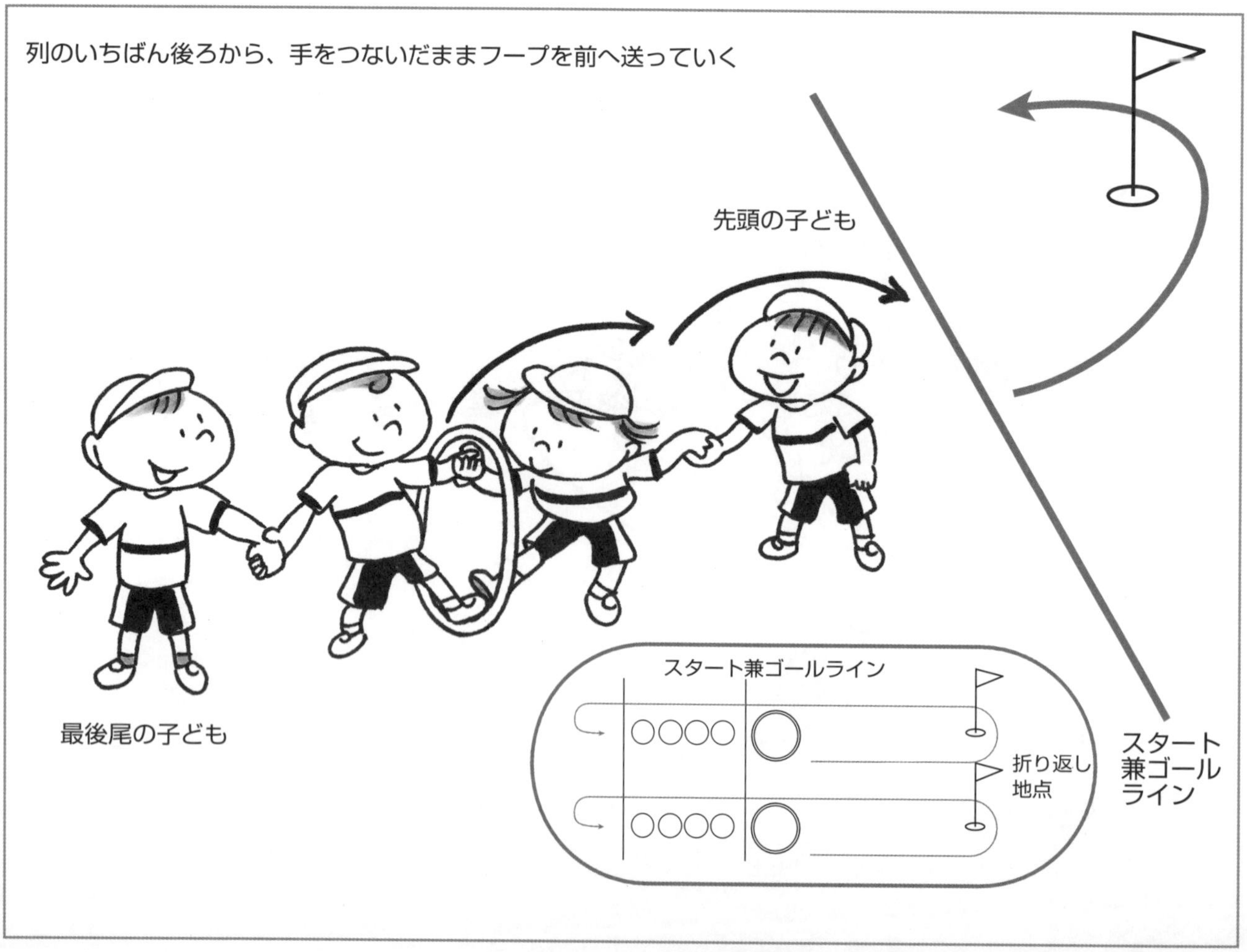

GOGO! つなひき

それいけ！ 助っ人、時間差つなひき

参考年齢 4歳児以上と大人

●ねらい●

○左右の概念や空間認知能力を養う。
○リズム感の向上、協調性、チームワークの育成
○体力（筋力・持久力）の向上

★準備すること

○つな〈1〉○色ハチマキ〈1〉…つなの中心に巻きつける。●スタートライン〈2〉、センターライン〈1〉、勝敗ライン〈2〉

すすめ方

○年齢構成を考え、1チーム12名くらい（チームの人数は合わす）のチームをつくります（最低2チーム）。
○同じチームのメンバーを、3つのグループ（1グループ4名くらい）に分けます。
○センターラインに、つなを中心部分（ハチマキを巻いておく）が交差するように置きます。
❶第1グループがそれぞれスタンバイしたら、スタートの合図でつなひきを始めます。
❷その後、時間差をつけて第2グループ、第3グループがつなひきに加わり、続けていきます。
❸チームの勝敗ラインの位置にハチマキ（つなの中心部分）を引き込むと、ゲーム終了です。勝負がつかない時は、ハチマキの位置で決めてください。

メモ

○子どもたちには、時間差をよく理解させます。カラー帽子で順番を区別してもよいでしょう。
○複数チームで行なう場合、勝負が公平になるよう、各対戦グループごとに審判をつけると円滑に運びます。
○リーグ戦やトーナメント戦で進めてもよいでしょう。

バリエーション

○グループを増やしたり、時間を短縮して合図することも試しましょう。
○つなに向かう時に、カエル跳びやケンケン跳び、ネコ車で行くというオプションも、ゲームを盛り上げます。

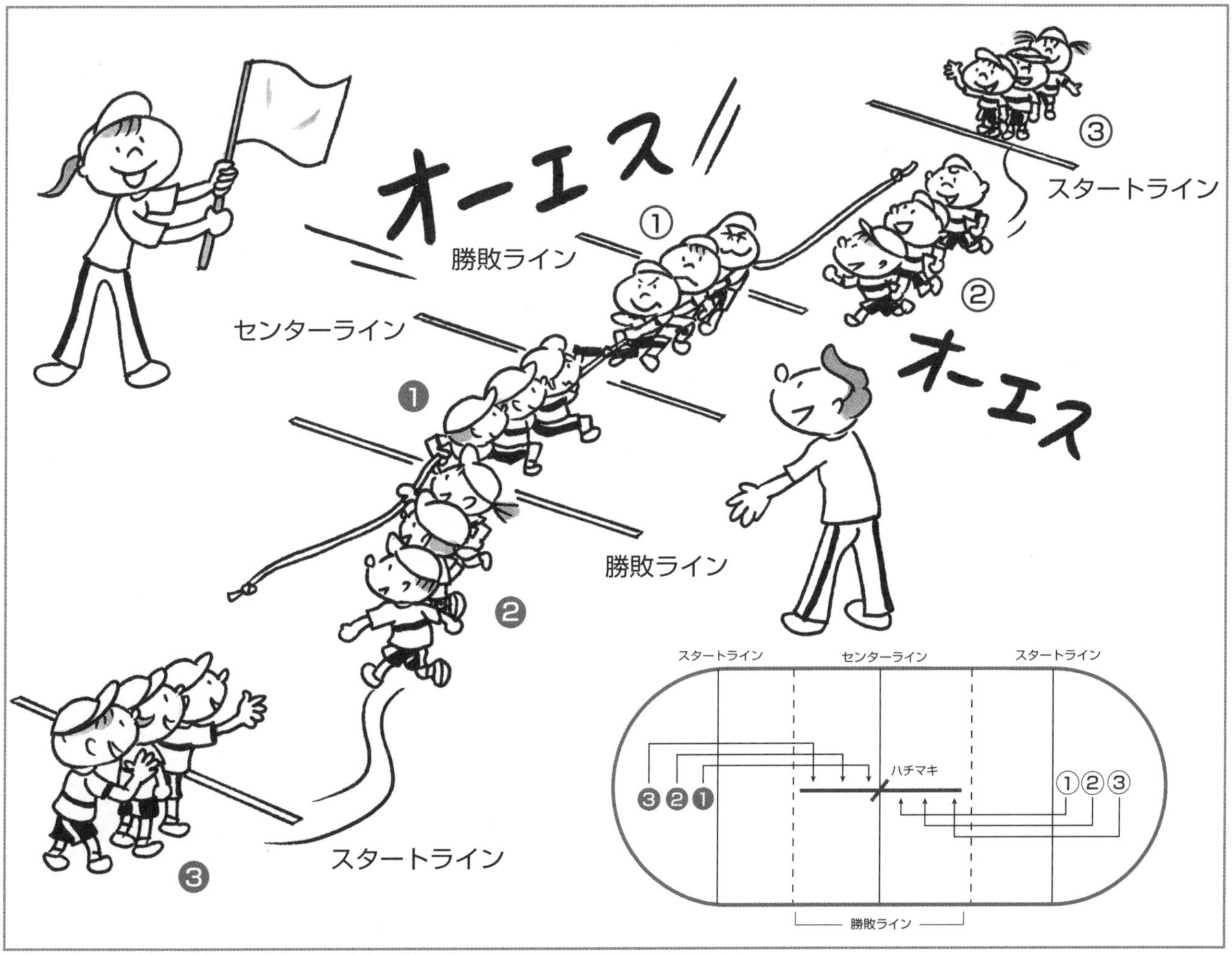

1歳児 ふ★れ★あ★い★サーキットあそび

いつもいっしょに！
できルンルンスタンプをもらおう！

サーキットあそびは、発着場所が同じ自動車レース『サーキット』から名前をとったあそびです。

サーキットコースの中での運動課題として、移動系・平衡系・操作系の運動スキルが発揮できる活動を計画に入れましょう。本書の第1章・第2章からバランスよく選んで構成しましょう。

楽しいアナウンス 赤ちゃんでも楽しめる種目ばかりです。どの種目も終わった後は、ギュッと抱きしめてあげてくださいね！

●最初は、大人の人にがんばってもらいましょう。赤ちゃんをだっこして、次のコーナーまで走ります。
●次は、マットの上をハイハイして赤ちゃんが来ますよ。ガンバレコールをして励ましてくださいね。到着したら、だっこして褒めてあげましょう。
●次は、赤ちゃんが歩いて来まーす。あんよがおぼつかない子には、一歩踏み出して手助けをしてあげましょう！
●次は、赤ちゃんがお片づけをするコーナーです。頼もしいですね。
●最後はしめくくりのだっこで、ハイ、ゴールイン！
※コーナーとコーナーの間は、だっこで走りますよ。

バランスをとりながら歩いてねー！

ヨチヨチウォーキングコーナー

あんよはじょうずギコッ！
ホラ、1人であんよ
P.49

ポイントアナウンス
あんよが得意な子も、まだまだハイハイしたい子もいますが、チャレンジしますよ。最後まであんよができなくても、拍手してあげてね。

バランスをとりながら歩く	平衡系および移動系運動スキル【筋力・平衡性・空間認知能力】

スタンプコーナー

ポイントアナウンス
あんよしながら、大きなお荷物を持ちます。大人はちょっと手を貸しましょう。

お片づけじょうずギコッ！
アッチコッチ楽しいな
P.49

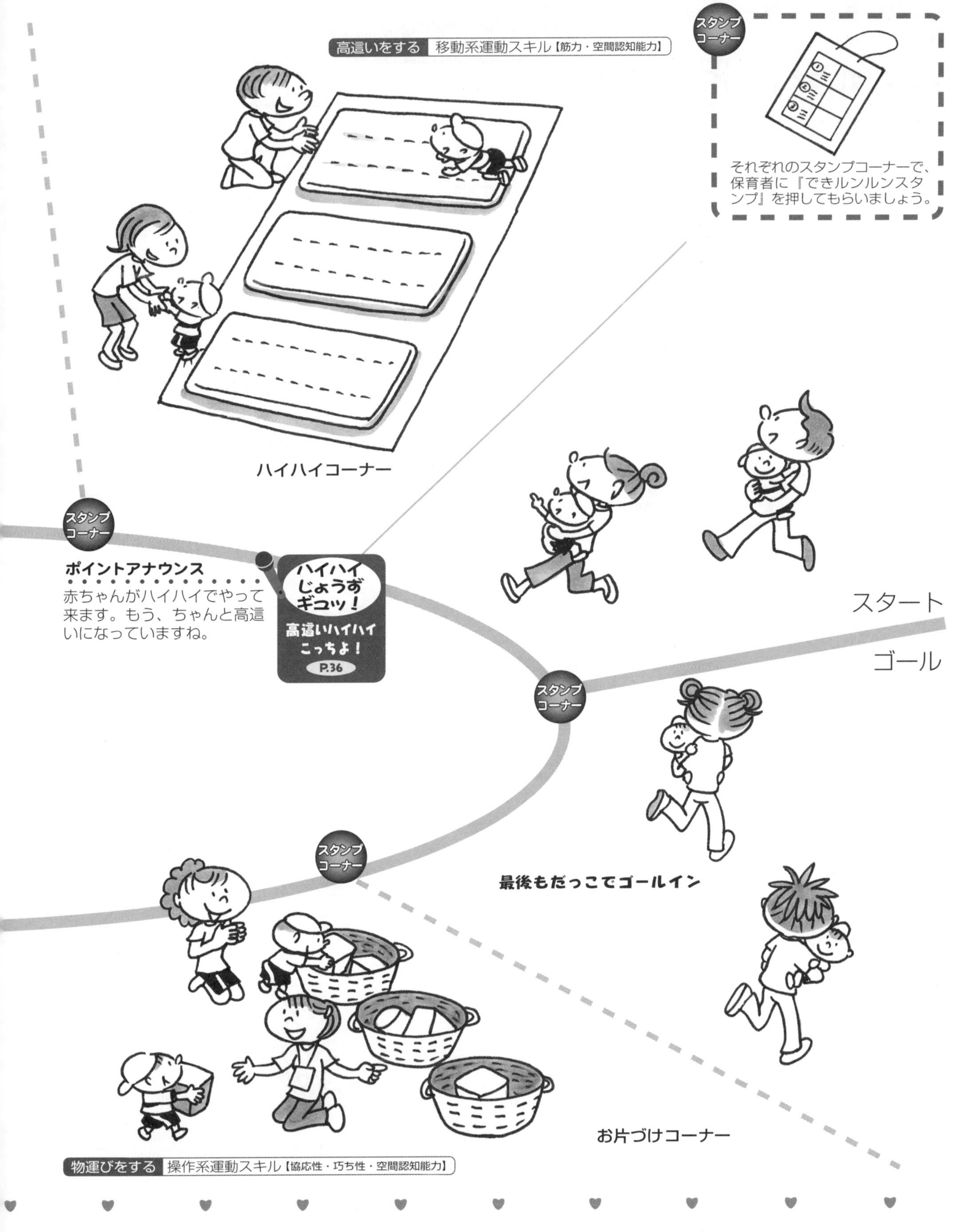

それぞれのスタンプコーナーで、保育者に『できルンルンスタンプ』を押してもらいましょう。

ポイントアナウンス

赤ちゃんがハイハイでやって来ます。もう、ちゃんと高這いになっていますね。

2歳児 ふ・れ・あ・い・サーキットあそび

ひとりでできるかな？

できルンルンスタンプをもらおう！

サーキットあそびは、発着場所が同じ自動車レース『サーキット』から名前をとったあそびです。

サーキットコースの中での運動課題として、移動系・平衡系・操作系の運動スキルが発揮できる活動を計画に入れましょう。本書の第1章・第2章からバランスよく選んで構成しましょう。

楽しいアナウンス 今日は子どもといっしょに、なかよくからだを動かしましょう。思いっきり楽しんでくださいねー！

- さあ、いっしょにサーキットコースを回りましょう。最初は足蹴り自動車でスタートです。車を降りたら、スタンプを押してもらおうね。
- 次は、背中合わせで立って、かがんで開いた足の間から「こんにちは」をしまーす。できたら歩いて次へ進もう！
- 次は、ピョンピョンと、ウサギさんになって3回跳びますよ。
- 大好きな風船のコーナーへ来ましたね。風船を1回つきっこしたら、手をつないでかけっこラインまで歩いてね。
- 最後はかけっこです。2人なかよくゴールインしたら、バンザイをしましょう。

バランスを保ちながら前屈をする | 平衡系運動スキル【平衡性・筋力・空間認知能力】

こんにちは
こんにちは
スタンプコーナー
コーナーとコーナーの間は、手をつないで歩きます。
スタンプコーナー
スタンプコーナー
コーナーとコーナーの間は、手をつないで歩きます。

へんなこんにちは
何が見えるかな？
P.68

ポイントアナウンス
2人がお互いに足の間からのぞいて、顔を見合わせます。上体をしっかり前へ曲げてね。「こんにちは」と言う間、曲げていられるかな？

ウサギになる | 移動系運動スキル【瞬発力・リズム感】

いっしょにピョンピョン
リズムでピョン みんなでピョン
P.99

ポイントアナウンス
ウサギさんになってピョンピョン跳んでね。お耳もしっかり動かしてね。

スタンプコーナー

それぞれのスタンプコーナーで、保育者に『できルンルンスタンプ』を押してもらいましょう。

自動車ブッブー

車に乗って蹴って進む　操作系運動スキル【平衡性・協応性・筋力・瞬発力】

ポイントアナウンス

足でしっかり地面を蹴って車を動かしてね。コースをはずれずに進んでいくことができるかな？

スタート

ゴール

スタンプコーナー

かけっこをする　移動系運動スキル【瞬発力・スピード・平衡性】

かけっこわーい!

ニンジンほしいおウマさん

P.86

ポイントアナウンス

さー、かけっこですよ。途中でやめずに、力いっぱいゴールを目指して走り抜けてね。

風船ポーン!

風船ポーン、しよう！

P.78

ポイントアナウンス

大人から風船をポーンとついて渡しましょう。子どもは、飛んできた風船をついて返します。うまく相手に届けてね。

風船をつく　操作系運動スキル【敏捷性・協応性・巧ち性・空間認知能力】

スタンプコーナー

スタンプ押してもらったね

コーナーとコーナーの間は、手をつないで歩きます。

3歳児 ふ・れ・あ・い☆サーキットあそび

いっしょにあそぼう！

できルンルンスタンプをもらおう！

サーキットあそびは、発着場所が同じ自動車レース『サーキット』から名前をとったあそびです。

サーキットコースの中での運動課題として、移動系・平衡系・操作系の運動スキルが発揮できる活動を計画に入れましょう。本書の第1章・第2章からバランスよく選んで構成しましょう。

楽しいアナウンス 今日は子どもといっしょに、なかよくからだを動かしましょう。思いっきり楽しんでくださいねー！

●まず最初はトンネルくぐりです。2人で入ると、ちょっと狭いかな？　どちらが先か作戦を立ててね。抜け出たら、『できルンルンスタンプ』を押してもらって、次へGO！
●なわがあるね。これでニョロニョロヘビをつくってね。
●次は、フープの電車ごっこですよ。子どもがフープに入って、大人は後ろからフープを支えて走りましょう。
●今度はボールあそびのコーナーです。向かい合って、往復3回、転がし合いをしてね。
●最後は、なかよく手をつないで、平均台を渡ります。大人は下から、しっかり支えてあげてくださいね。

横波をつくる　操作系運動スキル【協応性・筋力】

スタンプコーナー

スタンプコーナー

ヘビつくろう
横波つくろう
P.138

ポイントアナウンス
なわを横に振って、ニョロニョロヘビをつくりましょう。手を大きく振ったら大ヘビ、細かく振ったら赤ちゃんヘビ。どんなヘビができるかな？

おじいちゃん
うしろを
もってよ

フープ電車GOGO!

ポイントアナウンス
大人は、後ろからフープを支えて走りますが、子どものペースに合わせて、先に走って引っぱらないでくださいねー。

フープを持って走る　移動系運動スキル【筋力・空間認知能力】

スタンプコーナー

シュッ　シュッ
ポッポッ

トンネルくぐろう

ポイントアナウンス

大人が先でも子どもが先でも、なかよく並んでくぐってもいいですよ。さー、ワクワクするようなトンネルくぐり、お父さん、つっかえないでね。

くぐり抜ける　移動系運動スキル【巧ち性・筋力・空間認知能力】

スタンプコーナー

それぞれのスタンプコーナーで、保育者に『できルンルンスタンプ』を押してもらいましょう。

スタート　ゴール

スタンプコーナー

平均台を渡る　平衡系運動スキル【平衡性・筋力・空間認知能力】

橋を渡ろう

ポイントアナウンス

子どもは平均台を歩きます。大人は下で手を持って支えながら行きます。バランスをとりながら、端まで渡りきりましょう。

コロコロころがそう

ポイントアナウンス

ボール転がしをします。胸の所で受け止められるよう、うまく転がして、距離も工夫してあげてくださいね。

コロコロボール キャッチ・ギュッ！ P.120

スタンプコーナー

ボールころがしをする　操作系運動スキル【協応性・敏捷性・空間認知能力】

4歳児 ふ・れ・あ・い✪サーキットあそび

みてみてできるよ！

できルンルンスタンプをもらおう！

サーキットあそびは、発着場所が同じ自動車レース『サーキット』から名前をとったあそびです。

サーキットコースの中での運動課題として、移動系・平衡系・操作系の運動スキルが発揮できる活動を計画に入れましょう。本書の第1章・第2章からバランスよく選んで構成しましょう。

楽しいアナウンス　今日は子どもといっしょに、なかよくからだを動かしましょう。思いっきり楽しんでくださいねー！

- まず最初は、トンネルくぐりです。2人とも抜け出してから、そろっていっしょに次のコーナーへ走ります。
- なわとびのコーナーです。2人それぞれ前回しで2回ずつ跳んだら、次に行きましょう。
- 次はフープで遊びます。サークルの中に入って、フープを相手に転がして渡しましょう。1往復させます。
- 今度はキャッチボールをします。向かい合ってボールを投げますが、地面にワンバウンドで1往復させましょう。
- 最後は、2本並んだ平均台にそれぞれ乗って、なかよく手をつないで渡りますよー。

なわとびをする　操作系運動スキル【協応性・リズム感・筋力・身体認識力】

スタンプコーナー

なわとびピョンピョン

前とび
後ろとび
P.135

ポイントアナウンス

前とびで、足をそろえて2回跳びましょう。あらあら、お父さん叱られますよー。子どもたちの方が、いつもやっているから上手ね！

スタンプコーナー

輪ッコロリンキャッチ

輪ッ！コロリンキャッチリレー
P.147

ポイントアナウンス

フープを転がして相手に渡します。うまく相手の所に転がるよう、ねらいをつけてね。

回して帰ろう

フープをころがす　操作系運動スキル【協応性・敏捷性・空間認知能力】

スタンプコーナー

トンネルくぐろう

ポイントアナウンス

どちらが先にくぐるか決めましたか？　先に出た方は、もう１人を待っててあげてね。そろったら次のコーナーへ！

くぐり抜ける　移動系運動スキル【巧ち性・筋力・柔軟性・空間認知能力】

スタンプコーナー

それぞれのスタンプコーナーで、保育者に『できルンルンスタンプ』を押してもらいましょう。

スタート

ゴール

スタンプコーナー

平均台を渡る　平衡系運動スキル【平衡性・筋力・空間認知能力】

2本橋いっしょに

ポイントアナウンス

2本の橋にそれぞれ乗りますが、相手より先に進みすぎると、手をつないでいるのでバランスを崩しますよ。ペースを合わせてなかよく行ってね。

バウンドキャッチ

バウンド・キャッチ！

P.122

ポイントアナウンス

ボールを、相手にワンバウンドで投げて渡します。相手の位置を確かめて、うまくバウンドさせてね。

スタンプコーナー

ワンバウンドでキャッチボールをする　操作系運動スキル【協応性・巧ち性・敏捷性・空間認知能力】

5歳児 ふ・れ・あ・い✪サーキットあそび

パパ、ママ、がんばって！

できルンルンスタンプをもらおう！

サーキットあそびは、発着場所が同じ自動車レース『サーキット』から名前をとったあそびです。

サーキットコースの中での運動課題として、移動系・平衡系・操作系の運動スキルが発揮できる活動を計画に入れましょう。本書の第1章・第2章からバランスよく選んで構成しましょう。

楽しいアナウンス 今日は子どもといっしょに、なかよくからだを動かしましょう。思いっきり楽しんでくださいねー！

- 子どもが大好きなトンネルくぐりです。大人にはちょっと狭いかもしれませんが、うまく脱出してくださいね。
- なわとびをします。2人が向かい合って、いっしょに1回跳びましょう。
- 大人のみなさんもよく知っている懐かしいあそび、フープまわしに挑戦してみましょう。それぞれ3回、回します。
- 今度はボールで遊びましょう。向かい合ってキャッチボールをします。取りやすいように、近づいてもいいですよ。
- 最後は、平均台のあそびです。それぞれ正反対の端から歩いてきます。まん中で会ったら「こんにちは」をして、平均台を乗りかえ、「さようなら」を言って端まで帰ります。そして手をつないで、なかよくゴールインです。

いっしょになわを跳ぶ 非移動系・平衡系運動スキル【平衡性・リズム感・空間認知能力・身体認識力】

スタンプコーナー

いっしょになわとび

ポイントアナウンス
向かい合って、大人が回すなわにいっしょに入って跳びます。なわにかからないよう、タイミングを合わせてね。移動しないで、その場でバランスをとりながら跳ぶんだね。

スタンプコーナー

フープまわしをする 操作系運動スキル【協応性・巧ち性・リズム感・空間認知能力】

フープをまわそう

いろんなところで?! フラフラ フラフープ P.149

ポイントアナウンス
フープを回しましょう。3回回したらOKです。2人とも回して遊んだら、次に進みましょう。

スタンプコーナー

キャッチボールしよう！

ポイントアナウンス
向かい合ってキャッチボールをします。したて投げで投げると取りやすいでしょう。

からだの成長も、運動能力の発達も目覚ましい年長児です。その成果を実感してもらうために、操作系の運動を、競技のメインに取り入れましょう。

トンネルくぐろう

ポイントアナウンス

大人が先でも子どもが先でも、なかよく並んでくぐってもいいですよ。さー、ワクワクするようなトンネルくぐり、お父さん、つっかえないでね。

くぐり抜ける　移動系運動スキル【巧ち性・筋力・柔軟性・空間認知能力】

スタンプコーナー

それぞれのスタンプコーナーで、保育者に『できルンルンスタンプ』を押してもらいましょう。

スタート

ゴール

スタンプコーナー

橋を渡ろう

ポイントアナウンス

端まで先に着いても、相手が来るまで待っています。いっしょになかよく挨拶をして、相手の平均台に乗りかえて、端まで行きましょう。

平均台を渡る　平衡系運動スキル【平衡性・筋力・巧ち性・空間認知能力】

スタンプコーナー

ボールを投げる　操作系運動スキル【協応性・巧ち性・空間認知能力】

2歳児 子・ど・も・サーキットあそび

動物園へでかけよう

どんな動物にあえるかな？

サーキットあそびは、発着場所が同じ自動車レース『サーキット』から名前をとったあそびです。

サーキットコースの中での運動課題として、移動系・平衡系・操作系の運動スキルが発揮できる活動を計画に入れましょう。本書の第1章・第2章からバランスよく選んで構成しましょう。

楽しいアナウンス 子どもが動物のまねをして行きますよー！

- スタートをしたら、変身ポイントで「へーんしん！」してね。ウサギさんになったかな。跳ねて走ってね。
- 次はカニさんに変身だね。ここは平均台に乗って横歩きで渡りまーす。おててチョキチョキもしてみようね。
- 次の変身は、アヒルさんです。ガァガァ鳴いて、お尻を出して歩いていってね。
- ハイ、次はゴリラ君になるんだね。エッサカホイサと歩いていって、バナナを取ってうまくかごへ投げ入れてね。
- 最後の変身は、かわいいイモムシちゃんです。ゴロゴロマットを転がって、さー、もうすぐゴールだよー！

アヒル歩きをする　移動系運動スキル【筋力・協応性・模倣能力】

アヒルになって
アヒルの行列 グワッグワッ グワッ！ P.102

ポイントアナウンス
膝を曲げて、お尻を落として歩いていますか？　膝のバネをうまく使ってね。

投げ入れる　操作系運動スキル【協応性・筋力】

バナナ投げゴリラ

ポイントアナウンス
バナナを1つ取って、かごに投げ入れましょう。強く投げすぎずに、ねらいを定めて入れることができるかな？

ポイントアナウンス

平均台に乗って、カニのように横歩きしますよ。バランスよく最後まで渡ることができるでしょうか。

チョキチョキ カニ歩き

カニさん横歩き

P.99

カニ歩きをする　平衡系運動スキル【平衡性・リズム感・筋力】

変身ポイント

へ〜ん
しん
しゃがんで
ジャンプする

変身ポイントに来たら、「へ〜んしん！」と言ってポーズをしてから、動物の模倣をする。

楽しいアイテム

動物コーナーインフォメーション

旗立台を利用して、動物の絵を表示する。

ピョンピョン ウサギ

リズムでピョン みんなでピョン

P.99

ポイントアナウンス

手をウサギの耳のように上げて、跳びながら上下にゆらしますよ。連続して跳んでいくことができるでしょうか。

ウサギとびをする　移動系運動スキル【瞬発力・リズム感】

へんしん してね

変身ポイント

スタート

ゴール

イモムシ コロリン

ゴロゴロ、コロコロ 転がれ転がれ！

P.170

ポイントアナウンス

マットの上を、イモムシになって転がります。マットから落ちないで、まっすぐ横に転がっていけるかな？

変身ポイント

転がる　移動系運動スキル【筋力・平衡感覚・空間認知能力】

3 歳児

子・ど・も・サーキットあそび

ドングリころころ転がれ～！

サーキットあそびは、発着場所が同じ自動車レース『サーキット』から名前をとったあそびです。

サーキットコースの中での運動課題として、移動系・平衡系・操作系の運動スキルが発揮できる活動を計画に入れましょう。本書の第1章・第2章からバランスよく選んで構成しましょう。

楽しいアナウンス　子どもがドングリになって走りまーす！

- ドングリちゃんたち、まずはホソホソ橋を渡りまーす。よーく見ててあげてくださいね。そして拍手～！
- とび箱のお山に登って、元気よくバンザイのポーズをします。さー、ピョンと跳び降りて、走っていこう。跳べなくても、いろんな降り方で行っていいよ。
- 次は、マットの谷をゴロゴロ転がってね。
- あっ、池にやってきたね。フープ池にとび込んで、うまく脱出してね。あわてないでね。
- 次の池も、深くて長く手強いよ。ずんずんもぐって出てきたら、ドジョウさんに「こんにちは！」を言ってカードをもらおう。
- 最後はクネクネ森を抜けると、ゴールまでもうすぐだよ。

フープ池

着たり、脱いだり輪くぐり競争 P.148

ポイントアナウンス

とび込んだフープの池をうまく抜け出すことができるでしょうか？　からだを柔軟に動かして脱出しますよ。

ころがる　移動系運動スキル【調整力・筋力・平衡性】

ゴロゴロ谷

ゴロゴロ、コロコロ転がれ転がれ！ P.170

ポイントアナウンス

マットからはみ出さずに転がることができるでしょうか？寝た姿勢でも、平衡感覚を発揮しますよ。

フープのからだ通しをする　操作系運動スキル【巧ち性・協応性・身体認識力】

くぐり抜けをする　移動系運動スキル【筋力・巧ち性・空間認知能力】

トンネル池

ポイントアナウンス

トンネルをうまく通り抜けられるでしょうか？　ここでは、空間の中での自分のからだの位置感覚と器用さを育てます。

楽しいアイテム

ドングリ＆
ドジョウのお面

絵をかいて切り抜き、帯をつけて作る。

高い所で立つ　平衡系運動スキル【平衡性】

登る　移動系運動スキル【筋力・巧ち性】

かけっこをする　移動系運動スキル【瞬発力・スピード】

平均台を渡る　平衡系運動スキル【平衡性・筋力・空間認知能力】

ドングリ山
とび箱
ロック
クライミング
P.176

ポイントアナウンス

足で蹴る時の瞬発力が必要です。降りる時は、場所をしっかり確かめてジャンプしていますよ。

ホソホソ橋
一本橋、
前進！
P.166

ポイントアナウンス

橋から落ちないで、最後まで渡りきれるでしょうか。平衡感覚が必要ですよ。

スタート

ゴール

ジグザグ走をする　移動系運動スキル【敏捷性・スピード・空間認知能力】

クネクネ森
ジグザグ
大回転
P.89

ポイントアナウンス

木にぶつからないで、うまく通り抜けられるでしょうか？このコーナーでは、すばやさや空間を読みとる感覚が発揮されています。

4歳児 子・ど・も・サーキットあそび

ウンドマンが行く！

迷子のクマ君を助けよう

サーキットあそびは、発着場所が同じ自動車レース『サーキット』から名前をとったあそびです。

サーキットコースの中での運動課題として、移動系・平衡系・操作系の運動スキルが発揮できる活動を計画に入れましょう。本書の第1章・第2章からバランスよく選んで構成しましょう。

楽しいアナウンス 子どもがウンドマンになって、迷子になったクマ君を助けに行きますよー！

- ウンドマンのマフラーをしたら出発！　最初はフープの迷路です。ラインのクネクネ道を通って抜け出してね。
- おっと、次は大岩だ。こんなのへっちゃらさ、転がしてしまえー！　ついでに、ニョロニョロヘビもピョンと跳んで。
- 次は山があるぞ、ちょっと高いけど越えちゃえ。頂上でガッツポーズ！　だってウンドマンは強いんだぞ。
- 橋が見えたぞ。わーっ、川にはワニがいるよー。えい、渡っちゃえ。だってウンドマンは勇気100倍だもんね。
- あ、クマ君がいた。今助けるよー！　さー、クマ君をおんぶして帰ってきましたー。スーパーヒーローに拍手！

玉転がしをする 操作系運動スキル【協応性・筋力・空間認知能力】

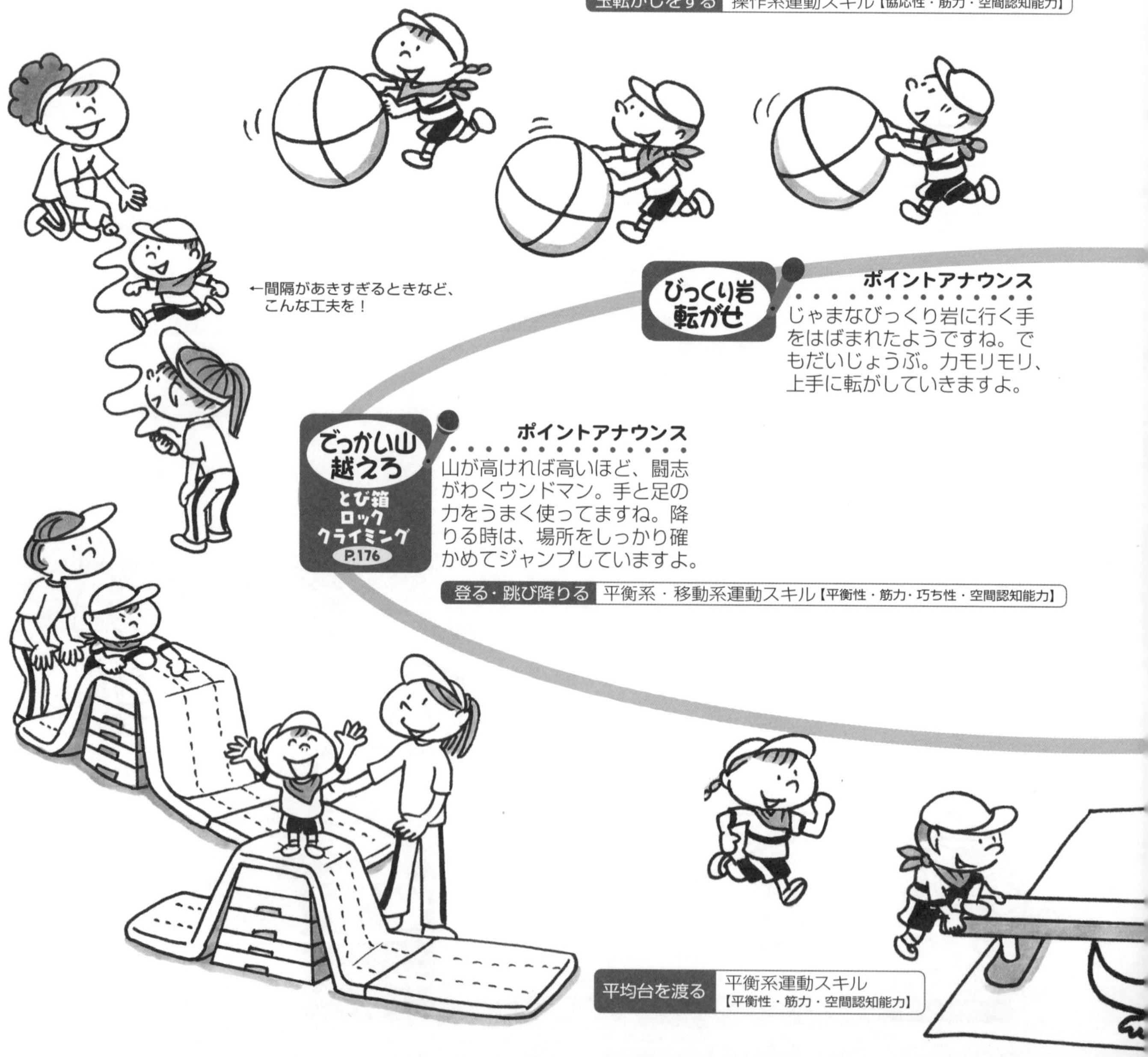

びっくり岩転がせ

ポイントアナウンス
じゃまなびっくり岩に行く手をはばまれたようですね。でもだいじょうぶ。力モリモリ、上手に転がしていきますよ。

でっかい山越えろ
とび箱ロッククライミング P.176

ポイントアナウンス
山が高ければ高いほど、闘志がわくウンドマン。手と足の力をうまく使ってますね。降りる時は、場所をしっかり確かめてジャンプしていますよ。

登る・跳び降りる 平衡系・移動系運動スキル【平衡性・筋力・巧ち性・空間認知能力】

平均台を渡る 平衡系運動スキル【平衡性・筋力・空間認知能力】

ジグザグ走をする 移動系運動スキル【敏捷性・スピード・空間認知能力】

正義のしるし、バンダナマフラーを巻いて、ウンドマンは行く。

穴にはまるな

ポイントアナウンス

落とし穴いっぱいの迷路です。穴にはまらずにうまく抜けられるかな？　ここでは、すばやさや空間を読みとる感覚が発揮されます。

ポイントアナウンス

迷子のクマ君をおんぶして、ゴールまで一目散。落とさないでねー、転ばないでねー！

おんぶで大丈夫

かけっこをする 移動系運動スキル【瞬発力・スピード】

お助け橋渡れ

一本橋、前進！

P.166

ポイントアナウンス

ワニのうようよいる川を、勇敢にも渡っていくウンドマンです。おっとっと、バランスのとれた歩き方は、お見事お見事〜！

5歳児 子・ど・も・サーキットあそび

運動会アドベンチャー

冒険を求めて！

サーキットあそびは、発着場所が同じ自動車レース『サーキット』から名前をとったあそびです。

サーキットコースの中での運動課題として、移動系・平衡系・操作系の運動スキルが発揮できる活動を計画に入れましょう。本書の第1章・第2章からバランスよく選んで構成しましょう。

楽しいアナウンス 冒険、探検が大好きな子どもたちです。園庭でのアドベンチャーをご覧ください。

- やってきたのは洞くつです。何やら不気味な物がいっぱい垂れ下がっていますね。くぐったりまたいだりして、早く抜けだそう！
- 大きな大きな山が現れましたよ。だけど、ちょうどいい所に跳躍台があるぞ。いっきに跳び越しちゃえ！
- 次に来たのは大きな川だ。しかも急流ときている。見れば、ヒナが渡れなくて困っているようですね。ヒナをだっこして、つり橋を渡って親鳥に渡してあげようね。
- 今度は海だ。海底には、海藻がはびこっているぞ。気をつけて、うまくよけて抜けだせるかな？
- なわとびエンジン全速力で帰ろうね。冒険はおしまい。

くぐる・またぐ　移動系運動スキル【巧ち性・身体認識力・空間認知能力】

洞くつだ！

リスさんのおうちこんにちは！ P.133

ポイントアナウンス

洞くつの中、高い所はくぐって、越えられるようならまたいで抜けだそう。垂れ下がっている物をちぎらないよう、注意が必要ですよ。

山をひとっ越え

忍法！開脚、ひとっ跳び P.179

ポイントアナウンス

山がありました。でも心配無用。いい具合に踏切台があります。これで勢いをつけてひとっ跳び！　手は、なるべく前につくのがコツですよ。

跳び越える　移動系運動スキル【筋力・瞬発力・平衡性・空間認知能力】

スタート　ゴール

ポイントアナウンス

回して帰ろう

前とび
後ろとび

P.135

さー、冒険もラストです。車輪のついた船に乗って、なわとびエンジンを力いっぱい回しながら帰りましょう。

連続前回転まわしとびをする｜操作系・移動系運動スキル【協応性・筋力・リズム感・空間認知能力】

ネットくぐりをする｜移動系運動スキル【筋力・巧ち性・空間認知能力】

ポイントアナウンス

海底探検

海底には、見たこともないような生き物が住んでいるかもしれませんね。潜ったら、海藻に足をとられないように気をつけてね。

ヒナだ！急流だ！

ポイントアナウンス

ヒナに見たてたボールを落とさずに、平均台の橋を渡りきれるかな？　平衡感覚はもちろん、慎重さも必要ですね。

平均台を渡る｜平衡系運動スキル【平衡性・筋力・空間認知能力】

あとがき

子どもたちの心を豊かにし、生活の質を向上させるためには、子どもたちが自由に、かつ主体的に遊ぶことのできる時間や空間、仲間が必要です。わたしたち大人は、子どもの発育発達にとってのあそびの重要性をもう一度見直し、これら三つの間をプレゼントしてあげましょう。そして、あそび場に集まった子どもたちが、保護者や友だちとしっかり交流のできる運動やあそびを、本書の中から少しでも紹介してみてください。きっと子どもたちは、汗だくになって楽しんでくれることと思います。園での指導だけでなく、家庭での子育て、地域での活動の参考にしていただけれは幸いです。

なお、ご協力くださいました数多くの方々、なかでも香川短期大学の石井浩子先生には大変お世話になりました。ここに深謝致します。

最後に、本書の企画から編集・発行までの労をとってくださったひかりのくに書籍編集部の安藤憲志様、常に細かな編集上の気配りをしていただきました長田亜里沙様、太田吉子様には、感謝の気持ちでいっぱいです。心より御礼申し上げます。

前橋　明

著者紹介

前　橋　　明（まえはし・あきら）
早稲田大学人間科学学術院健康福祉科学科教授
医学博士

岡山県備前市出身。
鹿児島大学、米国・南オレゴン州立大学卒業、米国・ミズーリー大学大学院で修士号、
岡山大学医学部で医学博士号を取得。
倉敷市立短期大学教授（保育学科：健康・幼児体育担当）、ミズーリー大学客員研究員、
バーモント大学客員教授、ノーウィッジ大学客員教授、セントマイケル大学客員教授を経て現職。
健康福祉科学からの児童福祉、福祉教育、幼少児の健康教育の学問と研究に従事している。
インターナショナルすこやかキッズ支援ネットワーク・代表。

参考文献

『幼児の体育』前橋　明・編著／明研図書（1987）
『乳幼児の運動発達』前橋　明・著／明研図書（1998）

0～5歳児の
運動あそび指導百科

2004年7月　初版発行
2017年7月　18版発行

著　者　前橋　　明
発行人　岡本　　功
発行所　ひかりのくに株式会社
〒543-0001　大阪市天王寺区上本町3-2-14　郵便振替00920-2-118855　TEL06-6768-1155
〒175-0082　東京都板橋区高島平6-1-1　郵便振替00150-0-30666　TEL03-3979-3112
ホームページアドレス　http://www.hikarinokuni.co.jp
印刷所　凸版印刷株式会社

Printed in Japan
ISBN978-4-564-60108-8　C3037
NDC376 240P 26×21㎝